UTB **2397**

Eine Arbeitsgemeinschaft der Verlage

Böhlau Verlag Köln · Weimar · Wien
Verlag Barbara Budrich · Opladen · Farmington Hills
facultas.wuv · Wien
Wilhelm Fink · München
A. Francke Verlag · Tübingen und Basel
Haupt Verlag · Bern · Stuttgart · Wien
Julius Klinkhardt Verlagsbuchhandlung · Bad Heilbrunn
Lucius & Lucius Verlagsgesellschaft · Stuttgart
Mohr Siebeck · Tübingen
C. F. Müller Verlag · Heidelberg
Orell Füssli Verlag · Zürich
Verlag Recht und Wirtschaft · Frankfurt am Main
Ernst Reinhardt Verlag · München · Basel
Ferdinand Schöningh · Paderborn · München · Wien · Zürich
Eugen Ulmer Verlag · Stuttgart
UVK Verlagsgesellschaft · Konstanz
Vandenhoeck & Ruprecht · Göttingen
vdf Hochschulverlag AG an der ETH Zürich

Eva Neuland

Jugendsprache

Eine Einführung

A. Francke Verlag Tübingen und Basel

Eva Neuland ist Professorin für Germanistik: Didaktik der deutschen Sprache und Literatur an der Bergischen Universität Wuppertal.

Umschlagabbildungen:

Hintergrund oben (Motiv: Backfische): www.bildpostkarten.uni-osnabrueck.de

Vordergrund oben (Motiv: Skater) Jurij Turnsek/www.wikipedia.de (GNU Free Documentation License)

Vordergrund rechts oben (Motiv: Kupferstich eines Studenten): Johann Georg Puschner, „Der Rauffende Student", Kupferstich von 1725

Hintergrund unten links (Motiv: Studentendemonstration): Süddeutsche Zeitung Photo/dpa

Vordergrund unten rechts (Motiv: Halbstarke): Süddeutsche Zeitung Photo

Vordergrund unten links (Motiv: 3 Jugendliche): Franz Pfluegl © www.fotolia.de

Bibliografische Information der Deutschen Nationalbibliothek

Die Deutsche Nationalbibliothek verzeichnet diese Publikation in der Deutschen Nationalbibliografie; detaillierte bibliografische Daten sind im Internet über <http://dnb.d-nb.de> abrufbar.

© 2008 · Narr Francke Attempto Verlag GmbH & Co. KG
Dischingerweg 5 · D-72070 Tübingen
ISBN 978-3-7720-2992-9

Das Werk einschließlich aller seiner Teile ist urheberrechtlich geschützt. Jede Verwertung außerhalb der engen Grenzen des Urheberrechtsgesetzes ist ohne Zustimmung des Verlages unzulässig und strafbar. Das gilt insbesondere für Vervielfältigungen, Übersetzungen, Mikroverfilmungen und die Einspeicherung und Verarbeitung in elektronischen Systemen.
Gedruckt auf chlorfrei gebleichtem und säurefreiem Werkdruckpapier.

Internet: http://www.francke.de
E-Mail: info@francke.de

Einbandgestaltung: Atelier Reichert, Stuttgart
Satz: Informationsdesign D. Fratzke, Kirchentellinsfurt
Druck und Bindung: CPI – Ebner & Spiegel, Ulm
Printed in Germany

ISBN 978-3-8252-2397-7 (UTB Bestellnummer)

Inhalt

Vorwort... XI

I Zur Einführung 1

1 Jugendsprache im Spiegel öffentlicher Meinungen............ 1
   1.1 Jugendrevolten als Indikatoren gesellschaftspolitischer Konflikte... 1
   1.2 Jugendsprache als Symptom für „Sprachverfall"?......... 3
   1.3 Jugendlicher Sprach- und Lebensstil als Projektionsobjekt.. 8

2 Jugendsprache in öffentlichen Diskursen und medialen Konstruktionen... 10
   2.1 Verständigungsprobleme zwischen den Generationen?.... 11
   2.2 Jugendsprache als Konsumgut........................... 12
   2.3 „Jugendlichkeit" als Prestigefaktor und das Schwinden der Generationendifferenz........................... 15
   2.4 Brennpunkte der aktuellen Sprachkritik.................. 16

3 Jugendsprache: Fiktion und Wirklichkeit...................... 18

II Jugendsprachforschung: Grundlagen und Entwicklungen 21

1 Beginn der linguistischen Jugendsprachforschung in Deutschland.. 21
   1.1 Frühe Erkenntnisinteressen und Fragestellungen......... 22
   1.2 Anfängliche methodische und theoretische Forschungsprobleme... 23

2 Vorläufer der modernen Jugendsprachforschung............... 25
   2.1 Philologische Tradition der Sondersprachforschung....... 26
   2.2 Psychologische Tradition der Sprachentwicklungsforschung 29
   2.3 Sprachpflegerische Traditionen in der Nachkriegszeit...... 30

3	Richtungen der linguistischen Jugendsprachforschung.	31
	3.1 Pragmatik der Jugendsprache	32
	3.2 Lexikographie der Jugendsprache.	32
	3.3 Ethnographie von Jugendsprache.	33
	3.4 Sprechstilanalysen.	34
	3.5 Kulturanalytische Jugendsprachforschung	34
	3.6 Kontrastive Jugendsprachforschung	35
	3.7 Medienanalytische Forschung.	36
4	Schwerpunkte der Jugendsprachforschung.	37
	4.1 Jugendsprache als historisches Phänomen	37
	4.2 Jugendsprache als Entwicklungsphänomen	38
	4.3 Jugendsprache als Gruppenphänomen	39
	4.4 Jugendsprache als Medienphänomen.	41
	4.5 Jugendsprache als internationales Phänomen.	42
	4.6 Jugendsprache als Sprachkontaktphänomen	43
	4.7 Jugendsprache als Phänomen des Sprachbewusstseins.	44
5	Zwischenbilanz zum aktuellen Forschungsstand.	45
	5.1 Erweiterung des Gegenstandsfelds	46
	5.2 Vielfalt der Methoden	47
	5.2.1 Fragebogenmethoden.	48
	5.2.2 Interviews und gelenkte Gespräche	49
	5.2.3 Teilnehmende Beobachtung und Korpusanalysen. . .	49
	5.3 Typizität in der Heterogenität?	50

III Theoretische Konzepte der Jugendsprachforschung.   55

1	Jugend und Jugendsprache	55
	1.1 Eindimensionale Modelle	55
	1.2 Mehrdimensionale Modelle.	57
	1.2.1 Dimensionen der Jugendsprache in der frühen Forschung.	57
	1.2.2 Mehrdimensional-hierarchisches Klassifikationsmodell: soziolinguistisch, domänentypisch, funktionalstilistisch.	59
2	Jugendsprache und Standardsprache.	66
	2.1 Linguistische Varietäten: eine sprachsystembezogene Sicht .	66
	2.1.1 Hochsprache – Umgangssprache – Dialekt	66
	2.1.2 Standard und Varietät.	67

    2.2   Jugendsprache im multidimensionalen Varietätenraum.... 69
    2.3   Subkulturelle Stile: eine soziolinguistische Sicht.......... 71
           2.3.1   Soziolinguistische Stile........................ 71
           2.3.2   Sprachwechsel und soziale Identifikationen 73

3   Jugendsprache und Sprachwandel......................... 75
    3.1   Prozesse von Stilbildung und Stilverbreitung 76
           3.1.1   Stilbildung: Destandardisierung................. 77
           3.1.2   Stilverbreitung: Restandardisierung............... 79
    3.2   Prozesse der Substandardisierung 81
           3.2.1   Informalisierung des öffentlichen Sprachgebrauchs . 81
           3.2.2   Prestige des Substandards..................... 82
    3.3   Medien als Promotoren sprachlichen Wandels 83
           3.3.1   Der Markt der Wörterbücher................... 84
           3.3.2   Kommerzialisierung der Jugendsprache in Werbung und Unterhaltung............................ 86

IV Deutsche Jugendsprachen: Geschichte und Gegenwart ... 89

1   Frühe Formen von Jugendsprachen in der Sprachgeschichte.... 89
    1.1   Historische deutsche Studentensprache 90
           1.1.1   Historische Jugendsprachen und aktuelle Erkenntnisinteressen 91
           1.1.2   Heterogenität soziokultureller Sprach- und Lebensstile 92
           1.1.3   Sprachkulturelle Spiegelungen und Gegenspiegelungen............................... 100
    1.2   Frühe Beiträge zur Schülersprache 106
           1.2.1   Sondersprachliche Beobachtungen 106
           1.2.2   Sprachkritische Beiträge....................... 107
    1.3   Forschungsdesiderate 109
2   Jugendsprachen in der jüngeren Sprachgeschichte nach 1945 ... 112
    2.1   Jugendliche in der Nachkriegszeit: Halbstarke und „Halbstarken-Chinesisch" 112
    2.2   Jugendliche in den 60er Jahren: Teenager und „Teenager-Jargon" 116
    2.3   Antiautoritäre Studentenbewegung und „APO-Sprache"... 120
    2.4   Studentischer Sprachgebrauch in den 80er Jahren: Sponti-Bewegung und „Betroffenheits-Jargon" 125

	2.5	Entwicklung alternativer Szenesprachen	128
	2.6	Jugendsprache in der DDR	130
3	Jugendsprache und deutsche Gegenwartssprache	133
	3.1	Jugendliche Sprach- und Lebensstile in der heutigen Erlebnisgesellschaft	133
		3.1.1 Subkulturelle Sprachstile Jugendlicher	133
		3.1.2 Deutsche Schülersprachen: Zum Sprachgebrauch der „Normalos"	136
		3.1.3 Zur Relevanz soziolinguistischer Merkmale	142
		3.1.3.1 Alter	143
		3.1.3.2 Geschlecht	144
		3.1.3.3 Soziale Herkunft und Bildungsgänge	146
		3.1.3.4 Regionale Herkunft	147
	3.2	Typizität in der Heterogenität gegenwärtiger Jugendsprachen	147
	3.3	Innere Mehrsprachigkeit von Jugendsprachen	148
		3.3.1 Stilmischungen	148
		3.3.1.1 „Hohe" und „niedrige" Stilebenen	148
		3.3.1.2 Bricolagen	149
		3.3.1.3 Zitationen und „Spiel mit fremden Stimmen"	150
		3.3.2 Varietätenwechsel	151
		3.3.2.1 Fachsprachliche Register	151
		3.3.2.2 Sprachgebrauch in neuen Medien	152
		3.3.2.3 Regionalsprachen	153
		3.3.3 Entlehnungen	154
	3.4	Äußere Mehrsprachigkeit von Jugendsprachen	156
		3.4.1 Code-switching und „gemischtes Sprechen"	156
		3.4.2 Kreuzungen mit Migrantensprachen	158

V Jugendsprachen in Schule und Unterricht 161

1	Schülersprache, Schulsprache und Unterrichtssprache	161
	1.1	Kommunikation in Jugendgruppen als sozialisatorische Interaktion	162
	1.2	Kommunikation in Schule und Unterricht als Mittel der Sozialisation in die Schülerrolle	165
	1.3	Haupt- und Nebenkommunikation im Unterricht und Identitätsbalancen	166

2	Sprachleistungen von Jugendlichen innerhalb und außerhalb der Schule	168
	2.1 Subkulturelle Sprachstile als Bestandteile von kommunikativer Kompetenz	169
	2.2 Jugendsprache in normgebundenen und normungebundenen Kontexten	169
3	Jugendsprachen als Unterrichtsthema: was man an ihnen und was man über sie lernen kann	170
	3.1 Muttersprachlicher Deutschunterricht	171
	3.1.1 Fachdidaktische Unterrichtsvorschläge	171
	3.1.2 Jugendsprache in Lehrwerken	172
	3.2 Deutsch als Fremdsprache-Unterricht	176
	3.2.1 Didaktische Differenzierungen	176
	3.2.2 Jugendsprache und Jugendkultur in DaF-Lehrwerken	177

Literaturverzeichnis 181

Sachwortregister 199

Personenregister 203

Abbildungsverzeichnis 207

Vorwort

Jugendsprache hat Hochkonjunktur: als Schlagwort in der Öffentlichkeit, als Forschungsgegenstand in der Sprachwissenschaft, als konkrete Spracherfahrung von Eltern, Lehrkräften und nicht zuletzt von Jugendlichen selbst.
Jugendsprache ist ein Ausdruck mit vielen Lesarten:

- In der Öffentlichkeit ist die Rede von *der* Sprache *der* Jugend, von Kiez- und Szenedeutsch. Die Jugendsprache gilt als Stein des Anstoßes, der Verständigungsprobleme zwischen den Generationen und negative Einflüsse auf die Allgemeinsprache auslöse. Zugleich wirkt Jugendsprache aber auch als ein Faszinosum und als Attraktion auf dem Markt der Jugend- und Szenewörterbücher.
- In den Sprach- und Kulturwissenschaften werden solche öffentlichen Lesarten von Jugendsprache als mediale Konstruktionen kritisiert. Die linguistische Jugendsprachforschung charakterisiert die unterschiedlichen Sprachgebrauchsweisen von Jugendlichen als Variationsspektrum und Ensemble subkultureller Sprachstile.
- In Familie, Schule und Jugendarbeit herrscht Informations- und Aufklärungsbedarf im Hinblick auf den Umgang mit Jugendsprache bei Kindern und Jugendlichen im Spektrum zwischen Akzeptanz, Duldung und Abwehr.
- Und die Jugendlichen selbst? Sie scheinen von der Existenz einer *eigenen* Jugendsprache fest überzeugt, nutzen sie identifikatorisch in ihren Gruppen und Szenen, vergnügen sich am Spiel mit Sprache und an der Abwandlung von Gewohntem und setzen die Wirkung eines solchen Sprachgebrauchs oft bewusst ein.
- Schließlich erfreut sich das Thema Jugendsprache einer großen Beliebtheit im schulischen Sprachunterricht – und in der universitären Lehre. Nicht nur Lehramtsstudierende wollen etwas über die Jugendsprache und an der Jugendsprache lernen und Einsichten in Gebrauchsweisen der deutschen Sprache gewinnen.

Die vorliegende Einführung will mit dem vielschichtigen Phänomen der Jugendsprache vertraut machen. Zunächst werden öffentliche Diskurse und mediale Konstruktionen von Jugendsprache aus kulturanalytischer Sichtweise erörtert. Anschließend werden Grundlagen und Entwicklungen der Jugendsprachforschung in Deutschland aufgezeigt. Im Zentrum stehen deutsche Jugendsprachen in ihren gesellschaftlich-historischen Erscheinungs- und Funktionsweisen in Geschichte und Gegenwart. Neben frühen Formen von Studenten- und Schülersprachen werden Entwicklungsetappen von Jugendsprachen in der jüngeren deutschen Sprachgeschichte nach 1945 bis zur Gegenwart verfolgt. Auf der Grundlage der in aktuellen theoretischen Konzepten der linguistischen Jugendsprachforschung vertretenen Heterogenitätsthese wird dabei nach jugendtypischen Merkmalen des Sprachgebrauchs, also nach Typizität in der Heterogenität gefragt. Ein Ausblick auf Jugendsprachen in Schule und Unterricht schließt die Darstellung ab.

Die Einführung soll Studierende der Sprach- und Kulturwissenschaften zu wissenschaftlicher Eigenarbeit und empirischen Erkundungen anregen und angeleitetes forschendes Lernen ermöglichen. Dabei kann die hier notwendige Beschränkung auf deutsche Jugendsprachen und die Konzentration auf die deutschsprachige Jugendsprachforschung durch kontrastive Analysen von Jugendsprachen in anderen Ländern und Kulturen und durch den einschlägigen internationalen Forschungstand erweitert werden. Die weiterführenden Literaturhinweise können zur vertiefenden Lektüre für spezifische Fragestellungen genutzt werden. Schließlich möchte die Einführung dazu beitragen, der Perspektivenverengung des Themas Jugendsprachen in der Medienöffentlichkeit entgegen zu wirken und den linguistischen wie interdisziplinären Perspektivenreichtum aufzuzeigen.

Abschließend sei vielen an dieser Stelle für das Zustandekommen dieser Einführung gedankt: den Studierenden für ihr nicht nachlassendes Interesse und ihre Erwartungen, Freunden und Kollegen im In- und Ausland für wertvolle Hinweise und Chancen zum fachlichen Austausch, den Jugendlichen, Eltern und Lehrkräften für das entgegengebrachte Vertrauen in unseren Gesprächen, meiner Familie für Geduld und Ermutigung. Nicht zuletzt danke ich meinen Mitarbeitern für ihre Unterstützung, ganz besonders Kerstin Runschke für die Hilfe bei der Manuskripterstellung.

Eva Neuland   September 2008

I Zur Einführung

1 Jugendsprache im Spiegel öffentlicher Meinungen

Jugendsprache als Praxis eines besonderen Sprachgebrauchs Jugendlicher ist sehr viel älter als der linguistische Forschungsgegenstand Jugendsprache. Die Entwicklung einer linguistischen Jugendsprachforschung, die in Deutschland erst auf eine knapp 30-jährige Geschichte zurückblicken kann, verdankt sich nicht allein wissenschaftsinternen Motiven; vielmehr wurde ein solches Forschungs- und Erkenntnisinteresse in besonderer Weise durch den gesellschaftlichen Bedingungsrahmen begünstigt. Jugendliche Verhaltensweisen und damit auch das Sprachverhalten Jugendlicher wurden in einem bestimmten historischen Moment zu einem gesellschaftlichen Problem, das in der öffentlichen Diskussion zwar ausgiebig thematisiert wurde, dessen „Lösung" jedoch wissenschaftliche Analysen erforderlich machten. Jugendsprache wurde so zum Thema öffentlicher Diskussion, noch bevor sie Gegenstand sprachwissenschaftlicher Forschung war.

Dies sei im Folgenden an Beispielen einiger Entwicklungsstationen der letzten 30 Jahre veranschaulicht.

1.1 Jugendrevolten als Indikatoren gesellschaftspolitischer Konflikte

Gegen Ende der 70er Jahre machten Jugendliche in Deutschland, in der Schweiz wie auch in anderen westeuropäischen Ländern ihren Unmut über sie unmittelbar betreffende gesellschaftspolitische Zustände in sog. „Jugendrevolten" laut, mit denen sie sich autonome Handlungsräume erkämpfen wollten. Insbesondere wurden die Schließung „autonomer Jugendzentren"[1] sowie die Räumung besetzter Häuser zum Auslöser von Protesten der Jugendlichen. Mit spektakulären Aktionen brachen Jugendliche aus dem von der politischen Öffentlichkeit unterstellten gesellschaft-

---

[1] Wie z.B. das Nürnberger „Komm", das Kölner Stollwerck, das Dreisameck in Freiburg, das autonome Jugendzentrum in Zürich; vgl. dazu u.a. Müller-Münch u.a. 1981.

lichen Konsens aus. Als besonderes Ereignis bleibt ein Hearing des ZDF[2] mit Politikern und jugendlichen Hausbesetzern in Erinnerung. Als diese sich nicht mehr an die vorgegebenen Regeln des Mediendiskurses hielten, wurde die Live-Sendung abgebrochen.

Die jugendlichen Hausbesetzer einte nicht unbedingt ein explizites politisches Programm, wie es in der vorhergehenden Schüler- und Studentengeneration der APO der Fall war[3]; sie einte vor allem ihr Anspruch auf Autonomie und Selbstbestimmung. Dieser Anspruch manifestierte sich auch in ihrem Sprachgebrauch. In der politischen und medialen Öffentlichkeit wurde alsbald von einem „Jugendproblem" gesprochen und die damalige Generation der Jugendlichen als „Null Bock-Generation" etikettiert.[4]

Abb. I.1.1: Titelblatt Haller 1981

Das Jugendproblem wurde zum Auslösefaktor für eine ganze Welle populär-wissenschaftlicher Betrachtungen, aber auch wissenschaftlicher Analysen und groß angelegter empirischer Untersuchungen. So entstanden

---

[2] Open End-Hearing des ZDF: „Eine neue Jugendrevolte?" 11.02.1981.
[3] Vgl. dazu später ausführlicher Kap. IV.2: Jugendsprachen in der jüngeren Sprachgeschichte nach 1945.
[4] Z. B. die Analysen von Haller 1981, Oltmanns 1980, Brückner/Kraushaar 1978.

vor allem die sog. Shell-Studien, die seit Beginn der 80er Jahre auf der Grundlage von repräsentativen Befragungen und Einzelfallstudien Einstellungen, Denk- und Verhaltensweisen von Jugendlichen dokumentieren.[5] Vereinzelt wurden aber bereits kritische Stimmen laut, die sich gegen das Aushorchen der „gläsernen" Jugendlichen wandten und, wie der Jugendforscher Hartmut Griese, politisch geltend machten, dass Jugendprobleme verschleierte bzw. verschobene Gesellschaftsprobleme sind und von daher auch auf der Ebene des sozialen und kulturellen Wandels diskutiert werden müssen[6]. In der Öffentlichkeit herrschte hingegen weithin eine Problemverschiebung auf den Fokus des Generationskonflikts und eine Perspektivenverengung auf die Kritik an den Umgangsformen und sprachlichen Ausdrucksweisen von Jugendlichen vor.

1.2 Jugendsprache als Symptom für „Sprachverfall"?

Mit den Jugendrevolten sind aber auch die sprachlichen Äußerungsformen Jugendlicher zum Gegenstand öffentlicher Auseinandersetzung geworden. In ganz unterschiedlich motivierten Zusammenhängen wurde in der damaligen Zeit „die Jugendsprache" von Vertretern aus Politik und Wirtschaft, aber auch von Eltern- und Lehrerschaft als „Fäkalsprache" oder auch „Comicsprache" abgewertet und als Exempel für Normverweigerung, für Sprachverfall bis hin zur Sprachlosigkeit kritisiert. Während der Vorwurf der Verwendung „unanständiger" Ausdrücke von Jugendlichen sich bis in die Sprachgeschichte zurückverfolgen lässt, ist die Kritisierung als eine „Comicsprache" terminologisch neu und lenkt den missbilligenden Blick auf die Verwendung von Laut- und Kurzwörtern.[7] Doch ist das dahinter stehende Argument, dass Jugendliche keine Grammatik mehr beherrschen und kein Sprachgefühl mehr haben würden, zumindest aus der Tradition der Sprachpflege und Sprachkritik der Nachkriegszeit bekannt.

Der Topos der Sprachlosigkeit und speziell der Gesprächsunfähigkeit ist im politischen Kontext der Zeit besonders aufschlussreich. Die Dokumentation des Schriftstellers Peter Roos „Kaputte Gespräche" hat solche Äußerungen von Vertretern der politischen Öffentlichkeit und fast aller Parteien festgehalten.

---

[5] Zuerst: Jugendwerk der deutschen Shell: Jugend '81, Lebensentwürfe, Alltagskulturen, Zukunftsbilder, 2 Bde., Opladen 1989.
[6] S. dazu Griese 1985, S. 47.
[7] S. die Überschrift des Spiegel-Titelblattes 1984.

Abb. I.1.2: Titelblatt Roos 1982

So klagte die Literaturwissenschaftlerin und damalige CDU-Abgeordnete Gertrud Höhler in einer Wochenzeitung über ein Gespräch mit Gymnasiasten:

> „Diese Jugend, wenn sie uns ihre Formeln fürs Weltgeschehen auftischt, redet gar nicht mehr mit uns. Sie schirmt sich durch Sprachsignale ab, die ihre Gruppensolidarität stabilisieren."[8]

Und ein ähnlicher Tenor spricht aus dem folgenden Zitat des damaligen SPD-Abgeordneten Peter Glotz:

> „Es gibt ja eine breiter werdende Diskussion über den Narzissmus der jungen Generation, also einen ganz bestimmten psychologischen Zug, das In-sich-selbst-Zurückziehen und die Nachteile, die daraus für das Persönlichkeitsbild entstehen, eben die Kommunikationslosigkeit, dieses stumme In-sich-Zurückziehen-und-dort-die-Gefühle-Selbermachen, sozusagen ohne Außenwelt."[9]

Verallgemeinernd kann festgehalten werden: Wann immer vom drohenden „Sprachverfall" oder gar vom „Verlust der Schriftkultur" die Rede ist,

---

[8] In: Rheinischer Merkur/Christ und Welt v. 29.09.1980, zit. nach Roos 1982, S. 28f.
[9] In: Vorwärts v. 12.09.1980, zit. nach Roos 1982, S. 26f.

1 Jugendsprache im Spiegel öffentlicher Meinungen

wurde und wird die Sprache der Jugendlichen als abschreckendes Beispiel genannt:

- Vertreter aus Industrie und Wirtschaft beklagen nachlassende Grammatik- und vor allem Rechtschreibkenntnisse bei jugendlichen Berufsanfängern.
- Lehrer wie Hochschullehrer kritisieren Ausdrucksschwächen und mangelndes Sprachgefühl bei Schülern und Studierenden.
- Politiker und Journalisten haben bei einer ganzen Generation „Dialogverweigerung", ja, „Dialogunfähigkeit" diagnostiziert.
- In Leserbriefen machen Zeitungsleser ihrer Empörung über den „Vulgärjargon" und das „Comicdeutsch" Jugendlicher Luft.

Solche Negativurteile über die Sprache Jugendlicher sind in der deutschen Sprachgeschichte nicht neu. Neu jedoch ist ihre massenmediale Verbreitung in der Öffentlichkeit. Presseberichterstattung und publizistische Sprachkritik tragen oft maßgeblich zu solcher Meinungsbildung bei.

Dies demonstriert exemplarisch jener bereits oft zitierte Titel der Wochenschrift DER SPIEGEL „Deutsch: Ächz, Würg. Eine Industrienation verlernt ihre Sprache" vom Juli 1984:

Abb. I.1.3: Titelblatt DER SPIEGEL 1984

Zum Beleg der These vom Sprachverfall werden in bunter Mischung Zitate und Beispiele präsentiert: kommunikationstechnologische Entwicklungen, zunehmender Gebrauch der neuen elektronischen aber auch extensive Nutzung der audiovisuellen Medien, das Vorherrschen von Piktogrammen und Formularvordrucken im alltäglichen Leben. Bemerkenswerterweise werden aber auch die Reformkonzepte des Deutschunterrichts und der Bildungspolitik der 70er Jahre in einem Atemzug für die vermeintlichen Verluste an Schriftsprachkultur verantwortlich gemacht.

Die öffentliche Verbreitung solcher subjektiven Meinungsäußerungen, die durch keinerlei wissenschaftliche Belege gestützt werden, erweist sich als mehrfach problematisch[10]:

- Einerseits trägt sie zu einer vorschnellen und einseitigen bis hin zu sachlich falschen Meinungsbildung in der Öffentlichkeit bei mit dem Effekt, dass Veränderungen im Sprachgebrauch oft als Fehler, Mängel oder Defizite angesehen werden, während sie vom sprachwissenschaftlichen Standpunkt aus als übliche Prozesse von Sprachwandel beschrieben werden. Die Linguistik bezeichnet solche Laienurteile über „Sprachverfall" als einen „Mythos"[11] und als „Mär vom Yeti"[12].
- Andererseits ist aber eine solche Berichterstattung problematisch im Hinblick auf die Folgerungen, die daraus gezogen werden. Diese zeigen sich vor allem im Bereich der Bildungspolitik, wenn etwa gefordert wird, dass im Deutschunterricht wieder mehr traditioneller Grammatikunterricht erteilt und klassische Literatur auswendig gelernt werden soll.

Diese Prozesse veranschaulicht das folgende Beispiel eines Pressekommentars der Tageszeitung: Die Welt aus dem Jahr 1986 über eine wissenschaftliche Konferenz, auf der eine Meinungsumfrage zu Thema: Veränderungen im heutigen Deutsch vorgestellt wurde.[13] Meinungen über den Sprachgebrauch werden dabei vorschnell als Tatsachenfeststellungen ausgegeben und die Schuld am vermeintlichen „Sprachverfall" den Reformen des Deutschunterrichts zugeschrieben.

---

10 Vgl. dazu die ausführlichere Kritik in Neuland 1996.
11 So der Titel eines einschlägigen Aufsatzes von Wolfgang Klein 1986.
12 So die kritische Auseinandersetzung bei Sieber/Sitta 1992.
13 Es handelt sich um eine von Stickel und Volz durchgeführte Befragung von Zeitungslesern zum Thema: „Was halten Sie vom heutigen Deutsch?", die auf einer Jahrestagung des Instituts für Deutsche Sprache in Mannheim vorgestellt und im Jahr 1999 veröffentlicht wurde.

> **Der Kommentar: Sprachverfall**
>
> [...] Mehr als achtzig Prozent der Befragten sehen das Deutsche auf der Straße des Verfalls. Die Verschlampung der Sprachregeln, das Fachchinesisch der Experten, die Null-Bock- und Sprechblasensprache der Jugendlichen und die Überflutung mit Fremdwörtern werden meistens beklagt – und es ist kein Wunder, daß diese Erscheinungen den Älteren am meisten auffallen: sie haben in ihrer Jugend noch einen gründlichen, an der Hochsprache der Klassiker geschulten Deutschunterricht erhalten. [...] Was man die gehobene, formvollendete Ausdrucksweise nennt, was in unseren Nachbarländern im Westen wie übrigens im Osten mit Recht Kultursprache heißt, das verhöhnen Linguisten und Didaktiker als „elaborierten Code". Statt Grammatik und Goethe setzten sie den Kindern Bierdeckel und Plakate als Themen des Deutschunterrichts vor. Man muß sich nicht darüber wundern, daß dadurch Sprachwissen und Sprachbeherrschung für eine ganze Generation vergeudet und zerstört wurden. [...]
>
> (In: Die Welt, 15.03.1986: Sprachverfall, Kommentar von D. Guratzsch)

Eine andere Sicht auf die These von der Jugendsprache als Symptom für Sprachverfall sowie für Dialogunfähigkeit erschließt sich allerdings, wenn einige der damals tatsächlich stattgefundenen Gespräche zwischen Politikern und Jugendlichen mit den Mitteln der Gesprächsanalyse genauer untersucht werden. Die o. g. Publikation des Schriftstellers Peter Roos von 1982 unter dem bezeichnenden Titel „Kaputte Gespräche" dokumentiert ein solches Gespräch des damaligen Bundeskanzlers Schmidt mit einer Gruppe von Lehrlingen im Bundeskanzleramt. Roos hat dieses Gespräch nicht nur auszugsweise dokumentiert, sondern zugleich auch aus zeitgenössischer Sicht und stellvertretend für die Jugendlichen kommentiert. Dabei weist er auf, dass die Gründe für das Misslingen von Gesprächen nicht einseitig und verkürzt den Jugendlichen angelastet werden können, die sich mit ihren Zwischenrufen aus der Sicht der Politiker und der von ihnen bestimmten Gesprächsführung nicht mehr an die Regeln halten.

Gesprächsanalytisch lässt sich zeigen, dass im Verlauf des politisch inszenierten Dialogs den Jugendlichen immer mehr die Rolle von Zwischenrufern zugewiesen wird. Die in den 80er Jahren vorgebrachte These von der vermeintlichen „Dialogunfähigkeit" von Jugendlichen kann zum großen Teil als eine vordergründige politische Taktik entlarvt werden, missliebige Meinungen und veränderte Sprachgewohnheiten Jugendlicher zu diskreditieren. Dass eine solche „Dialogunfähigkeit" von Jugendlichen nicht generell gegeben ist, sondern vielmehr punktuell hergestellt wurde, dies zeigen andere „Dialoge" mit der Jugend von Politikern, denen es besser gelungen ist, mit Jugendlichen ins Gespräch zu kommen.[14]

---

[14] Damit sind vor allem die Gespräche des damaligen Bundespräsidenten von Weizsäcker gemeint.

1.3 Jugendlicher Sprach- und Lebensstil als Projektionsobjekt

Fragen wir weiter nach Gründen für die durch die Intensität der öffentlichen Diskussion dokumentierte Anziehungskraft des Themas „Jugend" und „Jugendsprache" auf „erwachsene" Vertreter älterer Generationen und für das damalige Vorherrschen kritischer Sichtweisen und Negativurteile, rücken neben dem gesellschaftspolitischen Rahmen des Spannungsverhältnisses zwischen den Generationen auch sozialpsychologische Aspekte der Identifikation und Projektion in den Blick. So lässt sich zumindest ein Teil der Negativurteile der älteren Generationen aus dem Funktionieren jenes Projektionsmechanismus erklären, durch den die „ehemaligen" Jugendlichen ihre eigene Lebensgeschichte mit ihren erfüllten und unerfüllten Erwartungen, Wünschen und Hoffnungen auf die heutigen Jugendlichen übertragen. Insofern machen die in der Öffentlichkeit als auch in vielen privaten Diskussionen vorgebrachten Argumente stets auch und vielleicht sogar eher Aussagen über die Diskutanten selbst.[15]

Dabei ist der Projektionsvorgang sicherlich nicht vordergründig allein so zu verstehen, dass die Erwachsenen in den Jugendlichen ihre eigenen Verhaltensweisen und Wertvorstellungen nur unzureichend verkörpert sehen, wie es eine sprachpflegerische These vom Sprachverfall der heutigen Jugend nahelegen könnte. Eine nicht nur sprachliche Sittenlosigkeit – die „wir uns früher nie gewagt hätten", um es an einem Alltagsargument zu verdeutlichen – kann daneben auch als Zeichen einer selbst nie gelebten Normübertretung oder Befreiung von gesellschaftlichen Konventionen gelten. Diese ist allenfalls ein Privileg der Jugend, das allerdings sogleich als Zeichen einer kindlichen Unreife wieder stigmatisiert wird.

Dies verdeutlicht auch das Beispiel jener Argumentationsrichtung aus den 80er Jahren, die den damaligen Jugendlichen nicht nur ein Abschirmen durch Wortsignale und Sprüche, sondern darüber hinaus auch eine Rationalitätsfeindlichkeit und Unlust zu argumentativer Auseinandersetzung, einen Mangel an analytischer Begrifflichkeit und theoretischer Abstraktionsfähigkeit vorhält. Diese Urteile können zumindest teilweise aus einem historischen Hintergrund erklärt werden: Sie resultieren vor allem aus einem Vergleich späterer Jugendsprachen mit der Schüler- und Studentensprache der „APO-Generation", aus der Teile der so argumentierenden Eltern- und Lehrergeneration hervorgegangen sein mögen.[16]

---

[15] Nach Neuland 1987.
[16] Vgl. dazu die Analyse von Bopp im Kap. IV.2.4 zum studentischen Sprachgebrauch in den 80er Jahren.

In diesem Sinne begründet Klaus Holzkamp in seiner kulturpsychologischen Analyse dieses Spannungsverhältnis zwischen den Generationen, das zum Teil auch Züge des Entwicklungsneids und der Jugendfeindlichkeit annehmen kann, mit einer Bedrohung des Abwehrsystems und der Lebensbewältigungsstrategien der durchschnittlich angepassten, kompromissgenötigten Erwachsenenexistenz in Form einer „Wiederkehr des Verdrängten"[17] aus den verschütteten Alternativen des Kampfes um ein erfüllteres Leben"[18], wobei dieser Prozess dann wieder zu einer verstärkten Abwertung und Ausgrenzung der Jugendlichen führt.

Es ist nicht unwahrscheinlich, dass ein solches Motiv bei den periodisch wiederkehrenden und sich in der Argumentationsstruktur durchaus ähnelnden sprachkritischen Stimmen zur Jugendsprache in den verschiedenen historischen Epochen eine Rolle gespielt haben mag.

Daraus lässt sich schließen, dass die öffentlichen kritischen Diskurse über Jugendsprache durchaus nicht universell, sondern zeitdiagnostisch im Hinblick auf die jeweils vorherrschenden Normvorstellungen von Sprachgebrauch und Sozialverhalten zu analysieren sind. Spannungsverhältnisse zwischen den Generationen und darauf basierende Projektionsprozesse setzen allerdings eine *Generationendifferenz* voraus, die für die 80er Jahre noch angenommen werden kann, die sich aber seitdem zunehmend zu verringern scheint.

Gegenüber der vorherrschenden Außensicht auf Jugendsprache als *Objekt* der Sprachkritik soll aber auch ein Beispiel aus der damaligen öffentlichen Berichterstattung Erwähnung finden, das eine Innensicht der Jugendlichen selbst präsentiert. Und zwar verwenden diese die Jugendsprache als *Mittel* der Sprachkritik, vor allem als Kritik des Sprachgebrauchs von Politikern.

Dieses Beispiel stammt aus dem schulischen Kontext, und zwar aus der Beschäftigung einer Projektgruppe eines Bonner Gymnasiums mit dem Thema Jugendsprache.[19] Die Schülerinnen und Schüler haben hier eine jugendsprachliche Übersetzung einer Rede des damaligen Bundeskanzlers Kohl erarbeitet. Dabei ging es ihnen allerdings nicht um eine Wort-zu-Wort-Übersetzung; vielmehr macht ihr Textvergleich neben der Entlarvung von Phrasenhaftigkeit des politischen Sprachgebrauchs auch auf

---

[17] Im Rückgriff auf Freuds klassische Abhandlung über: „Das Unbehagen in der Kultur" 1930.
[18] Holzkamp 1980, S. 203.
[19] Projekt vom Friedrich-Ebert-Gymnasium, Bonn 1983, auszugsweise veröffentlicht in: Der Spiegel 32, 1983, S. 141.

die unterschiedlichen Erfahrungsbereiche und Sichtweisen zwischen den Generationen deutlich, und zwar sowohl in Form von Aussparungen als auch von Differenzierungen. Dazu ein Beispiel:

Originaltext Kohl	Jugendsprachliche Übersetzung
Unser Staat braucht die zupackende Mitarbeit der jungen Generation.	Das Antörnen der Teenies ist für unser Land eine echt coole Sache.
In diesem Jahr werden alle Jugendlichen, die ausbildungswillig und ausbildungsfähig sind, eine Lehrstelle erhalten können. [...]	Auch wird jeder ne geile Azubistelle raffen können. [...]
Wir müssen der jungen Generation Hoffnung geben.	Wir müssen es als Laberköpfe endlich raffen, eh, den langhaarigen Körnerfressern, Poppern, Punks, Schleimern, Schnallis, Tunten, Prolis und Alkis den Null-Bock auf Future zu nehmen.

Ein solches sprachkritisches und sprachspielerisches Potential der Jugendsprache wurde von der öffentlichen Kritik der damaligen Zeit völlig übersehen.

2 Jugendsprache in öffentlichen Diskursen und medialen Konstruktionen

Schon in den 80er Jahren ist zunehmend eine Berichterstattung über Jugendsprache in der Presse zu bemerken, die nicht mehr ausschließlich von pädagogischer Besorgnis geprägt ist.

Mit der FAZ-Glosse: *„Können Sie noch Deutsch?"* hatte die Tagespresse schon 1979 ihrer Leserschaft das *„Disko-Deutsch"* präsentiert und zur Erleichterung des Verständnisses eine Version *„Normal-Deutsch"* beigefügt. Ein Textauszug lautet:

Disko-Deutsch	Normal-Deutsch
[...] Ich Chaot hatte keine Matte mit, weil ich meinen Kaftan vergessen hatte, und sagte zu Peter, er solle mal ausklinken.	[...] Dummerweise hatte ich kein Geld dabei, weil ich mein Jackett vergessen hatte und bat Peter, er möchte für mich zahlen.
In dem Schuppen zogen ein paar People schon eine heiße Show ab.	In dem Lokal sorgten einige Leute gehörig für Stimmung.

2 Jugendsprache in öffentlichen Diskursen und medialen Konstruktionen

Wir machten eine kurze Fleischbeschauung und Peter machte sich sofort daran, eine riesige Tussi anzugraben.	Wir sahen uns etwas um, und Peter begann sofort mit einem hübschen Mädchen zu flirten.
Die war echt einsam, aber ich hatte einfach keinen Schlag bei ihr. [...]	Sie war wirklich ausnehmend schön, aber ich hatte keine Chance bei ihr. [...]

2.1 Verständigungsprobleme zwischen den Generationen?

Bekannt wurde Elke Heidenreichs Hörfunk-Sketch in der NDR II-Sendung „Espresso" von Dezember 1983 über eine briefliche Verabredung zwischen dem Enkel Harry und seiner Oma zum bevorstehenden Weihnachtsfest, von der ein Auszug vorgestellt sei:

> Liebe Oma, Stollen, Baum, Gänsebraten (würg!), die ganze alte Bürgerscheiße, Du bist doch total out, bei Dir läuft der falsche Film, Oma! Aber gut, komme also am vierundzwanzigsten, und bringe Pinky, Zomby, Schleimi und Fuzzy mit, haben alle Schlafsäcke, mach also null Extra-action! Die Fete ist dann zwar übermackert, aber vielleicht reißen wir irgendwo noch Bräute auf – sonst bist Du ja da – Oma, du bist echt geil! Wir werden Weihnachten tierisch abheben. [...]
>
> (Heidenreich 1983)

Verständigungsprobleme zwischen den Generationen konstruierte auch der Karikaturist Fritz Wolf in seinen damaligen in der Illustrierten „Stern" abgedruckten Comics. Dieses Argument, hier noch karikiert, lebt seitdem in den Medien immer wieder einmal auf. Ein jüngstes Beispiel liefern Berliner Kurier und Berliner Morgenpost vom 13. 7. 2008.

Unter dem Titel „Verstehen Sie Ihre Kinder noch?" präsentierte die BILD-Zeitung vom 2. Mai 2000 das „Szene-Deutsch für Anfänger" als „Thema des Tages". Einem „Kiddie-Text" wird eine Übersetzung in „normales Deutsch" gegenübergestellt, wie es das folgende Beispiel des Textanfangs demonstriert:

Verstehen Sie Ihre Kinder noch? Szene-Deutsch für Anfänger	Kiddie-Text – die Übersetzung
Mark ist immer auf dem Sprung.	Mark ist viel unterwegs.
Nach der Schule cruised er mit dem Board zum nächsten Hangout, wo die Locals in der Halfpipe ihre Jumps durchziehen.	Nach der Schule fährt er mit seinem Skateboard an den nächsten Treffpunkt, wo seine Freunde aus der Nachbarschaft an einer Schanze ihre Tricks üben.

| Wer sich beim Grinden mault, gilt bei den Cracks als Looser und wird zum Dissen freigegeben. [...] | Wer bei den Übungen hinfällt, gilt unter den Könnern als Verlierer und wird zum Spott freigegeben. [...] |

Durch die mediale Entdeckung der Jugendsprache in den frühen 80er Jahren wird das Phänomen zugleich selbst medial gestaltet und stilisiert[20] und zum Aufbau und zur Steuerung verschiedener gesellschaftlicher Diskurse genutzt.

Je nach Verwendungszweck gibt „Jugendsprache":

- als Sprachnormverstoß Anlass zur Kritik, Klage und Empörung,
- als Sprachverfremdung Anlass zur pädagogischen Besorgnis,
- als Sprachkarikatur Anlass zu Belustigung und Amüsement[21].

Die angeführten Beispiele aus den 80er Jahren folgen dieser Entwicklungstendenz von der Empörung zur Belustigung und zum Amüsement.

2.2 Jugendsprache als Konsumgut

Schneller, als es die sich gerade erst entwickelnde linguistische Jugendsprachforschung ermöglichte, befriedigten populärwissenschaftliche Veröffentlichungen das öffentliche Informationsbedürfnis. Dies bestätigt ein Blick auf den sprunghaft expandierenden Markt der Wörterbücher, die gleichsam als „Schlüssel für die Szene" fungierten. Die hohen Verkaufszahlen sprechen dafür, dass hier eine Nachfrage erkannt, durch die attraktiv aufgemachten Angebote aber zweifellos auch verstärkt wurde.

Die 1983 erschienenen „Sprache und Sprüche der Jugendszene": „Laß uns mal 'ne Schnecke angraben" des Psychotherapeuten Claus Peter Müller-Thurau standen monatelang auf Platz 1 der Bestseller-Liste. Laut Klappentext können Eltern lernen:

> Was bedeutet „knacken", „ömmeln", „abschnallen" oder „Bock haben"? Was ist mit „Haste Bock auf 'ne Mafia-Torte?" oder mit „Die Tussi törnt mich mächtig an" gemeint?

1985 folgte sein „Lexikon zur Jugendsprache":

---

[20] Nach Neuland: Doing Youth 2003, S. 261 ff.
[21] Zum Amüsement als Element der Kulturindustrie vgl. Adorno 1971, S. 122.

2 Jugendsprache in öffentlichen Diskursen und medialen Konstruktionen

Abb. I.2.1: Titelbild Lexikon

„In diesem endgültigen, umfassendsten, witzigsten und aktuellsten Buch zur Sprache der Jugend finden Eltern, Erzieher und Ausbilder alles, was sie wissen müssen, um ihre heranwachsenden Chippies, Fuzzies, Grünis, Mufties, Müslis, Muttis, Popper, Prolos, Punks, Sahneschnitten, Schlaffies, Schnecken, Skinheads, Spontis, Teds und Teenie-Bopper zu verstehen".

(Klappentext Müller-Thurau 1985)

Diese Lektionen lernten anscheinend Journalisten und Karikaturisten besonders schnell. Das *Konstruktionsprinzip* der „jugendsprachlichen Textversionen" und der „Verständigungsprobleme zwischen den Generationen" ist leicht durchschaubar: die Wörterbücher der Jugendsprache haben bei diesen Übersetzungen ausgeholfen.

Weitere Wörterbücher der 80er Jahre haben sich auf Ausschnitte der Jugendsprache konzentriert wie Wandsprüche, Schüler- und Szene-Sprache, oft mit dem Zusatz „das Letzte aus der Szene" und stets „die neuen Sprüche".

- Was an deutschen Wänden steht (Gamber 1983)
- Do you speak Sponti – das Letzte aus der Scene (Gamber u. a. 1984)

- Von Anmache bis Zoff. Ein Wörterbuch der Szene-Sprache (Hoppe 1984)
- Angesagt: Scene-Deutsch. Ein Wörterbuch (Rittendorf u. a. 1984).

In den 90er Jahren folgen u. a.:

- Affengeil. Ein Lexikon der Jugendsprache (Ehmann 1992)
- Oberaffengeil. Neues Lexikon der Jugendsprache (Ehmann 1996)
- Duden. Wörterbuch der Szenensprache (2000)
- Voll konkret. Das neueste Lexikon der Jugendsprache (Ehmann 2001)
- Leet & leiwand: das Lexikon der Jugendsprache (Sedlaczek 2006).

Bei diesem Markt der Wörterbücher handelt es sich um Publikationen ohne wissenschaftlichen Anspruch, aber auch ohne wissenschaftlich gesicherte Aussagekraft, was die Auswahl der Lexeme und die Bedeutungszuschreibungen betrifft. Dieser Typ von Publikationen trägt entschieden zur Vermarktung von „Jugendsprache" bei, und zwar durchaus profitabel für die Produzenten: Der Trend hält bis in die heutige Zeit an, z. T. mit immer aufwändigeren Publikationen wie das Techno-Lexikon (1998) oder das Graffiti-Lexikon (1998).[22]

Den bisherigen Höhepunkt stellt aber zweifellos das DUDEN-Wörterbuch der Szenesprachen aus dem Jahr 2000 dar, das sich in Inhalt und Aufmachung in die Tradition der populärwissenschaftlichen Wörterbücher der Jugend- und Szenesprachen einreiht. Herausgegeben ist diese Publikation von einem „Trendbüro in Zusammenarbeit mit der Dudenredaktion". Ein Großteil der verzeichneten Ausdrücke scheinen Augenblicksbildungen, Einzelfallbeispiele oder schlicht Erfindungen der Autoren, was durch befragte Jugendliche bestätigt wird, denen viele der aufgeführten Ausdrücke unbekannt sind. Jugendliche durchschauen diese Vermarktungsstrategie sehr wohl, wie die folgende Äußerung belegt:

> „Es gibt Leute, die glauben, Szenesprache müsse man nur nachplappern, um ‚cool' zu sein und an die jugendliche Zielgruppe ranzukommen – als Lehrer, Sozialarbeiter oder Werbe-Mensch. Solche Leute haben in ihrer Jugend noch ‚megaaffengeil' gesagt, und man nennt sie Poser (…), denn die Poser, die dieses Nachschlagewerk vor allem benutzen werden, wollen ja nur bei passender Gelegenheit die eine oder andere auswendig gelernte Vokabel in den Raum schmeißen."
>
> (Kommentar einer Jugendlichen zum Duden-Wörterbuch der Szenesprachen im Remscheider Generalanzeiger vom 03.05.2000, S. 20)[24]

---

[22] Vgl. Kap. III.3.3: Medien als Promotoren des sprachlichen Wandels.
[23] Vgl. Neuland 2003a, S. 267 ff.

2.3 „Jugendlichkeit" als Prestigefaktor und das Schwinden der Generationendifferenz

Wo aber liegen die Motive der Rezipienten, wenn sie durch den Kauf solch populär- bis pseudo-wissenschaftlicher Produkte von allenfalls zweifelhaftem Unterhaltungswert Jugendsprache als Konsumgut erwerben und somit selbst zu Konsumenten werden? Die Gebrauchswertversprechen dieser Produkte sind weniger auf reine Informationszwecke oder das Verstehen-Lernen als solches ausgerichtet. Der suggerierte Nutzen liegt:

- im *Aktualitäts- und Unterhaltungswert* der Sprachbeispiele als Informationen über neueste Tendenzen der Sprachentwicklung – Kulturindustrie als „Amüsierbetrieb" im Sinne von Adorno,
- in der Vermittlung von *„Insider-Kenntnissen"* und Einblicken in gruppen- und szenespezifische Prozesse, die dem Betrachter normalerweise verborgen bleiben,
- und schließlich in der Partizipation am *Prestigefaktor „Jugendlichkeit"*, die dem Betrachter als potentiellem Benutzer selbst den Anschein von Jugendlichkeit verleiht.

Der öffentliche Blick auf die „Jugendsprache" ist zugleich immer auch ein voyeuristischer.

Sicher mag das Interesse an sprachlichen Neuerungen, das Bemühen um Verständigung, auch in der eigenen Familie, und schließlich die Frage nach dem erzieherischen Umgang eine Rolle bei der Rezeption jugendsprachlicher Publikationen spielen. Ausschlaggebend für die massenhafte Verbreitung scheint jedoch die Prestigefunktion von Jugendlichkeit zu sein; Wissen über Jugendlichkeit enthält zugleich das Gebrauchswertversprechen, sich über dieses Wissen ein Stück der eigenen Jugendlichkeit zurückzuerobern[24].

Im Zeichen des fortschreitenden sozialen Wandels lässt sich knapp 30 Jahre nach der öffentlichen „Entdeckung" des Themas Jugend und Jugendsprache eine globale „Juvenilisierung" der Gesellschaft nach den Prinzipien „forever young" und „anything goes" erkennen. Dies führt zu einer *Entgrenzung* der Jugend von Alters- und Generationsbeschränkungen zu einer Frage des Lebensstils nach dem Kriterium der subjektiven Selbstzurechnung. Ein Vehikel für solche Vereinnahmungsprozesse stellt die „Jugendsprache" dar.

---

[24] Vgl. dazu die Analyse von Holzkamp, vgl. Kap. I.3.

Abb. I.2.2: Werbung Gothaer-Versicherung

Die öffentlichen Diskurse zur Jugendsprache haben sich inzwischen also entscheidend verändert. Der anfangs eher sprachkritische und sprachpflegerische Umgang mit dem Thema „Jugendsprache" ist affirmativen und positiven Einstellungen gegenüber jugendlichen Ausdrucksweisen gewichen.[25] Allerdings leben neben der journalistischen Neugier und der nicht-nachlassenden Nachfrage nach den neuesten In- und Out-Listen auch die Stimmen der sprachlichen Empörung und pädagogischen Besorgnis in der Öffentlichkeit immer wieder auf.

2.4 Brennpunkte der aktuellen Sprachkritik

Die Brennpunkte der aktuellen Sprachkritik sind wiederum zeitdiagnostisch aufschlussreich im Hinblick auf die Analyse von heute vorherrschenden Vorstellungen von Sprachgebrauch und Sozialverhalten. Jugendliche und ihre Eltern unterscheiden sich heute – im Unterschied zu der „skeptischen" und der „antiautoritären" Nachkriegsgeneration – kaum mehr in Kleidung, Freizeitvorlieben und Lebensstil, und auch der Sprachstil von Erwachsenen ist heute informeller als früher geworden. Im Unterschied

---

[25] Vgl. dazu auch Spitzmüller 2006.

zu der Großelterngeneration sind die meisten Eltern heute nicht mehr so schockiert über „unanständige Ausdrücke" wie frühere Generationen. Im Zuge sozialer und kultureller Entgrenzungen sind Grenzüberschreitungen, auch verbale, heute zumindest seltener als früher geworden.[26]

Die Kritik an jugendlicher „Fäkalsprache" steht heute nicht mehr so sehr im Vordergrund; die Kritik an der „Comicsprache" oder „Lall-Wörter-Kommunikation" tritt hingegen in einer aktuellen Variante auf, und zwar in der Befürchtung, dass sich Jugendliche heute nur noch in Form einer „*SMS-Sprache*" oder „Chat-Kommunikation" mit den medientypischen Erscheinungen von Abkürzungen (z. B. *lol, hdl*), Kurzformen (z. B. *grins, heul, freu*) und nicht normgerechten Schreibweisen (*froi, 4u*) äußern würden, und dass dies die Beherrschung der Standardsprache und der schriftlichen Leistungen Jugendlicher in der Schule beeinträchtigen würde. Hinter solcher Kritik steht zumeist die Verunsicherung über den Einfluss der Neuen Medien auf den allgemeinen, besonders schriftlichen Sprachgebrauch und mithin eine Entwicklung, die durchaus nicht nur Jugendliche betrifft.

Ein weiterer, heute verstärkt zu vernehmender Kritikpunkt bezieht sich auf das angebliche Übermaß an Anglizismen in der Jugendsprache. Auch dieses sprachkritische Argument ist aus der Sprachgeschichte bekannt: Im 18. Jahrhundert nahm es die Form einer Kritik an Entlehnungen aus dem Französischen an. Damals lautete der Vorwurf „Petitmäterei".[27] Heute wird, vor allem in der medialen Berichterstattung, die Furcht vor „*Denglisch*", einer deutsch-englischen Sprachmischung, geschürt, die als Hauptursache eines vermeintlichen „Sprachverfalls" des Deutschen angesehen wird. So lamentiert die Zeitung „Sprachnachrichten" des Vereins für deutsche Sprache:

Mittelgroße Katastrophe: Eine Million sprachloser Jugendlicher

Ein alltägliches Ausnahmeerlebnis: Dönerbude oder Kassenschlange im Supermarkt. Deutsche, türkische und aus Rußland stammende Jugendliche reden miteinander. Ihr gesprochenes Deutsch ist fehlerhaft. Grammatik, Lexik und Aussprache weichen ganz erheblich von den anerkannten Regeln ab. Zunächst möchte der Zuhörer gern glauben, Zeuge einer sprachlichen Spielerei zu sein, doch lässt sich diese Illusion nur kurze Zeit aufrechterhalten. Nach einigen Minuten ist die Erkenntnis nicht mehr zu unterdrücken: Diese jungen Menschen können kein Deutsch. [...]

(In: VDS Sprachnachrichten 1/2008, S. 1. von R. Pogarell)

---

[26] Vgl. dazu Neuland 2008.
[27] Vgl. dazu im Folgenden Kap. IV.1.1: Historische deutsche Studentensprachen.

Die Sorge vor fremdsprachlichen Elementen in der deutschen Sprache war in der Geschichte des Sprachpurismus schon immer ein Spiegel der Furcht vor „Überfremdung", die auch in Zeiten einer zunehmenden multikulturellen Zusammensetzung der heutigen Gesellschaft fortlebt. Die Kritik an Sprachmischungen wird aktuell zugespitzt mit dem Terminus *„Kanaksprache"* ausgedrückt. Damit ist die Befürchtung gemeint, dass sich nun auch deutsche Jugendliche nur noch in einer Mischung von Deutsch und Türkisch oder auch in einer Mischung von Deutsch und Russisch verständigen würden. So folgerte bereits die Süddeutsche Zeitung am 20.03.2007:

> „Yalla, lan! Bin ich Kino? Heute verändern Arabisch, Russisch oder Türkisch die Umgangssprache der Jugendlichen stärker als alle Anglizismen."

Auch für solche Ängste bilden jugendliche Sprach- und Lebensstile Projektionsflächen. Kontrastiert man die medial vermittelten öffentlichen Kritikpunkte an der Jugendsprache mit Ergebnissen sprachwissenschaftlicher Forschung, so können nahezu alle Kritikpunkte relativiert oder widerlegt werden. Deshalb liegt die Schlussfolgerung nahe, dass sich diese Kritik gar nicht auf den tatsächlichen Sprachgebrauch Jugendlicher richtet, sondern dass sie sich vielmehr auf die in den Medien selbst präsentierte „Jugendsprache" bezieht. Im Brennpunkt der öffentlichen Sprachkritik steht weniger der authentische Sprachgebrauch der Jugendlichen als die medial konstruierte „Jugendsprache". Insofern ergibt sich geradezu ein *circulus vitiosus*: In den Medien wird genau das kritisiert, was zuvor selbst erzeugt wurde.

3 Jugendsprache: Fiktion und Wirklichkeit

Das Thema Jugendsprache ist von seiner medialen Vermarktung nicht zu trennen. Diese Feststellung wurde schon zu Beginn der linguistischen Jugendsprachforschung getroffen: Eine der ersten großen empirischen Studien zur Jugendsprache trägt zu Recht den Untertitel: Fiktion und Wirklichkeit.[28] Die Abwehr gegen den „Mythos von der ‚Jugendsprache'" prägt seitdem die linguistische Jugendsprachforschung bis heute. Der linguistische Forschungsgegenstand Jugendsprache und das öffentliche Diskussionsthema: „Jugendsprache" sind nicht deckungsgleich, und öffentlich zugeschriebene und wissenschaftlich belegte Eigenschaften sind

---

[28] Schlobinski/Kohl/Ludewigt 1993.

3 Jugendsprache: Fiktion und Wirklichkeit

wohl zu unterscheiden. Dies soll in der folgenden Abbildung vereinfacht dargestellt werden:

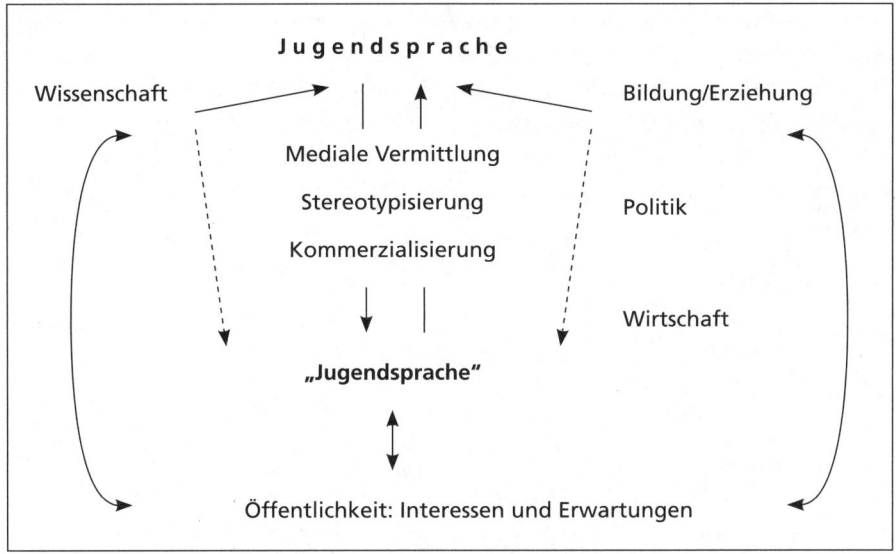

Abb. I.3.1: Doing Youth: Jugendsprache zwischen Fiktion und Wirklichkeit

Das mediale Konstrukt „Jugendsprache" entsteht in einem Prozess des „Doing Youth"[29] aus medialer Vermittlung, Stereotypisierung und Kommerzialisierung, der Jugend und Jugendsprache zu Gunsten wirtschaftlicher und politischer Interessen funktionalisiert. Zugleich trägt der Prozess des „Doing Youth" in der Öffentlichkeit zu einer Perspektivenverengungen bei, die in Form bestimmter gesellschaftlicher Erwartungen auf die wissenschaftliche Forschung zurückwirkt, z. B. in Form der journalistischen Erwartung, jeweils die neuesten „In- und Out-Hitlisten" zu liefern.

Die linguistische Jugendsprachforschung kann dazu beitragen, solche Klischees zu dekonstruieren und damit zugleich einer Reduktion der Perspektivenvielfalt des Themas Jugendsprache entgegenzuwirken. Ihre bisherige Entwicklung demonstriert hingegen einen wissenschaftlichen Perspektivenreichtum in linguistischer wie auch interdisziplinärer Hinsicht mit Bezügen zu Sprachgeschichte und Sprachwandel, zu Sprachnorm und Sprachvariation, zu Gruppen- und Fachsprachen, zu Kommunikationsfor-

---

[29] So Neuland 2003.

schung und Stilistik, zu Sprachsozialisation und Sprachunterricht. Neben der empirischen Erforschung des Sprachgebrauchs Jugendlicher bilden aber eben auch die gesellschaftlichen Konstruktionsprozesse einen Gegenstand kulturanalytischer und sprachkritischer Forschung. Insofern kann Jugendsprachforschung auch einen Beitrag zur wissenschaftlichen Öffentlichkeits- und Vermittlungsarbeit und zur Sensibilisierung des öffentlichen Sprachbewusstseins für Sprachvielfalt und Sprachveränderung leisten.

II Jugendsprachforschung: Grundlagen und Entwicklungen

In diesem Kapitel soll nun die Frage verfolgt werden, wie das Thema Jugendsprache Eingang in die linguistische Sprachforschung in Deutschland fand.

1 Beginn der linguistischen Jugendsprachforschung in Deutschland

Noch Anfang der 80er Jahre zog ein bekannter Vertreter der germanistischen Sprachwissenschaft das Resümee, dass es eine „linguistische Jugendsprachforschung nicht gibt"[1]. Der Vortrag von Helmut Henne: Jugendsprache und Jugendgespräche aus dem Jahre 1980 öffnete gleichsam eine wissenschaftliche Eingangstüre für dieses Thema, dem im selben Jahr noch einige kleinere Beiträge gewidmet wurden.[2] Zwischen 1980 und 2008, dem Jahr der jüngsten internationalen Fachkonferenz zum Thema Jugendsprache, liegt eine Spanne von knapp 30 Jahren. Die linguistische Jugendsprachforschung hat in dieser Zeit in Deutschland und im europäischen sowie außereuropäischen Ausland eine lebhafte Entwicklungsgeschichte und einen außerordentlichen Aufschwung zu verzeichnen.

Verfolgen wir zunächst aus fachgeschichtlicher Sicht die frühen Erkenntnisinteressen und Fragestellungen sowie die theoretischen und methodischen Probleme zu Beginn der linguistischen Jugendsprachforschung.

---

[1] So Henne 1981, S. 372.
[2] In dem Themenheft: Sprache und Erfahrung der Zeitschrift Osnabrücker Beiträge zur Sprachtheorie finden sich einschlägige Beiträge von Bättig und Schleuning.

1.1 Frühe Erkenntnisinteressen und Fragestellungen

Während in den Vorläufern der linguistischen Jugendsprachforschung, der Tradition der Sondersprachforschung und der Sprachkritik und Sprachpflege[3], die Gemeinsprache bzw. Hochsprache und ihre Entwicklung im Vordergrund des Interesses standen, wurde die Jugendsprache erst mit Beginn der linguistischen Jugendsprachforschung zum Erkenntnisobjekt eigenen Rechts.

„Spricht die Jugend eine eigene Sprache?" so lautete die 1982 gestellte Preisfrage der Deutschen Akademie für Sprache und Dichtung, die eine Fülle von Einsendungen von Sprachwissenschaftlern, Schriftstellern und Jugendlichen selbst auslöste.[4] Die hier behandelten Fragestellungen betrafen vor allem Gründe und Erscheinungsweisen sowie mögliche Einflüsse und Auswirkungen des Sprachgebrauchs Jugendlicher.

Die Frage nach der Generationsspezifik des Sprachgebrauchs Jugendlicher weist die linguistische Jugendsprachforschung der Teildisziplin der *Soziolinguistik* zu, die sich mit den sozialen und kulturellen Bedingungen des Sprachgebrauchs, mit Sprache im sozialen Kontext und mit dem Zusammenhang von Sprache und sozialer Erfahrung beschäftigt. Das Themenheft der Zeitschrift OBST von 1980, das einige der ersten Beiträge zur Jugendsprache in Deutschland enthielt, trug denn auch den Titel: Sprache und soziale Erfahrung.

Linguistische Fragestellungen im engeren Sinne bezogen sich – in Weiterführung der sondersprachlichen Forschungstraditionen – zunächst auf lexikologisch-lexikographische Betrachtungen des Wortschatzes Jugendlicher sowie auf neuere pragmalinguistische Forschungsaspekte, wie z. B. Begrüßungsformeln und Gesprächspartikel. Der Einbezug von Fragen nach der Wortbedeutung und der Wortbildung lag nahe, ebenso wie die Ausdehnung auf die Phraseologie. Fragen nach Stilmerkmalen und Stiltendenzen der Jugendsprache traten bald hinzu.

Neben den zentralen soziolinguistischen Erkenntnisinteressen wurden auch *sprachpädagogische* Interessen geltend gemacht, veranlasst durch die Meinungen über die Jugendsprache als Symptom für Sprachverfall und die kritische Sicht auf die Sprachleistungen Jugendlicher. So wurden auf

---

[3] Vgl. Kap. II.2.1: Philologische Tradition der Sondersprachforschung und II.2.2: Psychologische Tradition der Sprachentwicklungsforschung.
[4] Die preisgekrönten Einsendungen wurden von Pörksen/Weber 1984 publiziert.

der Tagung der evangelischen Akademie Loccum: Sprüche – Sprachen – Sprachlosigkeit?[5] besonders die Folgen subkultureller Formen von Jugendsprache im Hinblick auf Bildung und Erziehung diskutiert. Der Zusammenhang von Sprachgebrauch Jugendlicher und schulischen Sprachleistungen ist für die weitere Entwicklung der Jugendsprachforschung in Deutschland ein wichtiges Moment geblieben.

1.2 Anfängliche methodische und theoretische Forschungsprobleme

Von einer systematischen sprachwissenschaftlichen Bearbeitung solcher Fragestellungen war man allerdings zu Beginn der 80er Jahre noch recht weit entfernt, was mit den nicht unerheblichen theoretischen und methodischen Forschungsschwierigkeiten zusammenhing. Eines der wichtigsten Probleme stellte sich bereits mit der Quellenlage: Die wenigen Belege für sprachwissenschaftliche Analysen verdankten sich hauptsächlich den mehr oder minder anekdotischen „Insider-Beobachtungen"[6], mit denen „ehemalige" Jugendliche auch ihre persönliche Sprachgeschichte aufarbeiteten. Die nicht oder auch nicht mehr in jugendliche Lebenswelten und Kommunikationspraxen integrierten Autoren standen als „Outsider" bzw. Angehörige „fremder Welten" alsbald vor ihnen unerklärlichen Sprachphänomenen.[7]

Die Notwendigkeit einer authentischen Datenbasis sowie der unumgängliche Rückgriff auf interpretatives Fremdverstehen erweisen sich als grundlegendes Problem der Jugendsprachforschung. Einen eher fragwürdigen Ausblick bieten kontextisolierte Einzelfallbeispiele[8] oder textsortenspezifisch konstruierte Einzelfälle, die sich aus autobiographischen Erfahrungen speisen. Ein Beispiel liefert die folgende „fiktive Rede" von Schleuning:

---

[5] Die Tagungspublikation stammt von Ermert (Hrsg.) 1985.
[6] Dazu rechnen die Beiträge von Bättig u. a. sowie Schleuning 1980 sowie Behrendt u. a. 1982.
[7] Dies demonstriert Henne gegenüber dem Begriff „otzen"(1981, S. 381).
[8] So leitete Bayer seine zu weitreichenden pädagogischen Konsequenzen führende Kritik an der Jugendsprache aus Beispielen von Schulaufsätzen und Examensarbeiten ab (1982, S. 142).

> „Also, ich kann mich echt aufregen, wenn ich die Typen bei mir in der WG sehe. Immer wenn ich heim komm, läuft der gleiche Film ab, echt der gleiche Scheiß irgendwie. Wenn ich da schon reinkomm und nur den Spasti von Heinz seh. Da bin ich schon bedient. Der hat nur eins drauf, wenn er mich sieht: Die große Anmache wegen irgendwas. Echt motzig ist der, von Morgen bis Abend. Wenn ich das schon hör, bin ich total gestresst. Und dann die Bärbel, die ist auch das Letzte. Sagt sie so ganz link zu mir: Wir haben schon gegessen! Du, das find ich so unheimlich beknackt, das törnt mich so ab, der totale Horror. Solche Schoten bringt die am laufenden Band, aber voll, da bin ich schon so gefrustet. Ich scheck das echt nicht, wie man so reden kann."
>
> (Schleuning 1980, S. 9)

„Jugendsprache – was ist das eigentlich?"[9] Um eine theoretische Klärung dieses Begriffs hat sich auch die moderne Jugendsprachforschung nicht explizit bemüht. Der Rückgriff auf sprachliche Äußerungen von Schülerinnen und Schülern, von Studentinnen und Studenten schien eine ausreichende Selbstevidenz zu sichern. Dies sollte sich allerdings im Zuge der Etablierung der Jugendsprachforschung ändern. Sollen jugendliche Ausdrucksweisen nicht nur in ihrer sprachlichen Erscheinungsweise beschrieben, sondern in ihrer möglichen alters-, generations- oder auch (sub)kulturtypischen Funktionsweise im sozialen Kontext analysiert werden, so stellt sich die Klärung der Begriffe von Jugend und Jugendsprache als vordringliches Problem.[10]

Zu Beginn der modernen Jugendsprachforschung wurde von Helmut Henne die sozialpsychologische Kategorie des Identitätserwerbs im Jugendalter eingeführt und der Jugendsprache eine wesentliche Funktion der „Sprachprofilierung"[11] beigemessen. Dieser sprachfunktionale Aspekt hat sich für die weitere Entwicklung für die Jugendsprachforschung als sehr bedeutsam erwiesen, jedoch bedarf er zugleich weiterer Differenzierungen und empirischer Belegführungen, vor allem im Hinblick auf eine Verbindung von individual- bzw. gruppenpsychologischen Sichtweisen mit den soziologischen Aspekten der Stellung der Jugend und ihrer unterschiedlichen sozialen Herkunftswelten innerhalb der Gesellschaft.

Die unzureichende soziale Differenzierung der Jugend und der Jugendsprache wurde mit den bekannten Thesen von Gloy u. a. im Jahr 1985 wie folgt kritisiert:

---

[9] So noch kürzlich Volmert 2004.
[10] Vgl. dazu Kap. III.1: Jugend und Jugendsprache.
[11] Vgl. Henne 1981, S. 372, später auch Weber 1984, S. 66.

1. „Es gibt nicht *die* (eine) Jugendsprache, weil es nicht *die* Jugend als homogene Gruppe gibt. [...]
2. Es gibt nicht die *Jugend*sprache (im Gegensatz zur Erwachsenensprache) [...]
3. Es gibt nicht die Jugend*sprache*, sondern das *Sprechen* von Jugendlichen."[12]

Dieses oft zitierte Fazit, das als Kritik an der anfänglich vorherrschenden Homogenitätsannahme *der* Jugend und *ihrer* Sprache zu verstehen ist, kann jedoch keinesfalls als Entlastungsargument für unterbliebene theoretische Klärungen des jeweiligen Forschungsgegenstands dienen, wie es zu weiten Teilen der frühen Jugendsprachforschung charakteristisch war.

Allerdings weisen neuere Beiträge zur Jugendsprachforschung kaum explizite Auseinandersetzungen mit dem Begriff Jugend auf. Während ethnographische Einzelfallstudien überwiegend ganz auf solche theoretischen Reflexionen verzichten, finden sich seit Schlobinskis These vom „Mythos Jugendsprache"[13] eher ausführliche Auseinandersetzungen mit dem Aspekt von Jugendsprache als Medienprodukt und mithin mit einer fiktiven Jugendsprache. Die aktuelle Jugendsprachforschung hat sich deutlich von der Annahme Homogenität der Jugend verabschiedet, allerdings ohne dies mit weiteren gesellschaftsanalytischen Differenzierungen zu verbinden. Die Heterogenitätsannahme ist seitdem nicht mehr hintergehbar. Trotzdem bleibt die theoretische Klärung des Status des jeweils untersuchten SprecherInnen/SchreiberInnengruppe und somit auch des genuinen Gegenstandfelds der linguistischen Jugendsprachforschung bis heute ein Desiderat.

2 Vorläufer der modernen Jugendsprachforschung

Eine kurze Rückbesinnung auf gegenstandsgeschichtliche und fachgeschichtliche Stationen kann sich auch in dieser Hinsicht als hilfreich erweisen. An dieser Stelle seien drei Vorläufer der modernen Jugendsprachforschung skizziert, die sich unterschiedlichen disziplinären Traditionen und Fachverständnissen verdanken.

---

12 Bucher/Callieux/Gloy 1985, S. 116.
13 Schlobinski u. a. 1993, zuvor auch schon bei Januschek 1989 sowie 1991.

2.1 Philologische Tradition der Sondersprachforschung

„Jugendsprache" ist kein Phänomen der Neuzeit. Auch zu früheren Zeiten haben Jugendliche einen ihnen eigenen Sprachstil ausgebildet, der sich von dem in der Gesellschaft vorherrschenden und von der älteren Generation verwendeten in bedeutsamer Weise unterschied.

Es ist allerdings bemerkenswert, dass die Sondersprachforschung auch in ihrer Blütezeit bis in das 20. Jahrhundert hinein den Begriff „Jugendsprache" nicht verwendete. Vielmehr wurde von der Studentensprache und von der Sprache der akademischen Jugend, später dann auch von der Schülersprache gesprochen. So wie andere Sondergruppen von Ständen und Berufen interessierte die Gruppe der jungen Akademiker durch ihre von der Gemeinsprache unterschiedlichen vor allem lexikalischen Ausdrucksmittel. Diese wiederum wurden eher unter dem Aspekt der innovativen Auswirkung auf die Gemeinsprache und weniger unter dem Aspekt ihrer möglichen Bedeutungen für die sprachspezifische Lebensphase befragt.

Die aufschlussreiche Systematisierung der Sondersprachen von Ferdinand Hirt (1909) misst der Sondersprache der Studenten als „Sprache einer bestimmten Altersklasse und zugleich eines bestimmten Standes"[14] eine besondere Gewichtung bei. Dennoch überlagert der ständische Aspekt den generationsspezifischen nahezu vollkommen, wobei dieser wiederum dem sprachgeschichtlich-etymologischen Forschungsinteresse der Sondersprachforschung untergeordnet wurde (s. Abb. II.2.1).

Unser Wissen über die historische deutsche Studentensprache verdanken wir der fast zweihundertjährigen Tradition von historischen Wörterbüchern und Dokumentationen der Studentensprache vor Beginn ihrer wissenschaftlichen Erforschung[15]. Sie geben Aufschluss über den Sprachgebrauch und Lebensstil der akademischen, männlichen Jugend und ihrer zentralen Erfahrungsbereiche und sozialen Wertungen. Gleichwohl sind schon Anzeichen regionaler und gruppenspezifischer sprachlicher Heterogenität in burschikosen Sprach- und Lebensstilen zu erkennen. Bedauerlicherweise sind sprachliche Äußerungen der nichtakademischen Jugend kaum dokumentiert und analysiert worden, was die Einschränkung des sondersprachlichen Jugendbegriffs noch deutlicher macht.

---

[14] Hirt 1909, S. 244; vgl. bereits Henne 1984, Bd. 1, S. 2.
[15] Henne/Objartel (Hgg.) dokumentieren diese Tradition in der sechsbändigen Bibliothek zur historischen deutschen Studenten- und Schülersprache (1984).

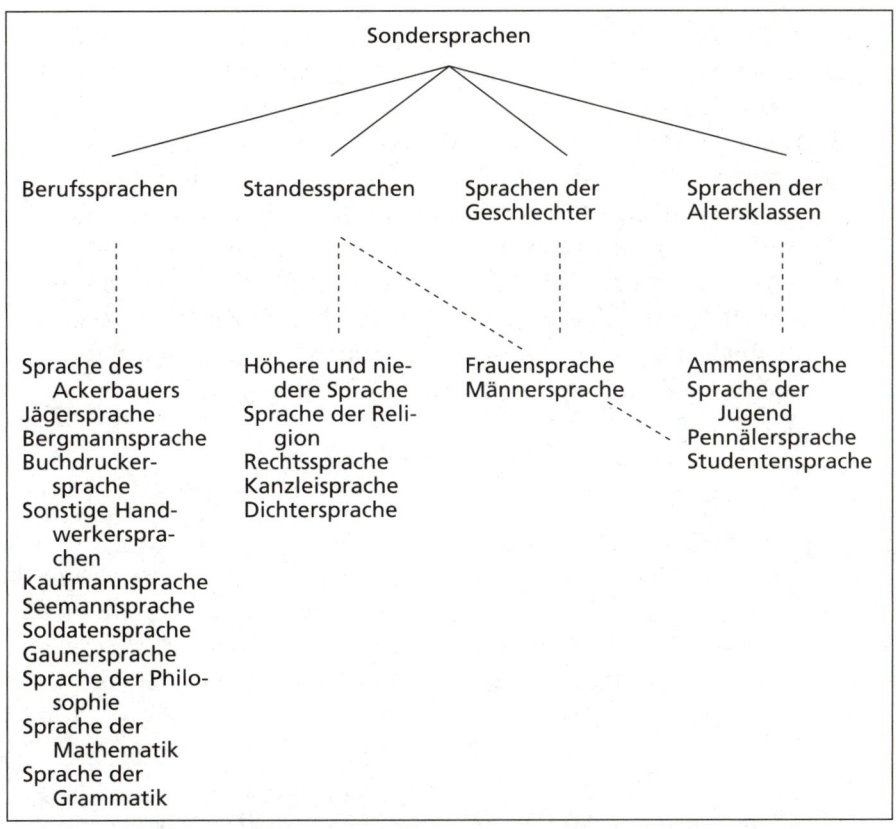

Abb. II.2.1: Sondersprachen in der Systematik von Hirt 1909

Die ersten Beobachtungen und Dokumentationen einer deutschen Jugendsprache stammen von Vertretern der philologischen Sondersprachforschung wie Meier (1894) und vor allem Kluge (1895). Die frühe Sondersprachforschung verfolgte gegen Ende des 19. Jahrhunderts mit ihrem sprachhistorischem Interesse an der Entstehung des neuhochdeutschen Wortschatzes hauptsächlich etymologische Fragestellungen: Sie untersuchte die Herkunftsbereiche des Sonderwortschatzes, seine sprachlichen Bildungsmittel und seinen allmählichen Übergang in Stilschichten der Gemeinsprache und der gehobenen Literatursprache.

> Alles sprachliche Leben vollzieht sich fern von den Blicken der beobachtenden Kritik. Jede Neuerung tritt in den Gesichtskreis des Sprachforschers erst als vollzogene Thatsache. Unsere Worte entstehen wie die Volkslieder. Wir wissen nicht, von wannen sie kommen. Sie haben ein langes Vorleben, ehe die Litteratur sich ihrer bemächtigt und sie der zuständigen Kritik ausliefert. Nur eine verschwindend kleine Wörterzahl können wir auf einen Urheber, auf ein festes Datum zurückführen. Die große Masse unseres Wortschatzes hat keine Geschichte. Finsternis umgibt ihre Anfänge, ehe der scharfe Blick eines Lessing oder die volkstümliche Kraft eines Luther sie aus dem Dunkel hervorzieht und als würdige Glieder in die hohen Kreise der Litteratur einführt.

(Kluge 1895, S. 1)

Dies soll am Beispiel der Wortgeschichte von *Kneipe* nach Kluge veranschaulicht werden, womit um 1760 „die gewöhnlichste Schenke der niedrigsten Sorte" und auch die „Diebsherberge" bezeichnet wurde. Durch den studentischen Gebrauch und die damit verbundene Bedeutungserweiterung fand dieser Ausdruck schließlich Aufnahme in die Standard- und Literatursprache.

> Im allgemeinen hat unser Wort seinen gefährlichen, mindestens unseinen, rohländlichen Beigeschmack abgestreift. Während heute jedermann — ob hoch ob niedrig, ob Aristokrat ob Socialdemokrat, ob studiert ob illiterat — das Wort ohne schlimmen Nebensinn gebrauchen kann, war es von Haus aus 'die niedere Dorfkneipe'.

(Kluge 1912, S. 11)

Nachträge der Sondersprachforschung bezogen im frühen 20. Jahrhundert die „Schüler-" und „Pennälersprache" ein. Allerdings beschränkten sich diese Beiträge häufig auf bloße Wörterverzeichnisse der Schülersprache in bestimmten Regionen.[16] Mit der Schrift von Götze über die deutsche Studentensprache (1920) fand die frühe Sondersprachforschung ihren vorläufigen Abschluss.

---

[16] Vgl. dazu Kap. IV.1.2.

2.2 Psychologische Tradition der Sprachentwicklungsforschung

An welche Forschungstraditionen hätte die sich entwickelnde linguistische Jugendsprachforschung in Deutschland anknüpfen können?

Mit der „Sprache der Jugend" hatte sich auch schon die frühe deutsche Sprachpsychologie und die Tradition der Sprachentwicklungsforschung befasst, als deren prominente Vertreter Clara und William Stern mit ihrer berühmten Abhandlung zur Kindersprache (1908) gelten. Basierend auf den wichtigen Elementen der Stadienlehre und der Konvergenztheorie setzte sich diese Tradition mit Arbeiten bis zum Jugendalter fort, darunter die Abhandlungen von Charlotte Bühler zu Kindheit und Jugend (1928) und zum „Seelenleben" des Jugendlichen (1922).

Bemerkenswert ist auch Busemanns Versuch: „Die Sprache der Jugend als Ausdruck der Entwicklungsrhythmik" (1925) zu erfassen. Seine Leitthese eines periodizitätstheoretischen Entwicklungskonzepts versuchte er mit dem phasenspezifischen Ansteigen und Absinken eines „Aktionsquotienten" von Merkmalen aus Schülertexten sprachlich zu belegen. Die Problematik eines solchen Zugangs liegt jedoch in der Annahme eines selbsttätigen Reifungsprozesses und in den universalistischen Typisierungen, die mit der biologischen Altersgleichheit eine Homogenität der „Jugend und ihrer „Sprache" unterstellten und die Einwirkung sozialer Erfahrungen und umweltbedingter Lernprozesse unberücksichtigt ließen. Der Terminus „Jugendsprache" wird eher als Etikett eines Entwicklungsgeschehens verwendet, und die Sprachanalyse scheint allein der Bestätigung einer solchen Entwicklungstheorie zu dienen.

Es ist aufschlussreich, dass es zwischen den Traditionen der psychologischen Sprachentwicklungsforschung und der philologischen Sondersprachforschung keine interdisziplinären Berührungspunkte und keinen wissenschaftlichen Austausch gab. Die Forschungstraditionen wurden, unterbrochen durch Nationalsozialismus und Zweitem Weltkrieg, erst in der Nachkriegszeit wieder aufgenommen und im Rahmen der „Altersstilforschung" neu belebt. So unterscheiden Hetzer/Flakowski: „Die entwicklungsbedingten Stilformen von kindlichen und jugendlichen Schreibern" (1954/1974), und zwar den „ganzheitlich-erlebnisbestimmten Stil der KleinkindStufe", den „ganzheitlich-sachbetonten Stil der späten Kindheit", den „gegenständlichen Stil" gegen Ende der späten Kindheit und schließlich den „gegenständlichen Stil mit Gestaltungsabsicht als höchste Form des Kindheitstils". Ähnliche Unterscheidungen sind von der Sprach- und speziell Aufsatzdidaktik der damaligen Zeit aufgegriffen worden, vor allem von Pregel (1970), der – unter Einbezug des mündlichen Sprachgebrauchs – einen sog. „Freskostil" in der frühen Grundsschulzeit von einem „Reliefstil" in der späten Grundschulzeit unterschied. Es bleibt kennzeichnend für die Altersstilforschung vor der pragmatischen Wende, von einer reifungsbedingten Abfolge von Entwicklungsstufen des Sprachgebrauchs in Kindheit und Jugend auszugehen, ohne Berücksichtigung kommunikativer und situativ-funktionaler Bedingungen sowie individueller Differenzierungen.

Erst die kürzlich neu entwickelte Perspektive einer die verschiedenen individuellen Lebensphasen umfassenden *Sprachbiographie* könnte an diese Traditionen anknüpfen und diese im Sinne einer sprachlichen Sozialisationsforschung weiterentwickeln.[17]

2.3 Sprachpflegerische Traditionen in der Nachkriegszeit

In gewisser Weise können die Beiträge zur deutschen Schülersprache in den 60er Jahren (v.a. von Küpper 1961) als Weiterentwicklung der sondersprachlichen Erforschung der Schüler- und Pennälersprache vom Beginn des 20. Jahrhunderts gelten. Küpper war auch derjenige, der zum ersten Mal von einem „Jugenddeutsch" sprach und diesem einen Band seines sechsbändigen Wörterbuchs der deutschen Umgangssprache widmete (1970).

Von einem sprachkritisch-sprachpflegerischen Standpunkt aus wurde seit dem Ende der 50er Jahre das Spannungsverhältnis zwischen „Jugend, Sprache und Gesellschaft" (so Stave 1960) betrachtet. Als Chronist von „15 Jahre[n] Deutsch in der Bundesrepublik" verzeichnete Stave jugendsprachliche Auffälligkeiten wie den frühen Anglizismus *hotten* und Metaphern wie *Tastenhengst* (für Pianist), die das Missfallen der Nachkriegsgesellschaft erregten. Sprachkritisch wertend bescheinigte Stave den damaligen Jugendlichen mangelndes Sprachgefühl und fürchtete um den negativen Einfluss auf die Standardsprache.

---

[17] Vgl. dazu das OBST-Themenheft: Sprechalter (62/2001).

> [...] vor allem die Jugend ist völlig unbedenklich darin, nur noch so zu sprechen und zu schreiben, wie ihr ‚der Schnabel gewachsen ist'. Das wird auf die Umgangssprache der nächsten Generation nicht ohne Folgen bleiben. Gewisse Schrumpfungserscheinungen sind in der Grammatik jetzt schon erkennbar, z. B. die die Abneigung gegen den Gebrauch des Konjunktivs, des Genitivs, des Perfekts und der reicher gegliederten Formen des Satzes. Schließlich wird diese Entwicklung noch dadurch gefördert, daß die Jugend kein Verständnis mehr für die Auffassung von Sprache als dem ‚heiligsten Gut der Nation' hat. Verantwortung vor der Sprache ist ihr fremd. Für sie ist die Sprache kein Kulturwert mehr, sondern ein Konsumgut, dessen man sich unbefangen bedient.
>
> (Stave 1960, S. 12)

Die Erscheinungsformen des sog. „Halbstarkendeutsch" und des „Teenager-Jargons" werden als Ausdruck der Eigenständigkeit einer selbstbewussten, gegen die gesellschaftlichen Konventionen der älteren Generation gerichteten Jugend interpretiert und von einem sprachpflegerischen Standpunkt aus als die Gemeinsprache bedrohende Entwicklungen heftig kritisiert.[18] Die methodologisch problematischen Versuche, demgegenüber ein einheitliches „Jugenddeutsch" lexikographisch zu präsentieren, sind allerdings nicht sehr überzeugend. Die sprachpflegerische Tradition der Nachkriegszeit erscheint aus heutiger Sicht eher den Positionen einer öffentlichen, vorwissenschaftlichten Sprachkritik und Sprachpflege nahezukommen.

3 Richtungen der linguistischen Jugendsprachforschung

Die wissenschaftliche Etablierung des Forschungsgegenstands Jugendsprache in der germanistischen Linguistik wurde durch jenen bereits erwähnten Vortrag von Helmut Henne auf der Jahrestagung des Instituts für deutsche Sprache in Mannheim 1980 eingeleitet.[19] Dazu trugen zweifellos auch die 1982 gestellte Preisfrage der Deutschen Akademie für Sprache und Dichtung: „Spricht die Jugend eine andere Sprache?" und die veröffentlichten Preisschriften [20] bei. In der sich entwickelnden Jugendsprachforschung wurden in den nächsten beiden Jahrzehnten in Deutschland zugleich verschiedenen Forschungsrichtungen eingeschlagen, die sich auch chronologisch wie folgt charakterisieren und exemplarisch veranschaulichen lassen:

---

[18] Vgl. Kap. IV.2: Jugendsprachen in der jüngeren Sprachgeschichte nach 1945.
[19] Veröffentlicht unter dem Titel Jugendsprache und Jugendgespräche 1981.
[20] Pörksen/Weber 1984.

3.1 Pragmatik der Jugendsprache

Zu Beginn der linguistischen Jugendsprachforschung wurden, der damaligen kommunikativen Wende und Entwicklung der linguistischen Pragmatik entsprechend, besonders pragmatische Aspekte jugendlichen Sprachgebrauchs betont: Dazu gehörten Begrüßungs- und Anredeformen, Gesprächspartikel, Laut- und Verstärkungswörter, wie sie vor allem von Henne in einer ersten DFG-Studie: „Jugend und ihre Sprache" (1986) analysiert wurden. Die von Henne erprobten Fragebogen- und Beobachtungsverfahren sowie der Allgemeinheitsanspruch seiner Ergebnisse fanden überwiegend kritische Würdigung. So offenbart ein Abschnitt: *„Interviews – zögernde Annäherungen"* das klassische Beobachterparadoxon[21] und die Schwierigkeit einer Gesprächssituation, in der die in einem Universitätsseminar von Henne interviewten Primaner über ihr „Partnervokabular" Auskunft geben sollten:

> „H: „Wie werden Freundinnen und Freunde angeredet? ähm Das ist natürlich jetzt etwas schwierig ... äh [...] Sie sagen: mein Macker?". Und etwas später: H: „Die Koseworte haben wir ja noch nicht gehört, irgendwelche ... Mausi ... Liebling [...] na ja, ich mein' das geht jetzt natürlich in Bereiche rein, die kann man praktisch nicht mehr generalisieren, nicht wahr [...]."
>
> (Henne 1986, S. 131 ff.)

3.2 Lexikographie der Jugendsprache

Auch die lexikographischen Traditionen wurden mit verschiedenen Befragungsmethoden fortgesetzt. Dies führte zur Erstellung von Wörterbüchern (v.a. Heinemann 1989) und zu Wort- und Sprüchesammlungen und -analysen (z.B. Januschek 1986, Kopperschmidt 1987), wobei ebenfalls zumeist von einer Allgemeingültigkeit und Homogenität jugendsprachlichen Gebrauchs ausgegangen wurde. Die anfänglich schlichten, wörterbuchartig aufgelisteten Bedeutungserklärungen und die Datengrundlagen geringer Reichweite ermöglichten oft nur eine begrenzte Aussagekraft der Befunde. So finden sich in Heinemanns: Kleines Wörterbuch der Jugendsprache, noch zu DDR-Zeiten erschienen, viele Beispiele, die weiterer Kommentare und vor allem Kontextuierungen bedürfen, um solche einzelnen Äußerungen verstehen und einordnen zu können, z.B.:

---

[21] Vgl. Kap. II.5.2: Vielfalt der Methoden.

> Jugendliche reden über Vieles [...], sie reden über Personen, die sie nicht mögen mögen, z. B.
> Emanze: „*Mädchen, das mit Jungs nichts zu tun haben will: Die blöde Emanze will nicht tanzen*".
> Anscheißer: „*Verräter, Petzer: So ein Anscheißer, der war schon wieder beim Lagerleiter.*"
> (Heinemann 1990, S. 43)

Gleichwohl verdankt die spätere Forschungsentwicklung den frühen Beiträgen der 80er Jahre wichtige Impulse.

3.3 Ethnographie von Jugendsprache

Dies gilt auch für die ethnographischen Einzelfallstudien der 80er Jahre. Vor allem im Rahmen des von Kallmeyer geleiteten Mannheimer Stadtsprachenprojekts (1994) wurden Detailkenntnisse über Ausdrucks- und Funktionsweisen gruppenspezifischer Kommunikation von Jugendlichen im Rahmen ethnographischer Einzelfall-Beschreibungen mittels teilnehmender Beobachtung erarbeitet (v. a. Schwitalla 1986/1988, Nothdurft/Schwitalla 1995). Wichtige Forschungsergebnisse betreffen Identifikations- und Abgrenzungsstrategien, z. B. „Quasi-Zitate" und die sozialsymbolische Verwendung von Interjektionen. Die Ergebnisse bleiben allerdings stark auf die Einzelfälle bezogen und sind nur begrenzt verallgemeinerbar. Als Beispiel sei der Kommentar einer Gruppe von Gymnasiasten beim „Hetzen" über Passanten angeführt:

> So äußerte ein Jugendlicher, als eine junge Frau in schwarzer Lederkleidung vorbeikam:
> ‚Uäh! Ach Gott ... die Asozial ... e e Keggl – n Kinderwaache schiewe un daß so e alte Schlamp noch e Kipp debei raacht ... so rischtisch uäh! Ajo! Isch geh uff sämtliche Hardrock-Konzerte, verstehsch? Do geht der Fisch ab!' (rülpst)
> ((‚Keggl' = dialektaler Ausdruck für ‚Kind'))
> Über einen älteren, nach Handwerker aussehenden Mann:
> ‚Ha jo, schaff isch bei Benz Fahrzeugmacher Vogelstang ne ... bei Benz geht der Fisch ab! Verstehsch ... und dann n halbe Kaschde Bier un a Wiener Schnitzel, alles klar, oder?'
> Über einen Jugendlichen:
> ‚Verstehsch ... Kumpels fahr ins Neggazentrum, mach die Leut ö, alles klar!'
> ‚Ha jo, verstehsch, geh un guck noch Schnalln, geht der Fisch ab ne?!'
> Beispiel: „Hetzen über Passanten"
> (Zit. n. Schwitalla 1986, S. 250)[22]

---

[22] Die Textbeispiele mit Originaläußerungen Jugendlicher werden hier der besseren Verständlichkeit wegen in vereinfachter und vereinheitlichter Transkription wiedergegeben (z. B. Groß-/Kleinschreibung, Betonungen, Pausenzeichen).

3.4 Sprechstilanalysen

Seit dem Ende der 80er Jahre treten Beiträge der Sprechstilanalysen hinzu (Schlobinski 1989). Auch sie gehen von einer konkreten Gruppenkommunikationssituation aus und beziehen den Erfahrungshintergrund der jeweiligen Jugendgruppe (z. B. einer katholischen Kirchengemeinde) zur Erklärung der Besonderheiten gruppentypischer Sprechstile ein. Für die Stilbildung spielen besonders die gruppentypischen kulturellen Ressourcen eine Rolle, z. B. dient in der katholischen Jugendgruppe das Muster der kirchlichen Fürbitte als eine Quelle ihres Sprachstils. Kreative Sprachspiele und mimetischer und verfremdender Umgang mit Zitaten (v. a. Schlobinski 1993, 1996), z. B. aus der Werbung, werden mit dem Konzept der Sprachstil-Bastelei („Bricolage") erfasst, wie bei der Veränderung eines Handlungsmusters aus dem ZDF-Fernsehquiz: „Der große Preis" und der Ersetzung der „Risikofrage" durch Wörter aus dem Sexualwortschatz:

C: *Ficken einhundert*
E: *Ficken einhundert (.)*
X: *Risiko*
Q: *Nee*
J: *Glücksspiel*
C: *Was denn was war denn daran Risiko (.) Rita Süßmuth oder was?*
E: *Ficken einhundert*
C: *Rita Süßmuth*
X: *Risiko*
 ((Lachen))
C: *Frau Meyer hat Aids (.) Herr Herr Tropfmann hat Herpes (.) was möchten SIE einsetzten (..) öhöh (..) Syphilis.*
 ((Lachen))
C: *Also hier die Frage (.) also hier die Frage*
E: *Welche Frage*
 ((Lachen))
S: *Sein*
R: *Das ist hier die Frage*
S: *Sein oder nicht sein*
R: *Schwein oder nicht Schwein*
 ((Lachen))
C: *Schwein (..) oder nicht Schwein*
Q: *Dein?*

Beispiel: „Der große Preis"
(Zit. n. Schlobinski/Kohl/Ludewigt 1993, S. 51 ff.)

3.5 Kulturanalytische Jugendsprachforschung

Erscheinungs- und Funktionsweisen von Jugendsprachen werden hier unter weiterem Einbezug der sprach- und kulturgeschichtlichen Verhältnisse in historischer sowie zeitgenössischer Perspektive soziolinguistisch analysiert und gedeutet (v. a. Neuland 1987 ff.)[23]. Dabei spielen die funktionalen Aspekte der generationspezifischen Abgrenzungen gegenüber den gesellschaftlichen Konventionen der „Außenwelt" ebenso eine Rolle wie die der sozialen Identitätsbildung in den Binnenräumen soziokultureller Jugendstile, wie sie u. a. in Personenklassifikationen (*Proll: „der Typ Leute, der wie 'n Generaldirektor tut und Postbote ist"*)[24] oder beim Lästern in einer Jugendgruppe über eine Mitschülerin ausgedrückt werden:

> A: *Jetzt isse eben die coole Katrin, die immer kifft.* ((Lachen))
> C: *Naja, jetzt will se sich einfach nur behaupten.* ((zustimmendes Raunen))
> *Früher war's ihr scheißegal, was andere von ihr gehalten haben und jetzt muss sie die Beste sein.*
> Beispiel: „Die coole Katrin"
> (Zit. n. Martin/Schubert/Watzlawik 2003, S. 123)

Zur Bestimmung des Verhältnisses zur Standardsprache werden Methodenkombinationen aus Fragebogenerhebungen, Beobachtungen und Korpusanalysen bevorzugt. Dabei werden auch Einstellungen von Jugendlichen zur Jugendsprache erhoben, z. B. zu Gebrauchsbegründungen. So formuliert ein Jugendlicher: *„weil Jugendsprache fetter ist als das Gelaber von Erwachsenen".*

3.6 Kontrastive Jugendsprachforschung

Seit den 90er Jahren ist die linguistische Jugendsprachforschung in Deutschland in einen internationalen Forschungskontext eingebettet. Sammelbände zur internationalen Jugendsprachforschung (Androutsopoulos/Scholz 1998, Neuland 2003b, Dürscheid/Spitzmüller 2006, Neuland 2007) präsentieren Einzelbeiträge aus verschiedenen europäischen und außereuropäischen Regionen. Aufschlussreiche Erkenntnisse vermittelt der Einbezug einer vergleichenden Perspektive von Jugendsprachen in verschiedenen europäischen Ländern (so Zimmermann 2003 zur spanischen, französischen, portugiesischen und deutschen Jugendsprache), z. B. im Hinblick auf lexikalische Verfahren wie Entlehnungen, v. a. *cool*, sowie morphologische Verfahren wie die Suffigierung, z. B. dt. *Realo*, frz. *punkette*, span. *bocata* (von Bocadillo), port. *letreiro* (Student der Fac. de

---

[23] Sowie Neuland/Martin/Watzlawik 2003, Neuland/Schubert 2008 (i. E.).
[24] Vgl. dazu Neuland 1994, S. 95 sowie Kap. IV.3.1.2: Deutsche Schülersprachen; zur Personenklassifikation vgl. auch Spreckels 2006.

letras)²⁵, Ehrhardt (2007) zu Phraseologismen im Deutschen und Italienischen. Als besonderes Anliegen erscheint die Erarbeitung zweisprachiger Jugendsprache-Wörterbücher.²⁶

Über Reichweiten und Grenzen kontrastiver Analysen wurden noch jüngst kritische Stimmen laut (vgl. Neuland 2007). Die Suche nach vergleichbaren sprachlichen Charakteristika zeigt, dass sich diese – abgesehen von sprachtypologischen Spezifika – oft nur mit den unterschiedlichen kulturspezifischen Sozialisations- und Lebensformen in den verschiedenen Gesellschaftsformen hinreichend erklären lassen. Dies dokumentiert z. B. die Wahl von Anredeformen in so unterschiedlichen Gesellschaften wie den westeuropäischen und den ostasiatischen.²⁷

3.7 Medienanalytische Forschung

Schon seit Beginn der Jugendsprachforschung in Deutschland beschäftigte sich die Forschung mit dem Einfluss der Medien auf den Sprachgebrauch Jugendlicher (Rogge 1985, Henne 1986, Schlobinski u. a. 1993). Medienanalytische Forschungsbeiträge wurden zum Gebrauch von Printmedien (z. B. Hess-Lüttich 1983, 2003 über Alternativpresse in Jugendsubkulturen), Hörfunk (z. B. Berns 2003 über Radiosendungen für Hip Hop-Anhänger) und Fernsehen vorgelegt. Jugendliche werden dabei nicht als nur passive Nutzer, sondern als aktive Gestalter von neuen Medienformaten angesehen. Analysen des Sprachgebrauchs in sog. Fanzines, Fan-Magazinen für jugendliche Subkulturen, gingen vor allem in die systematische der Beschreibung: Deutsche Jugendsprache von Androutsopoulos (1998) ein. Dies demonstriert auch das folgende Beispiel einer Plattenkritik in einem Fanzine:

> *Was iss'n das???!! auweia – gitarren rock oder besser pop mit geigen und gesofte, irgendwie so schmusebalden würd ich denken, was für schwer verliebte ... also ihr verliebten dieser erde greift zu ... (zur cd ihr säue!!!) und ... so weiter und sofort, nee im ernst das ist nix für mich selbst zum einschlafen zu öde. Schnell weg damit, aber vielleicht hört ihr ja selber mal rein und bildet euch eure meinung – not me!*
>
> (Zit. n. Androutsopoulos 1997, S. 16)

Der Medienentwicklung folgend haben im letzten Jahrzehnt die Analysen des Umgangs Jugendlicher mit Neuen Medien zugenommen: Jugendliche

---

[25] Zimmermann 2003, S. 176.
[26] Z. B. Lacarescu 2003.
[27] Vgl. dazu Neuland/Lie/Watanabe/Zhu 2007.

als Internetnutzer bilden mittlerweile einen viel beachteten Forschungsschwerpunkt (u.a. Androutsopoulos sowie Reinke 2003, Kleinberger Günther/Spiegel sowie Dürscheid 2006). Die Analysen beziehen dabei medientypische Charakteristika neuer Formen von Schriftlichkeit ein, z.B. Wortbildung in Form von Akronymen (z.B. *lol, hdl*), Inflektiv-Konstruktionen (*grins, heul, freu*), Verwendung graphostilistischer Mittel (z.B. Iteration von Graphemen und Satzzeichen für besondere Hervorhebungen und Betonungen) sowie der Einsatz von Symbolen wie Emoticons.

4 Schwerpunkte der Jugendsprachforschung

Mittlerweile verfügen wir über eine wenn auch kurze, so doch äußerst lebhafte und anregende Forschungsgeschichte. Eine Bibliographie zur Jugendsprachforschung ist 1999 erschienen und war bald darauf schon wieder veraltet; größere empirische Forschungsprojekte haben ihre Erkenntnisse präsentiert; auf internationalen Konferenzen findet ein reger Austausch mit Jugendsprachforschern aus anderen Ländern statt. Dabei werden eine Vielzahl von Fragestellungen verfolgt und Ergebnisse gewonnen, die verschiedene inhaltliche Schwerpunktsetzungen in Verbindung mit unterschiedlichen Forschungsrichtungen erkennen lassen. Einige davon seien im Folgenden genauer vorgestellt. Auch wenn sie mit unterschiedlicher Intensität bearbeitet werden, erschließen sie doch die Vielschichtigkeit des Forschungsfeldes.

4.1 Jugendsprache als historisches Phänomen

In der öffentlichen Meinung wird Jugendsprache oft als ein neuzeitliches Phänomen der Gegenwartssprache angesehen. Kaum bis gar nicht ist bekannt, dass Jugendliche auch zu früheren Zeiten einen eigenen Sprachstil ausgebildet haben, der sich von dem in der Gesellschaft vorherrschenden und von der älteren Generation verwendeten in bedeutsamer Weise unterschied.

Unser Wissen darüber verdanken wir der fast zweihundertjährigen Tradition von historischen Wörterbüchern und Dokumentationen der historischen Studentensprache als früheste bekannte Form einer Jugendsprache in Deutschland.[28] Solche Wörterbücher, Dokumentationen und Lebensbeschreibungen spiegeln den Sprachstil und Lebensstil der akademischen

---

[28] Vgl. die von Henne/Objartel 1984 herausgegebene Bibliothek zur historischen deutschen Studenten- und Schülersprache.

männlichen Jugend, ihre zentralen Erfahrungsbereiche und sozialen Wertungen. Die wissenschaftliche Beschäftigung mit der frühen deutschen Studentensprache hat nicht nur historischen Stellenwert; vielmehr erschließen sich auf dem Hintergrund eines früheren kultur- und zeitgeschichtlichen Kontexts bereits charakteristische Merkmale und Funktionen von Jugendsprachen im gesellschaftlichen Wandel.[29]

Ein solcher studentischer Sprachstil offenbart zugleich einen bestimmten, nämlich den freiheitlich-burschikosen Lebensstil, der sich sowohl von den bürgerlichen Konventionen der nicht-studentischen Bürger: der *Philister* sowie von den nicht-burschikosen Studenten: den *Muckern, Stubenhockern* und *Trauerklößen* abgrenzt. Wie wir aus der Sondersprachforschung wissen[30], weist er einen besonderen Wortschatz in den zentralen Lebensbereichen, sozialen Handlungsräumen und spezifischen Wertsetzungen dieser studentischen Gruppen auf, wie z. B.: *fidel, honett,* die in der damaligen Allgemeinsprache eine ganz andere Bedeutung trugen.

Ein herausragendes Kennzeichen der historischen Studentensprache ist jene Sprachmischung des „makkaronischen Latein", in dem Deutsch und Latein (z. B.: *gassatum gehen, Konkneipant*), wie aber auch Deutsch und Griechisch (z. B.: *burschikos*) verbunden mit Sprachspiel und Ironie zu einem neuen gruppenspezifischen Sprachstil vermengt werden. Weiterhin aufschlussreich im Vergleich zu heutigen Jugendsprachen sind auch die zahlreichen Metaphern und Anspielungen sowie die Vermischung von Stilschichten der Sprache des Bildungsbürgertums mit dem Rotwelsch der ehemaligen Gaunersprache (z. B.: *pumpen, Moneten*).

Die historische Perspektive auf jugendlichen Sprachgebrauch zu anderen Zeiten macht deutlich, dass die deutsche Sprache immer schon von den jüngeren Generationen geprägte Ausdrucksweisen in ihren Wort- und Formenbestand aufgenommen hat.

4.2 Jugendsprache als Entwicklungsphänomen

Eine weitere wissenschaftliche Fragestellung ist auf die Jugendsprache als eine Phase der sprachlichen Sozialisation gerichtet. Dabei geht es allerdings nicht um die Vorstellung eines festen Entwicklungsablaufs innerhalb biologischer Altersgrenzen, wie sie in der psychologischen Tradition der Sprachentwicklungsforschung und der Altersstilforschung noch

---

[29] Dazu ausführlicher Neuland 2003.
[30] Vgl. Kap. II.2.1: Philologische Tradition der Sondersprachforschung und Kap. IV.1: Frühe Formen von Jugendsprachen in der Sprachgeschichte.

vorherrschte[31] und wie sie der in der Öffentlichkeit oft gestellten Frage zugrunde liegt, wann Jugendsprache eigentlich anfinge und wann sie aufhöre.

Jugendsprache wird in der Entwicklungsperspektive vielmehr sprachbiographisch als Teil sozialer Lebensgeschichte angesehen, wobei die Bedeutung eines besonderen Sprachgebrauchs für die Sozialisationsphase der Jugend und die mit ihr verbundene Bildung sozialer Identität, insbesondere der Gruppen- und Geschlechtsrollenidentität interessiert. Die Bedeutsamkeit dieses sprachlichen Rollenhandelns spiegelt sich z.B. in den typologisierenden Bezeichnungen für Vertreter des jeweils anderen Geschlechts (wie z.B. *Tussi, Macker*) sowie anderer Jugendlicher (wie z.B. *Aso, Proll, Spasti*). Jugendliche selbst scheinen ein besonderes Gespür für den zeit- sowie lebensgeschichtlichen Wandel von Ausdrucksweisen zu haben, wenn sie sich sprachlich mit einem entsprechendem Hinweis abgrenzen: Der Ausdruck *irres feeling* z.B. sei *peinlich teeniehaft*[32] und nicht mehr zu gebrauchen.

Die Beschäftigung mit der Jugendsprache als einer Sozialisationsphase kann insbesondere über die funktionalen Effekte der Jugendsprache, d.h. über die Gründe für deren Bildung und Verwendung im sozialen Lebenslauf Aufschluss geben. Unter sprachbiographischer Perspektive erweist sich damit auch, dass Jugendsprache eine Passage in der individuellen Sprachbiographie darstellt, die mit dem Übertritt in weitere Sozialisationsphasen und -rollen (z.B.: Berufstätigkeit, Familiengründung) verblassen und abnehmen wird. Inzwischen wurden erste vergleichende Beobachtungen zu verschiedenen Lebensaltern (Häcki Buhofer (Hrsg.) 2003 und Sprechaltern (OBST 62/2001)[33] vorgelegt.

Die beiden bislang angeführten Aspekte sind – im Unterschied zu den drei folgenden – derzeit allerdings eher randständige Forschungsgebiete.

4.3 Jugendsprache als Gruppenphänomen

Jugendsprache wird in der aktuellen Sprachforschung insbesondere als eine Gruppensprache, genauer gesagt: als Mittel gruppenspezifischer Kommunikation aufgefasst und ethnographisch und gesprächsanalytisch untersucht. Hier geht es um die Erfassung bestimmter Sprechstile[34], wie sie

---

[31] S. Kap. II.2.2.: Vorläufer der modernen Jugendsprachforschung.
[32] Neuland 1987, S. 80.
[33] Vgl. bes. Androutsopoulos und Cherubim ebd.
[34] Vgl. dazu insbes. Schlobinski/Kohl/Ludewigt 1993.

in bestimmten Situationen, oft auch an bevorzugten Orten von gewissen Jugendlichen gebraucht werden. Eine dieser Situationen ist beispielsweise das Zusammenstehen in der Gruppe und die Beobachtung und Kommentierung anderer Leute (z. B. Besucher, Passanten)[35] sowie das Lästern über andere Jugendliche (Schubert 2008).

Solche Sprechstile sind keine Erfindung einzelner Personen; vielmehr bilden sie sich als gemeinsames Produkt einer kollektiven „Stil-Bastelei" im Prozess der Gruppenkommunikation heraus. Die geteilte Erfahrungswelt und übereinstimmende Normen und Wertsetzungen der Gruppe bilden einen gemeinsamen Bedeutungskontext als Voraussetzung für das Funktionieren einer gruppenspezifischen Verständigungsweise. Nur so können im Gespräch Stichwörter aufgegriffen und Anspielungen verstanden, Sprachspiele mit neuen Runden fortgeführt und bisherige Gesprächsbeiträge von folgenden kompetitiv nach dem *Topping*-Prinzip übertroffen werden. In einem von Deppermann/Schmidt (2001) aufgezeichneten Beispiel unterhalten sich die Jugendlichen J und D darüber, wie viele „shots" M von der Zigarette, die sie beide rauchen, gerade abbekommen soll:

J: Markus krIEgt am End auch noch ana,
D: Ah, Markus krIEgt
J: N ganz kleiner
D: KrIEgt EInen kleinen Mini-Shot.
J: Der KRiegt den KarTON.
D: Markus kriegt so einen normalen Zug reingeshottet.

Beispiel: „Shots"
(Zit. n. Deppermann/Schmidt 2001, S. 35)

Ein Verständnis von Jugendsprache als Gruppensprache öffnet den Blick sowohl für die Vielfalt jugendlicher Sprechweisen als auch für die Fähigkeit der Jugendlichen, in verschiedenen Situationen (z. B. informell-formell, vertraut-unvertraut) flexibel zwischen verschiedenen Sprechweisen zu wechseln. In dieser Hinsicht zeigen sich auch deutlich die Grenzen des Fremdverstehens, vor allem von Erwachsenen. Als „Angehörige fremder Welten" bleibt ihnen der Zugang zu solchen gruppenspezifischen Kommunikationsprozessen oft versperrt.

---

[35] Vgl. dazu insbes. Schwitalla 1988.

4.4 Jugendsprache als Medienphänomen

Bereits einleitend wurde darauf hingewiesen, dass populärwissenschaftliche Lexika und Szenewörterbücher entscheidend zu dem Vorurteil beitragen, dass Jugendsprache aus einer Ansammlung besonderer Wörter und Wendungen bestehe. Die Jugendsprachforschung setzt sich kritisch mit diesem von den Medien konstruierten Bild von Jugendsprache in der Öffentlichkeit auseinander und analysiert das komplexe Wechselverhältnis von Jugendsprache und Medien. Medienkonsum und Medienwissen bilden ihrerseits eine wesentliche Ressource für jugendlichen Sprachgebrauch. Jugendliche nehmen in spielerischer, oft kritisch-ironisierender Weise auf ihre Medienerfahrungen Bezug. Anspielungen und Zitate z. B. aus Songtexten, Kultfilmen, Jugendmagazinen, aber auch aus Werbe- und Familiensendungen im Fernsehen werden kreativ in den eigenen Sprachgebrauch eingearbeitet.

So wird in einem von Schlobinski u. a. (1993, S. 59f.) präsentierten Beispiel nach Wachau eine assoziative Verkettung im Gespräch von Jugendlichen (*und simone hat schon wieder 'n neuen freund?*) analysiert, die von der Figur eines Griechen aus der Fernsehserie „Lindenstraße" ausgehend Assoziationen zum Schlager „Griechischer Wein" folgt, einen Phraseologismus aus der Drogenszene verwendet und schließlich zu einem Schlüsselwort aus dem Film „Das Leben des Bryan" kommt.

I: Und Simone hat schon wieder 'n neuen Freund?
M: Einen Griechen.
A: Ey!
J: Vasily ha ha ((lacht))!
V: So 'n Quark (.) Alex!
M: Ich will nich mehr in Deutschland bleiben.
V: ((lacht)) Ach ja sicher.
M: Und dann zieht Simone zu ihm nach Griechenland (.) dann müssen wer die erstmal einmal im Jahr besuchen.
J: Ja ich schätze wenn wir die besuchen dann sitzt die vor ihrer Veranda ((singt)) griechischer Wein ((lacht))!
V: Völlig Chaos stoned!
J: Ha ihr wollt mich besuchen (.) ich hab jetzt leider keine Zeit der FC Athen spielt heute!
((Lachen))
J: Gladiatorenkampf oder so ((lacht)) und dann hängt se da (.) wir gucken da zu und dann ey Rübennasen ((lacht)) Otternasen ((lacht)) eine Tüte Otternasen! ((Lachen))

Beispiel: „Der neue Freund"
(Zit. n. Schlobinski/Kohl/Ludewigt 1993, S. 59f.)

Die Betrachtung von Jugendsprache als ein Medienphänomen kann wichtigen Aufschluss sowohl über die Bildung, Verbreitung als auch Vermarktung jugendlicher Sprachstile durch das Spektrum der klassischen Print- und AV-Medien geben. Zunehmend bildet aber der Sprachgebrauch Jugendlicher als intensive Nutzer der elektronischen Medien einen aktuellen Schwerpunkt der Jugendsprachforschung, und zwar weltweit. Als Vertreter der „Generation E" beherrschen sie den medientypischen Sprachgebrauch oft virtuoser als manche Erwachsene. Dies zeigt der folgende Abschluss einer Chat-Kommunikation:[36]

Glykeia: Milo mal ganz dolle knuddelt [...]
Milo23:   hui freu, glyk mal n Schmatza geb[...]
Glykeia: cool
Glykeia: winkt zum Abschied. *fg*

Beispiel: „Chattertreffen" (Originalorthographie)
(Zit. nach Henn-Memmesheimer/Hofer 2006, S. 198)

4.5 Jugendsprache als internationales Phänomen

Vielen sprachinteressierten und sprachbesorgten Laien ist unbekannt, dass die Bildung besonderer Sprechweisen Jugendlicher sich durchaus nicht auf den deutschen Sprachraum beschränkt. Jugendsprache ist auch ein internationales Phänomen. Ein vergleichender Blick über die Grenzen unserer Nationalsprache hinaus führt rasch zu der Erkenntnis, dass Jugendliche auch in den skandinavischen Ländern, im anglo-amerikanischen Sprachraum, in Frankreich, Spanien und Italien sowie in anderen, zum Teil noch weniger gut untersuchten Ländern einen besonderen, von der jeweiligen Standardsprache unterschiedlichen Sprachgebrauch ausgebildet haben.

Kontrastive Analysen[37] haben ähnliche Strukturmerkmale von Jugendsprachen verschiedener Nationen herausgearbeitet, darunter: die Bildung von Abkürzungen und neuartigen Zusammensetzungen, Prozesse von Bedeutungsveränderungen sowie Entlehnungen. Dabei zeigt sich, dass der Einfluss des Englischen auch in anderen Nationalsprachen nachzuweisen ist (frz.: se *shooter*; span.: *shootear*; frz./engl./dt.: *cool, trip*). Auch die Vorliebe für bildliche Ausdrucksweisen, witzige Redensarten und Sprachspiele

---

[36] Vgl. Kap. IV.3.3.2.2: Sprachgebrauch in Neuen Medien.
[37] Wie z. B. Zimmermann 1993.

(vor allem das französische Verlan) scheint sich als ein generelles Generationsspezifikum im Sprachgebrauch Jugendlicher zu erweisen. Ebenso wird deutlich, dass Jugendliche aus den verschiedenen Ländern in vergleichbaren Gegenstandsfeldern (z. B. Musik, Freizeit, Sozialkontakte) differenzierte Wortschatzregister ausgebildet haben.

Die vergleichende Perspektive auf jugendlichen Sprachgebrauch in anderen Ländern macht einerseits auf nationale Grenzen überschreitende allgemeine soziokulturelle Entwicklungen aufmerksam, die sich im Sprachgebrauch der Jugendlichen verschiedener Nationalitäten und Kulturen niederschlagen und zu deren globaler Verbreitung die Medien entscheidend beitragen. Andererseits werden aber auch kulturspezifische Bedingungen historisch-gesellschaftlicher Entwicklungen sichtbar. So spiegelt sich der politische Wandel in den baltischen Staaten auch im sprachlichen Wandel am Beispiel von Entlehungsprozessen aus dem Russischen, aus dem Englischen und Deutschen wider.[38]

4.6 Jugendsprache als Sprachkontaktphänomen

In der jüngsten Zeit wird eine neue Perspektive von der Jugendsprachforschung in den Blick genommen, und zwar die des „gemischten Sprechens" vor allem von Jugendlichen mit Migrationshintergrund. „Sprachmischungen" als solche sind, wie bereits aufgezeigt, ein historisches Phänomen, das schon in der deutschen Studentensprache des 17. bis 19. Jahrhunderts nachgewiesen werden kann.[39] Die Gebersprachen haben sich allerdings heute verändert: es sind nicht mehr die klassischen Bildungssprachen Latein, Griechisch und späterhin Französisch. Vielmehr bilden heute die nicht-deutschen Muttersprachen Türkisch, Russisch und Polnisch eine wichtige Quelle des Sprachkontakts für Jugendliche in Deutschland, vor allem in multikulturellen Schulklassen.[40] Das gemischte Sprechen, das aus einer Außensicht oft als „doppelte Halbsprachigkeit" angesehen wird, bringt dabei eine besondere, oft bikulturell geprägte Identität dieser Jugendlichen zum Ausdruck[41] (Hinnenkamp 2000, 2003; Keim/Cindark 2003; OBST 65/2003).

---

[38] Vgl. dazu Tidrike 2007.
[39] Vgl. Kap. II.4.1.
[40] Vgl. dazu Kap. IV.3.4: Äußere Mehrsprachigkeit von Jugendsprachen.
[41] Damit sollen mögliche konkrete sprachliche Defizite nicht übergangen werden.

> O: İndim, Selda'yı arıyom bakıyom.
> Bin ausgestiegen, bin los nach Selda schauen
> Bi baktım Matthias'ı diyor hey kannsch du mi mitnehmen?
> Auf einmal seh ich Matthias, sagt er
> Is isn Freund von mir, mit dem ich früher inner Sch eh Klasse war.
> He, kannschte mi mitnehmen diyo, eh i hab niemand diyo sonst muss
>   sagt er   sagt er
> ich mit mitm Dings (.)   mitm Bus oder mit der U-Bahn
> A: Bus fahren
> O: Augsburg'a gelmem lazım diyo (.) İyi dedim, gel (.) baktım
> muss ich nach Augsburg fahren, sagt er. Gut hab ich gesagt, komm (.)
> hab ich geschaut
> Selda da geldi, Selda'yı da aldım (.) Und dann hab I gsehn
> und Selda ist auch gekommen, Selda hab ich auch mitgenommen
> Veli kommt auch (.)
>
> Beispiel: „Matthias taucht auf"
> Deutsche Übersetzung hier in normaler Type
> (Zit. n. Hinnenkamp 2003, S. 400)

4.7 Jugendsprache als Phänomen des Sprachbewusstseins

Diese Fragestellung wird von denjenigen Forschungsbeiträgen verfolgt, die Spracheinstellungen von Jugendlichen untersuchen (v.a. Wachau 1989, Sasse 1998, Wuppertaler DFG-Projekt 2003 ff.). Dabei ergibt sich als interessanter Effekt, dass Jugendsprache für die befragten Jugendlichen selbst ein prägnanter Bestandteil ihres Sprachbewusstseins ist. Und zwar gilt dies für Jugendliche verschiedener Altersgruppen und vor allem verschiedener Bildungsgänge, wie die Ergebnisse der Wuppertaler DFG-Studie zeigen (Neuland/Schubert 2009 i. E.). Die ca. 1200 befragten Jugendlichen geben Auskünfte über Typizitätsbeschreibungen und Gebrauchsbegründungen, Verwendungssituationen und Gebrauchseinschränkungen, die von einem deutlichen sprachlichen Selbstbewusstsein zeugen. Die in fast allen Fragen mögliche Antwortkategorie: *Ich verwende keine Jugendsprache* bzw. *Jugendliche sprechen genauso wie Erwachsene* nahm stets den letzten Rangplatz unter den möglichen Antworten ein. Als typische Merkmale der Jugendsprache nannten die befragten Jugendlichen: lockerer als die Erwachsenensprache, Verwendung von Ausdrücken aus dem Englischen, rascher Wandel, Verwendung von provokativen Ausdrucksweisen und von Abkürzungen und unvollständigen Sätzen sowie Spiel mit Sprache (Neuland/Schubert 2005, S. 241 ff.). Die Auswertung offener Antwortkategorien, die die Jugendlichen selbst formulieren konnten, unterstützen diesen Eindruck deutlich:[42]

---

[42] Zitate in Originalorthographie.

> *Jugendliche versuchen Wörter zu vereinfachen, kürzen umständliche Sätze, um ihre Meinung schneller zum Ausdruck zu bringen*
> [17-jährige Berufsschülerin aus Chemnitz]
>
> *Unsere Sprache ist die Zukunft und da kann keiner etwas dran ändern, denn jede Generation hat ihren Teil zur deutschen Sprache beigetragen*
> [19-jähriger Berufsschüler aus Gießen]
>
> *Weil sie für mich die Jugend und Phantasien unserer heutigen Generation ausdrückt*
> [15-jährige Gymnasiastin aus Rostock]
>
> *Weil Jugendsprache fetter ist als das Gelaber von Erwachsenen*
> [18-jähriger Berufsschüler aus Wuppertal]
>
> (Zit. in Originalorthographie n. Neuland/Schubert 2009 i. E.)

5 Zwischenbilanz zum aktuellen Forschungsstand

Im Hinblick auf die Gegenstandskonstitution lassen sich die bisherigen Forschungsschwerpunkte der Jugendsprachforschung wie folgt zusammenfassen: Jugendsprache wird heute überwiegend als ein mündlich konstituiertes, von Jugendlichen in bestimmten Situationen verwendetes Medium der Gruppenkommunikation definiert und durch die wesentlichen Merkmale der gesprochenen Sprache, der Gruppensprache und der kommunikativen Interaktion gekennzeichnet. Allmählich finden auch Aspekte der Schriftsprache und der schriftbasierten Kommunikation mit Neuen Medien Berücksichtigung.

Die Jugendsprachforschung hat in ihrer kurzen Entwicklungszeit einen lebhaften Aufschwung genommen und eine Kontinuität des wissenschaftlichen Austausch gewährleistet, was insbesondere durch die bislang sechs internationalen Fachkonferenzen dokumentiert wird, deren Stationen zugleich die Forschungsentwicklung charakterisieren:

- die von Heinemann 1992 ausgerichtete Leipziger Tagung „Jugendsprache – theoretische Standpunkte und methodische Zugriffe", die die Entwicklungsansätze in Ost- und Westdeutschland vor allem mit denen aus dem osteuropäischen Raum verknüpfte,
- das von Mattheier und Radtke im Rahmen des Graduiertenkollegs „Dynamik von Substandard-Varietäten" 1997 ausgerichtete und von Androutsopolous und Scholz 1998 veröffentlichte internationale Heidelberger Kolloquium „Soziolinguistische und linguistische Aspekte von Jugendsprache", das die Ausdifferenzierung von theoretischen und methodischen Ansätzen der Jugendsprachforschung in Europa dokumentiert,

- die von Schlobinski als gemeinsames Projekt der Universität Hannover und des Ratsgymnasiums Osnabrück 1998 veranstaltete Osnabrücker Fachkonferenz „Jugendsprache(n) – Jugendkulturen – Wertsysteme". Die von Schlobinski/Heins unter dem Titel „Jugendliche und „ihre" Sprache" veröffentlichten Beiträge hatten das Untersuchungsfeld um jugendkulturelle Kontexte, z. B. von Graffiti und Musik, nochmals deutlich erweitert,
- die von Neuland und Mitarbeitern 2001 ausgerichtete Wuppertaler Fachkonferenz „Jugendsprachen – Spiegel der Zeit", deren Erträge 2003 publiziert wurden. In vier Sektionen um die Themenschwerpunkte: Sprachwandel, kontrastive Vergleiche, Freizeit und Medien sowie Schule und Sprachunterricht veranschaulichte eine Vielzahl von Beiträgen aus aller Welt, dass Jugendsprachen Ausdrucksformen soziokultureller Lebensstile in verschiedenen gesellschaftlichen Kontexten darstellen.
- die von Dürscheid veranstaltete fünfte internationale Fachtagung: Perspektiven der Jugendsprachforschung fand 2005 in Zürich statt. Die Publikation von Dürscheid/Spitzmüller präsentiert ausgewählte Ergebnisse zu den drei Schwerpunkten: Sprachgebrauch und Sprachkompetenz, Sprachgebrauch und Identität und Jugendsprachen global und lokal, in denen mündlicher und schriftlicher Sprachgebrauch von Jugendlichen unter verschiedenen Aspekten analysiert wurden.
- Die bislang letzte internationale Konferenz fand erstmals außerhalb des deutschen Sprachraums unter der Leitung von Jørgensen in Kopenhagen statt. Abermals konnte eine Erweiterung des Gegenstandsfeldes und eine weitere Internationalisierung der Forschung dokumentiert werden. Die Tagungsbeiträge werden 2009 veröffentlicht.

Sowohl die internationalen Fachkonferenzen als auch die zwischenzeitlich präsentierte Forschungsliteratur veranschaulichen die theoretische und methodische Bandbreite der aktuellen Jugendsprachforschung ebenso wie das breite Spektrum ihrer Gegenstandsfelder. Zwei Grundzüge seinen im Folgenden skizziert und kommentiert.

5.1 Erweiterung des Gegenstandsfelds

Trotz vieler noch offener Fragen kann man im Rahmen der Forschungsentwicklung eine Ausdehnung des Gegenstandsfelds feststellen.

Das linguistische Untersuchungsspektrum, das seinen Ausgangspunkt von lexikologischen und lexikographischen Betrachtungen nahm und sich auf einen Sonderwortschatz von Jugendlichen konzentrierte, erweiterte sich zunächst phraseologisch und phraseographisch durch die Untersuchung von Redewendungen und Sprüchen Jugendlicher. Pragmalinguistische Aspekte wie: Begrüßungs- und Anredeformen, Gesprächspartikeln, Interjektionen und Intensivierer traten hinzu, sodann Stilmerkmale wie die Verwendung von Hyperbolik, bildlichen Ausdrucksweisen und von Zitaten. Gruppenbezogene Sprachspiele und Handlungsmuster wie Frotzeleien, Lästern und auch spezifische Gesprächsregeln und Gesprächsfunktionen rückten in den Mittelpunkt von Gesprächslinguistik und Interaktionsforschung. Unter textlinguistischer Perspektive wurden schließlich auch medial geprägte schriftliche Äußerungen z. B. in jugendlichen Szene-Zeitschriften untersucht, ebenso wie Äußerungsformen Jugendlicher im Kontext Neuer Medien.

Neben dieser eindrucksvollen Differenzierung des linguistischen Gegenstandsfelds ist die Erweiterung des sozialen Gegenstandfeldes im Hinblick auf die Jugend bzw. die Jugendlichen bemerkenswert. Die anfängliche Homogenitätsannahme der *Jugend schlechthin* (Henne: *Die Sprache der Jugend, 1986;* Heinemann: *Kleines Wörterbuch der Jugendsprache, 1989*) hatte sich alsbald in ihr radikales Gegenteil verkehrt: die Rede von der *Heterogenität* der Jugendsprachen bildet mittlerweile einen Gemeinplatz der Jugendsprachforschung.

Hier wird eine Fülle von Einzelbeobachtungen zusammengetragen, z. B. zur Beobachtungskommunikation Mannheimer Jugendlicher (Schwitalla 1988), zu Mütter-Töchter-Dialogen (Augenstein 1998), zur Gruppenkommunikation von Mitgliedern einer katholischen Jugendgruppe (Schlobinski u. a. 1993), zu Radiointerviews mit Hip Hop-Fans (Berns 2003), zur Kleingruppenkommunikation von Skatern (Hartung 2003), zu Ausdrucksweisen von Rappern und Techno-Fans in der Internetkommunikation (Watzlawik 2001), zur Plattenkritik in Szene-Fanzines (Schubert/Martin 2002), zur Gästebuchkommunikation in online-Gemeinschaften (Androutsopoulos 2003), zum normungebundenen Schreiben im Internet (Kleinberger Günther/Spiegel 2006) und in Schülerzetteln (Ziegler 2006), zur Kommunikation von Migranten-Jugendlichen (z. B. Bierbach/Birken-Silverman 2007).

5.2 Vielfalt der Methoden

Von daher erklärt sich aber auch die *Methodenvielfalt* als zweites Charakteristikum der Entwicklung der Jugendsprachforschung, deren unterschiedliche Gegenstandsfelder vielfältige Bearbeitungsmethoden geradezu zwingend erforderlich machen.

5.2.1 Fragebogenmethoden

So werden Wortschatzuntersuchungen[43] zumeist mit Hilfe von Fragebogenmethoden durchgeführt, die von einer anfangs schlichten Auflistung zu detaillierten Fragemustern weiterentwickelt wurden. So kann zwischen onomasiologischen (z. B.: Was bedeutet/welche Bedeutung hat für Euch x?) und semasiologischen (z. B.: Wie sagt ihr zu/benennt ihr/welchen Ausdruck verwendet ihr für x?) Fragen unterschieden werden. Auch können Wortfeld- sowie Sachgruppen bezogene Gruppierungen vorgenommen werden (z. B. beliebte/unbeliebte Mitschüler/Mitschülerinnen, sympathische/unsympathische Lehrer/Lehrerinnen etc.). Mit Hilfe dieser Methoden können die Lexikographie sowie die lexikalische Semantik der Jugendsprache präzisiert werden.[44] Dabei sind geschlossene Fragen mit vorgegebenen Antwortkategorien zwar effektiver und leichter auszuwerten, doch können offene Fragen oftmals neue und unerwartete Informationen und Beispielangaben liefern.

Als Beispiel sei ein Item aus dem Fragebogen zum Wortgebrauch im Wuppertaler DFG-Projekt angeführt, der die Unterscheidung von Kenntnis und Gebrauch, eine Skalierung der Gebrauchshäufigkeit sowie die Angabe eines Beispiels im Situationskontext vorsieht[45]:

Proll

… kenne ich:	ja ○	nein ○			
… bedeutet (ungefähr):					
… benutzen wir im Freundeskreis	immer ○	oft ○	manchmal ○	selten ○	nie ○
Falls Du das Wort benutzt: Mir fällt eine Situation ein (mit Beispiel), in der wir **Proll** selbst schon verwendet haben:					
*Falls Du das Wort **nie** benutzt:* Warum nicht?					

Abb. II.5.1: Beispiel-Item aus dem Wuppertaler DFG-Projekt

---

[43] Vgl. Kap. II.3.2.
[44] Zu Problemen der Lexikographie und Lexikologie vgl. Schlobinski 2003, S. 233 ff.
[45] Neuland/Martin/Watzlawik 2002, S. 82.

5.2.2 Interviews und gelenkte Gespräche

Verschiedene Formen von Interviews und Fragebogenerhebungen werden eingesetzt, um vor allem Aufschluss über sprachbezogene Meinungen und Einstellungen von Jugendlichen zu erhalten (z. B. Wachau 1989, Sasse 1998, Wuppertaler DFG-Projekt 2003 ff.). Auch sprachbiographische Erinnerungen können so elizitiert werden (z. B.: Erinnern Sie sich noch, welche Ausdrücke Sie in Ihrer Jugendzeit für X verwendet haben?).[46] Auch bei solchen aus der empirischen Sozialforschung übernommenen Verfahren ist bei der Konstruktion der spezifischen Fragestellungen und bei der Auswertung der Antworten in besonderer Weise auf die Gütekriterien der Objektivität, Reliabilität und Validität zu achten. Dabei kann man auch Gefahr laufen, Suggestivfragen zu stellen, z. B.: *Gebrauchst Du witzige Gruß- bzw. Abschiedsformeln?*, so Wachau (1989, S. 94) im Schülerfragebogen und: *Stört es Sie, wenn Ihre Kinder Klangwörter und Comicwörter benutzen, wie z. B.: ächtz, stöhn, würg, kotz?* im Elternfragebogen (ebd., S. 95).

Gesprächsleitfäden mit Impulsfragen (z. B.: Gibt es hier im Ort besondere Jugendtreffs/Freizeitangebote?) bieten eine Strukturierungshilfe und stellen einen Mittelweg dar zwischen zu starker Lenkung durch die Frage-Antwort-Muster von Interviews und der Eigendynamik – oder auch Flaute – von ungesteuerten Diskussionen. Auch erfordert die Auswertung von offenen Antworten besondere Sorgfalt im Hinblick auf die Bildung von Antwortkategorien, die durch Beurteilerübereinstimmungen abgesichert werden kann.

Beim Einsatz von Interview- und Fragebogenmethoden sind oftmals Vorstudien hilfreich, aus denen einerseits präzisere Formulierungsmöglichkeiten für Fragestellungen in der Hauptuntersuchung gewonnen und andererseits realitätsnahe Auswahlantworten für die Probanden formuliert und vorgegeben werden können.

5.2.3 Teilnehmende Beobachtung und Korpusanalysen

In der Vielzahl der Interaktionsstudien[47] werden Gespräche von Jugendlichen mittels teilnehmender Beobachtung erhoben. Dabei stellen sich die aus der empirischen Soziolinguistik bekannten Probleme des Beobachterparadoxons[48] und des Einflusses metakommunikativer Aufmerksamkeit

---

[46] So auch Watzlawik 2006.
[47] Vgl. Kap. II.3.1, II.3.3, II.3.4.
[48] Dazu bereits Labov 1976.

auf die Interaktionslogik. Nur in wenigen Fällen sind verdeckte Aufnahmen oder unbeobachtete Selbstaufnahmen durch die Jugendlichen erfolgt, so in dem bekannten Beispiel von Schlobinski 1989[49].

Die Einzelfallstudien ermöglichen eine detaillierte Korpusanalyse einzelner Gesprächspartikeln bis hin zu Sprachhandlungsmustern und deren Abfolgen, allerdings mit dem Vorbehalt begrenzter Vergleichbarkeit und eingeschränkter Verallgemeinerbarkeit. Dies gilt auch für die Analyse von Internetkommunikation, wobei zusätzlich das Problem der Nicht-Identifizierbarkeit der Interaktanten hinzutritt: Kommunizieren wirklich oder nur vorgeblich Jugendliche miteinander?

Eine besondere Schwierigkeit der Korpusanalysen allgemein liegt in der induktiven Vorgehensweise und der Auswahl von für die Fragestellung relevanten Analysekriterien. Dabei sind Auftretensfrequenzen und Musterhaftigkeit der sprachlichen Merkmale nicht außer Acht zu lassen.

Die anfänglich kontrastiven, bald darauf eher komplementären Diskussionen um Methodenkonzepte von Fragebogenerhebungen und Kommunikationsanalysen, von korrelativen und kontextuellen Studien[50], von Sprachgebrauchs- und Spracheinstellungsuntersuchungen sind schon längst der Einsicht gewichen, dass es keine allgemein geeignete oder ungeeignete, sondern nur zweckentsprechende Methoden geben kann. In jedem Fall sind Reflexionen und vor allem Begründungen der Methodenwahl und Methodenkonstruktionen auch dann nötig, wenn sich die empirische Sprachforschung nicht auf Methoden der empirischen Sozialforschung stützt, sondern qualitative Methoden bevorzugt.[51]

5.3 Typizität in der Heterogenität?

Als Zwischenbilanz des aktuellen Forschungsstandes lässt sich eine Vielfalt von Detailstudien zu wesentlichen Merkmalen und Funktionsweisen von Jugendsprachen resümieren. In Anspielung auf die Preisfrage der Deutschen Akademie für Sprache und Dichtung aus dem Jahr 1982 kann man formulieren, dass die Jugend tatsächlich eine andere Sprache spricht, genauer: dass die vielen Jugendlichen tatsächlich von sehr vielen unterschiedlichen Sprachverwendungsweisen Gebrauch machen.

---

49 Vgl. Kap. II.3.4.
50 Vgl. dazu die Darstellung von Androutsopoulos 1998.
51 Vgl. dazu die einleitenden Bemerkungen bei Schlobinski/Schmid 1996.

5 Zwischenbilanz zum aktuellen Forschungsstand

Angesichts der Erweiterung des Gegenstandsfeldes ist aber auch kritisch zu fragen, ob das Gegenstandsfeld der Jugendsprache nicht gleichsam unter der Hand diffundiert[52] und zunehmend unbestimmt wird. Die Vielzahl der Forschungsbeiträge führt zu einer Fülle von Einzelbeobachtungen zu spezifischen Szenesprachen von Jugendlichen, die fast kaum mehr durch bestimmte Parameter strukturiert und geordnet oder sogar verallgemeinernd beschrieben werden können. Entscheidende Fragen lauten:

- Ist „Jugendsprache" denn wirklich nur noch *Gruppensprache* bzw. *Szenesprache* oder *Medienkommunikation*?
- Ermöglicht die Vielzahl der Einzelfallstudien noch eine Vergleichbarkeit oder gar Verallgemeinerung der Befunde?
- Ist das Gegenstandsfeld der Jugendsprache nicht inzwischen so heterogen geworden, dass kaum mehr eine kategoriale und begriffliche Ordnung und Strukturierung möglich scheint?
- Welche Kenntnisse über jugendtypische Spezifika bzw. über „universelle Merkmale" von Jugendsprachen können als wissenschaftlich gesichert und geteilt angesehen werden?
- Welche *Typizität* lässt sich also in der Heterogenität von Jugendsprachen feststellen?

Die künftigen Ziele der Jugendsprachforschung werden zweifellos auf diese Ordnung der Heterogenität im Hinblick auf kulturtypische Ausprägungsformen ausgerichtet sein müssen. Forschungsdesiderate bestehen insbesondere im Hinblick auf die Auswirkung soziolinguistischer Faktoren wie Alter, Geschlecht, Bildungsgang, regionale Herkunft und Migration auf den Sprachgebrauch Jugendlicher.[53]

Einige offene Fragekomplexe und Forschungsdesiderate seien an dieser Stelle noch angeführt. Dabei soll insbesondere die vergleichende Betrachtungsweise betont werden.[54] Oftmals werden erst durch Vergleiche mit dem Sprachgebrauch Jugendlicher zu anderen Zeiten, in anderen Ländern und Gesellschaftsformen, mit dem Sprachgebrauch anderer Generationen und nicht zuletzt der Standardsprache typische gemeinsame und unterscheidende jugendsprachliche Merkmale deutlich:

---

[52] So eine Frage im Einleitungsbeitrag zur Züricher Jugendsprachkonferenz: Spricht die Jugend eine andere Sprache? Neue Antworten auf eine alte Frage in Dürscheid/Neuland 2006, S. 23.
[53] Vgl. dazu Kap. IV.3.1.3: Zur Relevanz soziolinguistischer Merkmale.
[54] Vgl. dazu die Ausführungen zum Stellenwert vergleichender Untersuchungen bei Neuland 1998, S. 71 f.

- Jugendsprache und *Sprachgeschichte*:
  Welche Rolle spielen die historischen Dimensionen für die aktuelle Jugendsprachforschung? Das Wissen über die Geschichte der Jugendsprachen, besonders der nicht akademischen Jugend ist immer noch sehr lückenhaft. Das auf die Synchronie ausgerichtete Forschungsinteresse dominiert derzeit eindeutig über das auf die Diachronie bezogene. Gerade auch aus dem historischen Vergleich lassen sich aufschlussreiche Erkenntnisse über *jugendtypische* Faktoren des Sprachgebrauchs erschließen.
- Jugendsprache und *Standardsprache*:
  Wie können die wechselseitigen Einflüsse differenziert und verlässlich beschrieben werden, welche präzisen Indikatoren können für eine mögliche Sprachwandelwirkung der Jugendsprache herangezogen werden? Die linguistische Jugendsprachforschung hat zwar – etwa im Unterschied zur Sondersprachforschung – zur Recht die Eigenständigkeit des Forschungsgegenstands Jugendsprache herausgestellt, doch ist darüber das Wechselverhältnis zwischen Jugendsprache und der Allgemeinsprache nahezu gänzlich aus dem Blick geraten.
- Jugendsprache und *Jugendkultur*:
  Dies gilt in gewissem Ausmaß auch für den wichtigen Zusammenhang von Sprach- und Lebensstilen Jugendlicher. Welche Fortschritte sind zu verzeichnen für interdisziplinäre Zugänge zur Erforschung von Jugendsprache im semiotischen Kontext jugendkulturellen Habitus und anderer jugendkultureller Äußerungsformen? Welche internationalen Auswirkungen sind von der kulturellen Globalisierung für Jugendsprachen zu erwarten?
- Jugendsprache, *Bildung* und *Öffentlichkeit*:
  Welche Aufklärung kann die Jugendsprachforschung der Öffentlichkeit, vor allem aber der Schule und dem Bildungswesen über sprachliche und kommunikative Kompetenzen von Jugendlichen über den Gebrauch von Jugendsprache hinaus leisten? Welche Konsequenzen kann der Sprachunterricht daraus ziehen?

Die Bearbeitung dieser und weiterer Fragen bildet ein großes Arbeitsprogramm für die künftige Jugendsprachforschung, die bis heute unter einem besonderen öffentlichen Erwartungsdruck steht. Anfragen aus der sprachinteressierten Öffentlichkeit, der Eltern- und Lehrerschaft, vor allem aber auch der ergebnisorientierten Medienöffentlichkeit waren und sind bis heute auf kurzfristige und rasche Antworten auf unsere eingangs zitierte

5 Zwischenbilanz zum aktuellen Forschungsstand

Fragestellung gerichtet. Damit ist zweifellos die Gefahr verbunden, dass nicht nur die Jugendsprache zum Modethema geworden ist, sondern dass auch die Jugendsprachforschung zu einer Modeerscheinung von zweifelhafter tagespolitischer Aktualität zu werden droht.

Der Reduktion der Perspektivenvielfalt entgegenzuwirken ist eine wichtige Aufgabe für die wissenschaftliche Forschung, aber auch die wissenschaftliche Öffentlichkeits- und Vermittlungsarbeit. Die Jugendsprachforschung kann und will weder bestehende Klischees der „Jugendsprache" bedienen, noch die ständigen „In- und Out-Hitlisten" der Jugendsprache beliefern und somit den Verdinglichungen des öffentlichen Sprachbewusstseins zuarbeiten. Vielmehr werden für die Entwicklung und Durchführung umfangreicher und längerfristiger Forschungsprojekte größere Zeitspannen benötigt, um schließlich profundere Antworten auf Fragen wie die eben gestellten erarbeiten zu können.

III Theoretische Konzepte der Jugendsprachforschung

Für die Theoriebildung der Jugendsprachforschung erscheinen die folgenden drei Bereiche zentral: Konzepte von Jugend, das Verhältnis von Jugendsprache und Standardsprache sowie die Bedeutung von Jugendsprache für den Sprachwandel.

1 Jugend und Jugendsprache

Wie bereits ausgeführt, hat sich die moderne Jugendsprachforschung lange Zeit nicht explizit um eine theoretische Klärung ihres Gegenstandfelds bemüht.[1] Im Folgenden seien einige einschlägige Ansätze vorgestellt, die sich in ein- und mehrdimensionale Modelle einteilen lassen.

1.1 Eindimensionale Modelle

Der Terminus Jugendsprache erschien zunächst quasi selbstevident: Gegenstandsfeld bildet der Sprachgebrauch in der Jugend bzw. von Jugendlichen analog zum Terminus „Kindersprache" als Sprachgebrauch in der Kindheit bzw. von Kindern. Während in der öffentlichen Meinung die Annahme bestimmter Altersgrenzen für den Gebrauch von Jugendsprache immer noch recht verbreitet ist, stellte sich wissenschaftlich jedoch bald die Einsicht ein, dass allein das Altersargument kaum als Definitionsmerkmal ausreicht. Ebenfalls lässt sich linguistisch relativ rasch zeigen, dass man auch nicht von einem altersexklusiven Gebrauch jugendsprachlicher Merkmale und Muster ausgehen kann, denn auch Erwachsene sowie auch Kinder machen von jugendsprachlichen Ausdrucksweisen Gebrauch. Demgegenüber ist die Rede vom „alterspräferentiellen Gebrauch" zu bevorzugen.[2]

---

[1] Vgl. Kap. II.1.2.
[2] Vgl. dazu ausführlicher Eckert 1997 und Cheshire 2004.

Gleichwohl bleibt die Verdichtung bestimmter Merkmale und Muster im Jugendalter ein entscheidendes Moment für die Jugendsprachforschung. Dabei spielt allerdings nicht nur die reine Auftretensfrequenz eine Rolle, sondern die besondere Bedeutung bestimmter Ausdrucksweisen in der Sozialisationsphase der Jugend. Insofern kann man zweifellos von jugendtypischen Merkmalen und Mustern des Sprachgebrauchs sprechen.

Als Beispiel dafür soll das Handlungsmuster des Lästerns angeführt werden, dem wesentliche sozialdistinktive Funktionen im Jugendalter zugeschrieben werden können. Indem Jugendliche über bestimmte Erscheinungs- und Ausdrucksweisen anderer Jugendlicher lästern, gleichen sie in einem wechselseitigen Bestätigungsprozess im Rahmen der sprachlichen Interaktion ihre sozialen Wertungen mit denen anderer Jugendlicher ab. Allerdings ist auch dies keine bloße Frage biologischen Alters, sondern der unterschiedlichen Sozialisationsphasen im Lebenslauf, innerhalb derer sprachliche Handlungsmuster oft eine spezifische funktionale Bedeutsamkeit erhalten. Schließlich lästern auch noch Erwachsene, wenn diese auch angesichts ihrer in der Regel autonomeren Persönlichkeiten nicht mehr in dem Maße von sozialen Bestätigungsprozessen abhängig sind.

Als weitere alterspräferentielle Merkmale können das Spiel mit Sprache und die Lust an sprachlicher Veränderung gelten. Jugendliche werden auch in der Jugendsoziologie und Jugendpsychologie seit einiger Zeit als „Neuerer"[3] bezeichnet (so Zinnecker 1981). Dieses kreative Potential wird mit dem Konzept des „Languaging" von Jørgensen (2007) linguistisch akzentuiert; es spielt in der Sprachkontaktforschung eine besondere Rolle. Dennoch bleibt auch ein solcher Ansatz eher eindimensional, da allein die Lust an der Abwandlung und Innovation das breite Spektrum jugendtypischer Ausdrucksweisen und polyfunktionaler Bedeutsamkeit der Jugendsprache wie z. B. Karikieren und Ironisieren, Konstrastieren und Abgrenzen, Provozieren und Protestieren nicht erschöpfend erfassen kann.

Greifen wir auf die Aufzählung von jugendsprachlichen Phänomenen in der modernen Jugendsprachforschung[4] und auf den kleinsten gemeinsamen Nenner einer Arbeitsdefinition zurück: Jugendsprache wird heute vorwiegend als ein mündlich konstituiertes, von Jugendlichen in bestimmten Situationen verwendetes Medium der Gruppenkommunikation defi-

---

[3] Z. B. gegenüber den Vorstellungen von Jugendlichen als unreife „Noch-nicht-Erwachsene" oder als unangepasste „Abweichler" von der Norm.
[4] Vgl. Kap. II.5: Zwischenbilanz.

niert und durch die wesentlichen Merkmale der gesprochenen Sprache, der Gruppensprache und der kommunikativen Interaktion gekennzeichnet. Dies macht deutlich, dass man eher von einer Verdichtung mehrerer und zum Teil auch wechselnder alterspräferentiell bevorzugter Merkmale ausgehen kann und dass eindimensionale Modelle der Vielfalt des Gegenstandfeldes nicht hinreichend Rechnung tragen können.

1.2 Mehrdimensionale Modelle

1.2.1 Dimensionen der Jugendsprache in der frühen Forschung

Ein mehrdimensionales Modell der Jugendsprachforschung hatte Henne 1986 im Kapitel „Theorie der Jugend und jugendliche Gruppensprachen" präsentiert. Hier wird die besondere Bedeutung der Gruppe Gleichaltriger hervorgehoben und der Prozess der persönlichen und zwar vor allem sprachlichen Profilierung in der Gruppe als ein charakteristisches Merkmal der Jugendphase herausgestellt. Jugendsprache wird als ein „fortwährendes Ausweich- und Überholmanöver" sowie als „spielerisches Sekundärgefüge" bezeichnet. „Sie setzt die Standardsprache voraus, wandelt sie schöpferisch ab, stereotypisiert sie zugleich und pflegt spezifische Formen ihres sprachlichen Spiels."[5] In seinem Modell der Jugendsprache werden die vier folgenden Dimensionen veranschaulicht: eine funktionelle Dimension der Sprachprofilierung, eine strukturelle Dimension eines besonderen Jugendtons, eine pragmatische Dimension eines Praxisbezugs, sowie schließlich eine Dimension der inneren Mehrsprachigkeit und der Sprachkritik (s. Abb. III.1.1).

Die Unterscheidung der vier Dimensionen folgt allerdings keiner expliziten Systematik. Weder ist die Zuordnung der Dimensionen zu den zentralen Oberbegriffen stimmig, noch ist das Verhältnis der Dimensionen zueinander klar, so dass diese eher additiv nebeneinander stehen. So trägt die pragmatische Dimension zu einem spezifischen Jugendton ebenso bei, wie der Praxisbezug seinerseits auch zur funktionellen Dimension beiträgt. Dennoch macht dieses Modell auf wesentliche theoretische Bestimmungsstücke der „Jugendsprache" aufmerksam, wenn sie auch im Verlauf der Forschungsgeschichte nicht immer eine entsprechende Berücksichtigung gefunden haben.

---

[5] Henne 1986, S. 208.

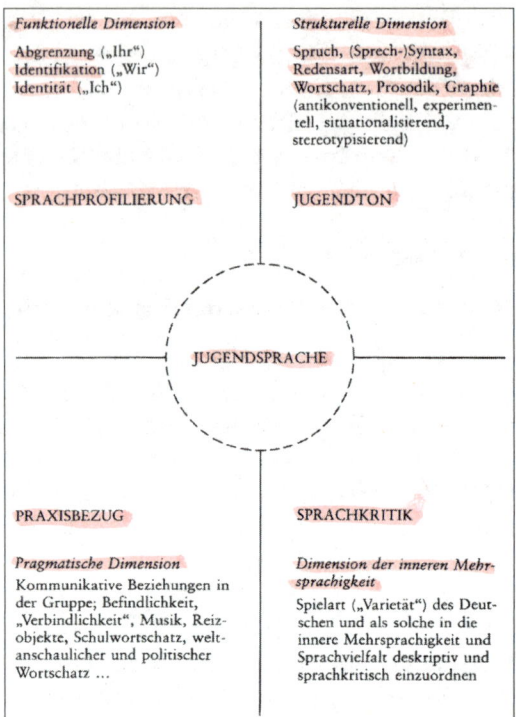

Abb. III.1.1: **Modell der Jugendsprache nach Henne 1986**

In Hennes Modell zur inneren Mehrsprachigkeit des Deutschen wird die Jugendsprache als Teil von Gruppensprachen in einer funktionalstilistisch angelegten Gliederung um den Kern der Standardsprache herum angelagert (s. Abb. III.1.2):

Dieses Modell veranschaulicht also zugleich eine Verständnisweise des Verhältnisses von Standardsprache und Jugendsprache, worauf im folgenden Kapitel (III.2) noch genauer Bezug genommen wird. Leider vermag auch dieses Modell die These der Jugendsprache als ein „fortwährendes Ausweich- und Überholmanöver" der Standardsprache nicht präzise wiederzugeben. Wie auch bei später entwickelten Visualisierungsversuchen von sprachlicher Variation[6] bleibt das Verhältnis der inneren Mehrsprachigkeit bzw. der Varietäten des Deutschen untereinander ungeklärt.

---

[6] So z. B. bei Löffler 2005.

1 Jugend und Jugendsprache

Abb. III.1.2: **Innere Mehrsprachigkeit des Deutschen und Sprachvielfalt der deutschen Standardsprache nach Henne 1986, S. 220**

Insbesondere ist bei diesen frühen theoretischen Beiträgen bemerkenswert, dass Jugend und Jugendsprache, wie bereits ausgeführt, als homogene Größen und die „Sprachen in der Sprache" noch als unterscheidbare, distinkte Größen verstanden werden. Dies scheint nach den heutigen Erkenntnissen über die soziolinguistische wie pragmalinguistische Heterogenität der Sprachgebrauchsweisen Jugendlicher nicht mehr angemessen.

1.2.2 Mehrdimensional-hierachisches Klassifikationsmodell: soziolinguistisch, domänentypisch, funktionalstilistisch

Die Frage nach dem Verhältnis von Jugendsprachen und -kulturen, Standardsprache und der dominanten Kultur in einer Gesellschaft wurde von Neuland (1987) mit der These der „Spiegelungen und Gegenspiegelungen" kulturanalytisch aufgegriffen. In Orientierung an kulturanthropologischen Konzepten von Clarke und den Arbeiten des Birminghamer CCCS (1972) wurde das Konzept einer „doppelten Artikulation" der Bezugnahme von Jugendstilen auf die dominante Kultur einerseits und die verschiedenen Herkunftskulturen andererseits soziolinguistisch gewendet. Beispiele aus verschiedenen Entwicklungsphasen deutscher Jugendsprachen können belegen, dass Jugendliche in ihrem Sprachgebrauch in affirmativ-spiegelnder sowie in karikierend-ironisierender und oppositionell-gegenspiegelnder Weise sowohl auf die Standardsprache als auch auf die eigenen jugendkulturellen Sprach- und Lebensstile Bezug nehmen. So karikierten Jugendliche in der Nachkriegszeit die technischen Errungenschaften und Wohlstandsnachweise eines Kleinwagens (*Schlaglochsucher*) sowie des Kinos (*Drüsenschau*), und kurze Zeit später ironisierte die Alternativ-Szene ihre eigenen Essgewohnheiten mit Ausdrücken wie *Müsliman* und *aldinativ*.

Solche Beispiele zeigen, dass Jugendliche auch immer „Kinder der Zeit" und Jugendsprachen „Spiegel der Zeit"[7] sind. Die selbstironische Bezugnahme auf die eigenen kulturellen Kontexte ist hingegen ein Moment, das in der Jugendsprachforschung nur wenig weitere Beachtung gefunden hat.

Mit der fortschreitenden Entwicklung der Jugendsprachforschung sind aber neben dem zentralen Zusammenhang von Jugend und Gesellschaft weitere differentielle Faktoren hinzugetreten.

Neuland unternahm 2006 einen Versuch, in einem mehrdimensional-hierachischen Klassifikationsmodell die die Heterogenität des Sprachgebrauchs Jugendlicher bewirkenden Faktoren in sechs Ebenen zu differenzieren und zu strukturieren (vgl. Abb. III.1.3):

I: *Makrosoziologischer Kontext*: Auf der makrosoziologischen Ebene wird der Rahmen durch den historisch-gesellschaftlichen Kontext gebildet mit den allgemeinen sozioökonomischen, soziokulturellen und auch medientechnologischen Entwicklungen. Auf dieser Ebene bietet es sich an, das Forschungsfeld Jugendsprachen diachronisch, d. h. im Wandel der Zeit, sowie kontrastiv im Vergleich verschiedener Gesellschaftsformen zu untersuchen. Gerade in gesellschaftlichen Umbruchsituationen sind aufschlussreiche Ergebnisse zu erwarten.[8]

---

[7] So lautete der programmatische Titel der Internationalen Fachkonferenz 2001 in Wuppertal.
[8] Vgl. dazu v. a. Kap. II.4.5 und Fußnote 38.

1 Jugend und Jugendsprache

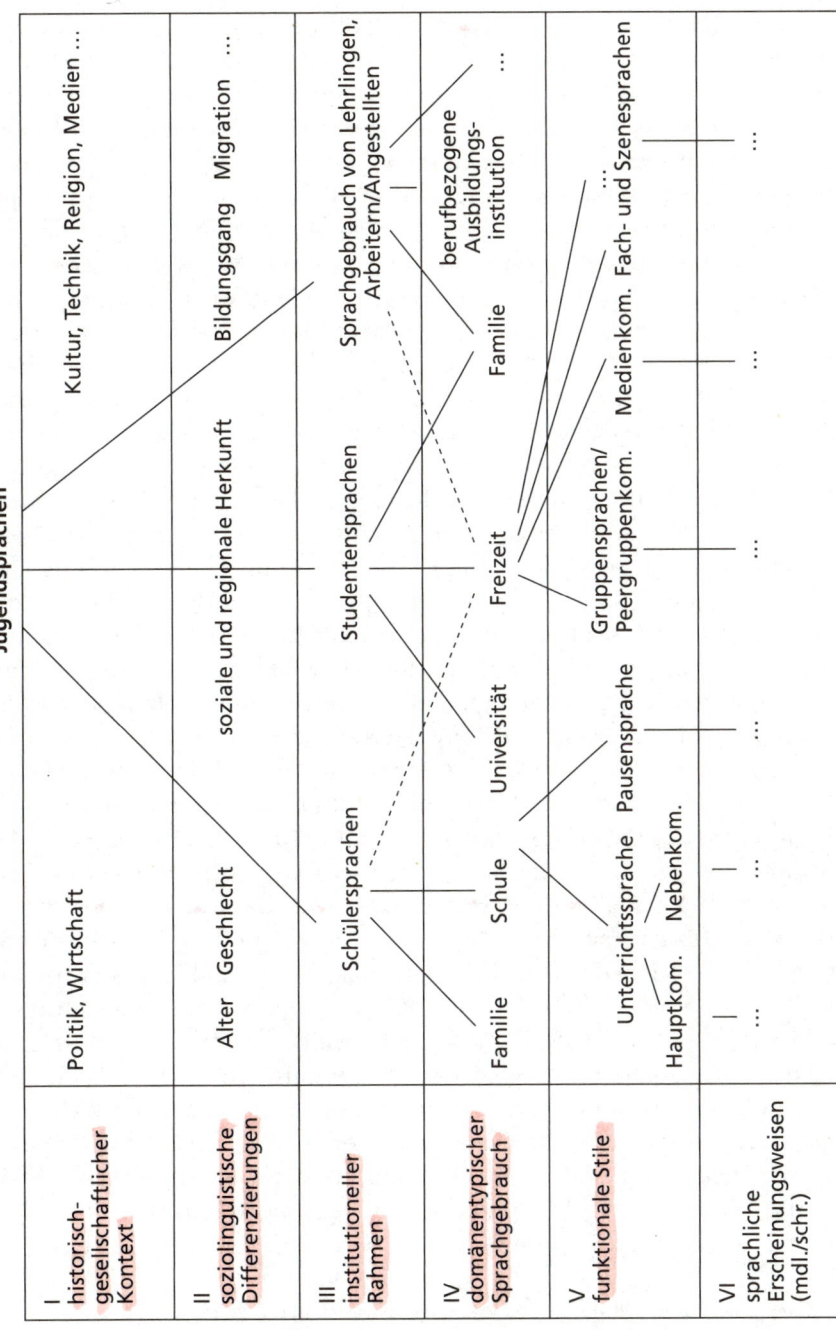

Abb. III.1.3: Klassifikationsmodell Jugendsprachen (leicht verändert aus Neuland 2006)

II: Soziolinguistische Differenzierung: Innerhalb des gesellschaftlichen Kontextes werden zur Vermeidung künstlicher Homogenitätskonstrukte soziolinguistische Differenzierungen eingeführt. Es liegt nahe, nicht nur das Alter und Geschlecht sowie die soziale, regionale und kulturelle Zugehörigkeit zu differenzieren, sondern insbesondere die unterschiedlichen Bildungsgänge, z. B. im Rahmen der in Deutschland eingeführten Schulformen (Haupt-, Realschule, Gymnasium und Berufsschule), sowie den Migrationshintergrund zu berücksichtigen.

III: Institutioneller Rahmen: Eine weitere Untergliederung in synchroner Perspektive kann auf der Ebene der (Aus)Bildungsinstitutionen vorgenommen werden, indem nun die Schülersprachen von den Studentensprachen und dem Sprachgebrauch von Lehrlingen, Arbeitern und Angestellten unterschieden werden. Während die ersteren einen gut dokumentierten Bereich der Sondersprachforschung bilden, sind die letztgenannten noch kaum erschlossen. Weitere institutionelle Differenzierungen, v. a. in Form der o. g. Schulformen, sind denkbar. Diese Unterscheidung hat zugleich Implikationen für die Differenzierung von Altersgruppen, insofern Schüler die jüngste der drei genannten Gruppen bilden. Auch sind soziale Implikationen zu berücksichtigen, da die Studierenden gegenüber den Lehrlingen, Arbeitern und Angestellten eine bildungsmäßig bevorzugte Teilmenge der Jugend bzw. der Postadoleszenz bilden. Weitere Differenzierungen ergeben sich z. B. bei den Studierenden durch Art und Umfang einer Erwerbstätigkeit, bei den Lehrlingen durch Art und Dauer der berufsbezogenen Ausbildung.

IV: Domänentypischer Sprachgebrauch: Eine weitere Differenzierungsebene, die für alle drei genannten institutionellen Gruppen bedeutsam ist, stellen die Domänen Familie, Freizeit und Schule, Universität oder berufliche Bildungsinstitutionen dar. Dabei können die institutionell geschiedenen Gruppen speziell in den Domänen von Freizeit und Familie wieder zusammentreffen (s. gestrichelte Linien). Weitere Domänen auf dieser Abstraktionsebene sind denkbar, z. B. in unterschiedlich organisierten Freizeitformen. Solche Domänen lassen sich in soziolinguistischen Untersuchungen im Hinblick auf Sprachgebrauchsunterschiede sowie als Wirkfaktoren im Sprachbewusstsein empirisch verifizieren. Auf dieser Ebene wären auch Aspekte von Code-Switching und Stilwechseln zu untersuchen.

Die Wuppertaler DFG-Studie kommt zu folgenden Befunden über die *Domänenverteilung* beim Gebrauch von Jugendsprache[9]:

---

[9] Vgl. dazu Neuland/Schubert 2005, S. 245 ff. sowie Neuland 2006, S. 66 ff.

1 Jugend und Jugendsprache

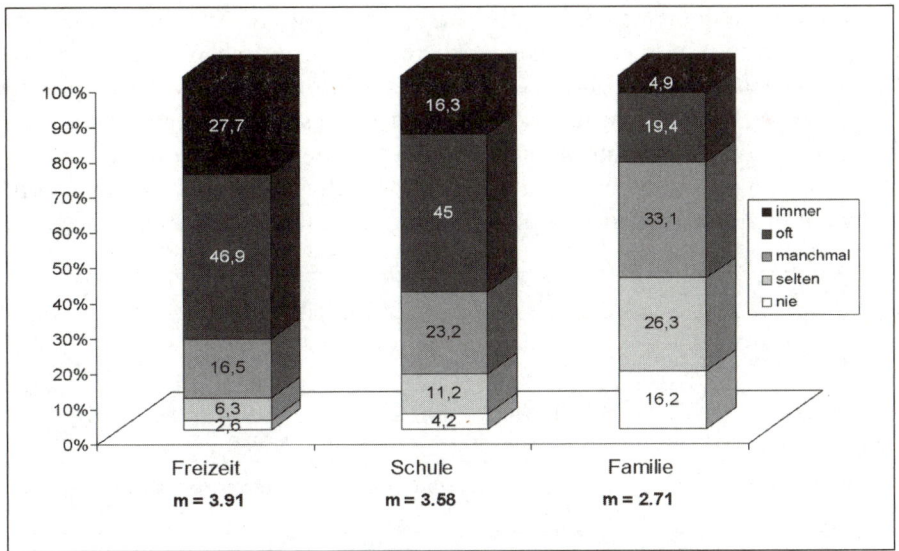

Abb. III.1.4: Häufigkeitseinschätzung der Verwendung von Jugendsprache bei N = 1054 Jugendlichen auf einer 5-stufigen Skala von 5 (immer) bis 0 (nie)

Subkategorisierungen dieser Frage sowie die offenen Antwortkategorien führten zu weiteren Differenzierungen der Verwendungssituationen: In der Domäne Schule konzentriert sich die Verwendung von Jugendsprache überwiegend auf Gespräche außerhalb des Unterrichts, während Verwendungen im Unterricht und teilweise auch in den Familien häufig bestimmten Intentionen folgen, z. B. in der Schule, um vom Unterrichtsthema abzulenken und in der Familie, um gegenüber den Eltern konfrontative Meinungen zum Ausdruck zu bringen oder auch durch Ironie den Modus von Ernsthaftigkeit zu unterlaufen: *Wenn mir mein Vater etwas erklären will, sage ich: Hey, Hauptsache ich versuche Mr. Cool zu sein* (15-jähriger Gymnasiast aus Magdeburg).

V: *Funktionale Stile*: Für eine weitere Untergliederung kann auf den Sprachgebrauch in Subdomänen zurückgegriffen werden, für die hier der Terminus der Funktionalstile herangezogen werden soll. Im Prinzip wird aber hier das gesamte Spektrum möglicher Sprech- und auch Schreibstile eröffnet. So kann man für den Unterricht bzw. für den Sprachgebrauch in der Unterrichtssituation idealtypisch zunächst die beiden Funktionalstile der Haupt- und der Nebenkommunikation unterscheiden, in der Domäne der Familie vor allem die inter- und intragenerationellen Gespräche, die wiederum in deskriptive, narrative, argumentative und weitere Gesprächsformen unterteilt werden können. Im Freizeitbereich ist das Spektrum möglicher Sprachstile zweifellos am größten: Es kann Gruppen-, Fach- und Szenesprachen sowie die Kommunikation in und mit Medien umfassen. Jugendtypische Besonderheiten können sich dabei vor allem in der Art der *Gesprächsführung* zeigen, wie von Deppermann/Schmidt wie folgt charakterisiert wird:

Kategorie	unterhaltsam	nicht unterhaltsam
Länge der Redebeiträge	kurz und knapp	lang
Syntax	reduziert, Parataxe	schriftsprachlich, Hypotaxe
Phonologie	expressiv, variantenreich, […]	monoton, sachlich
Lexik	Neubildungen, Tabuwörter,	Hochsprache
Stilistik	Hyperbolik	Präzision, Litotes
Inhalte	situationsgebunden, Tabubrüche	abstrakte, ernste Themen
Kohärenz	Angebotskommunikation, assoziative Übergänge	konditionelle Relevanz, Themenfixierung, argumentative Übergänge
Genres	Beleidigen (,Dissen'), Necken, Frotzeln, knappe Erzählungen, groteske/ absurde Fiktionen	(Probleme) Diskutieren, Klärungsaktivitäten, Bitten, Entschuldigen
Gesprächsorganisation	kompetitiv	redegeleitet
Beziehung	Identitätswettbewerb, Informalität, Vertrautheit, derbe Indirektheit	Distanz, Höflichkeit und Takt, Indirektheit
Nonverbales	mehrere parallele Aufmerksamkeitsfoki, expressive und wenig kontrollierte Körperlichkeit	Konzentration auf das Gespräch, Körperkontrolle

(Deppermann/Schmidt 2001, S. 37)

1 Jugend und Jugendsprache

VI: Im Anschluss an die fünfstufige soziolinguistische Differenzierung können nun einzelne sprachliche Erscheinungsweisen *linguistisch* differenziert werden, und zwar im Medium von Mündlichkeit und Schriftlichkeit. So können z. B. spezifische Textsorten der Nebenkommunikation im Unterricht (Schülerbriefchen) oder der Medienkommunikation (SMS/Chats) unterschieden werden, ebenso je typische kommunikative Handlungsmuster der Pausen- und Freizeitkommunikation, z. B. das Lästern, Frotzeln, Dissen, Anmachen. Natürlich sind hier Mehrfachzuordnungen möglich, denn solche Erscheinungsformen können im Rahmen von Pausengesprächen auf dem Schulhof oder in Szenetreffs sowie innerhalb von Medienkommunikation stattfinden.

Dieser Klassifikationsvorschlag kann verändert und weiterentwickelt werden. Doch hat eine solche Klassifizierung den Vorteil, in die Vielfalt der eben zitierten Studien eine begriffliche Klärung, kategoriale Ordnung und vor allem Vergleichbarkeit zu bringen: So lassen sich die in Kapitel II.5.1 angeführten Studien eindeutig den verschiedenen Clustern zuordnen und zwar mit dem Schwerpunkt des Freizeitbereichs und der Gruppenkommunikation. Denn vor allem bei jugendlichen Angehörigen subkulturspezifischer Szenen sind im Kontext von Freizeit und Medien besonders auffällige Unterschiede zur Erwachsenen- bzw. Standardsprache festgestellt worden. Durch eine solche mehrdimensional-hierarchische Klassifikation können einerseits einzelne Studien miteinander in Beziehung gesetzt und verglichen und andererseits Forschungsschwerpunkte wie -desiderate verdeutlicht werden. So zeigt sich insbesondere die relativ geringe Berücksichtigung unterschiedlicher sozialer Bildungsgänge, vor allem jugendlicher Auszubildender und Arbeitsloser.

Während wir in diesem Kapitel eher sprecherorientiert vorgegangen sind, wird im folgenden Kapitel eine stärker sprachorientierte Betrachtungsweise eingenommen und der linguistische Status von Jugendsprache im Verhältnis von Standardsprache näher beleuchtet.

2 Jugendsprache und Standardsprache

Im Folgenden soll das Verhältnis von Jugendsprache und Standardsprache anhand verschiedener theoretischer Zugänge genauer bestimmt werden.[10]

2.1 Linguistische Varietäten: eine sprachsystembezogene Sicht

2.1.1 Hochsprache – Umgangssprache – Dialekt

Die traditionelle Dichotomie der Sprachwissenschaft zur Bezeichnung von Sprachunterschieden innerhalb der Muttersprache lautete: Hochsprache und Dialekt. Die Hoch- bzw. Standardsprache, die im Zuge eines langen Ausgleichsprozesses aus den historischen Mundarten herausgebildet und standardisiert wurde, dient der überregionalen Verständigung in der Sprachgemeinschaft. Sie wird als Sprache der Öffentlichkeit verwendet und besitzt einen hohen Prestigewert. In schriftlicher Form ist sie in Aussprachewörterbüchern, Grammatiken und Lexika kodifiziert[11]. Der Hoch- und Schriftsprache werden die ursprünglichen Basisdialekte gegenübergestellt, die sich durch eigenständige Systemstrukturen vor allem auf der Ebene der Lautung, der Wortbildung und des Wortschatzes, aber auch der Syntax auszeichnen. Entsprechend der angenommenen Dichotomie zwischen Hochsprache und Dialekt wurde deren Verhältnis sprachwissenschaftlich auch kontrastiv beschrieben und die Beherrschung von Hochsprache und Dialekt als Diglossie der Sprecher bezeichnet.

Zwischen den „reinen Formen" von Hochsprache und traditionellen Dialekten wird in den klassischen Schichtungskonzepten der deutschen Sprache die *Umgangssprache* als eine Übergangszone unterschieden. Sie hat sich als Resultat struktureller Ausgleichsprozesse zwischen Dialekt und Hochsprache entwickelt und dient dem Zweck der alltäglichen Verständigung. Radtke hatte 1973 die Umgangssprache als „überregionale, allgemein verständliche und allgemein gebräuchliche Kommunikationsform" charakterisiert, im Wesentlichen als gesprochene Sprache eines jeweiligen synchronen Zeitabschnitts. Die Mehrdeutigkeit dieses Begriffs ist oft kritisiert worden.

Es erweist sich allerdings, dass der globale Begriff der „Umgangssprache" zur Charakterisierung von sprachlichen Besonderheiten Jugendlicher nicht ausreicht. Zwar lassen sich viele Kennzeichen der gesprochenen Sprache entdecken, jedoch daneben auch fach- und adressatenspezifische Merk-

---

[10] Vgl. Neuland: Subkulturelle Sprachstile Jugendlicher heute 2003.
[11] S. dazu u. a. Nabrings 1981, S. 77 ff., Hartmann 1990, S. 42 ff., Barbour/Stevenson 1998, S. 48 ff.

male, die bestimmte Kenntnisse und gemeinsame Vorerfahrungen voraussetzen und gerade nicht allgemeinverständlich sind, sowie viele gruppenspezifische Sprachmerkmale, wie z. B. die Interjektionen, Lautmalereien und Wortspiele, Anredeformen und typologisierende Bezeichnungen sowie Anspielungen. Auch diese Charakteristika sind mit dem allgemeinen Verständnis von Umgangssprache im Rahmen der klassischen Schichtungsmodelle nicht vereinbar.

Jüngere Forschungsansätze zur innersprachlichen Differenzierung gehen daher eher von der Vorstellung eines *substandardsprachlichen Kontinuums* aus, das z. B. graduell zwischen Standardnähe und Dialektnähe unterscheidet und anstelle klarer Sprachkontraste fließende Übergänge annimmt. Unter Substandard[12] wird standardnah gesprochenes Deutsch verstanden, das überregionale Merkmale aufweist, jedoch einer Reihe von Korrektheitsbedingungen des schriftlichen Standards nicht hinreichend Rechnung trägt. Insofern kann Substandard als Oberbegriff für den sprechsprachlichen Gesamtbereich unterhalb der gesprochenen Standardsprache im umgangssprachlichen Kontinuum gelten.

2.1.2 Standard und Varietät

Gegenüber dem herkömmlichen Schichtungsschema verspricht die Varietätenlinguistik begriffliche Klärungen und eindeutigere Systematisierungen der (mutter)sprachlichen Heterogenität[13]. Eine Sprachvarietät wird gekennzeichnet durch die Kookkurrenz von sprachlichen und außersprachlichen Merkmalen, d. h. von Realisierungsformen des Sprachsystems mit sozialen und funktionalen Merkmalen von Sprachgebrauchssituationen[14]. Neben der Standardvarietät, mit den Merkmalen überregional, oberschichtlich, invariant, geschrieben, kodifiziert, werden weitere Varietäten im Hinblick auf die Faktoren von Zeit, Raum, soziale Schicht und soziale Situation unterschieden.

Diese vier Hauptparameter der Varietätenlinguistik führen zur Unterscheidung von vier großen Varietätenklassen, und zwar:

- die diachronischen (historischen) Varietäten, die sich auf unterschiedliche Zeitabschnitte im Lauf der Sprachentwicklung beziehen,
- diatopische (dialektale) Varietäten, die der unterschiedlichen geographischen Verteilung entsprechen,

---

12 So Holtus/Radtke 1986/1990.
13 Vgl. dazu v. a. Nabrings 1981, S. 33 ff. sowie Löffler 1994, S. 86 ff.
14 Vgl. Berruto 2004, S. 189 ff.

- diastratische (soziolektale) Varietäten, die von den verschiedenen sozialen Gruppen benutzt werden,
- diaphasische (situative) Varietäten, die in unterschiedlichen Situationen bzw. Domänen verwendet werden.

Wenngleich ein solcher Systematisierungsvorschlag auch auf den ersten Blick in sprachsystembezogener Hinsicht überzeugend sein mag, so zeigen sich doch die Schwierigkeiten bei der Übertragung auf konkrete Sprachverwendungsweisen.[15] Einige der wesentlichen Probleme lauten z.B.: Welche Menge und Typen von sprachlichen Merkmalen sind für die Bestimmung einer eigenständigen Varietät notwendig? Schließlich muss innerhalb einer Varietät eine gewisse Homogenität und Stabilität der Merkmale gefordert werden, um die einzelnen Varietäten auch deutlich voneinander unterscheiden zu können. Und nicht zuletzt: Welche Verhältnisse lassen sich zwischen den Varietäten und welche zwischen den einzelnen Varietäten und der Standardsprache erkennen?

Bei der Analyse konkreter Sprachverwendung zeigen sich mannigfache Überschneidungen. Der Versuch, die „Jugendsprache" als „diastratische Varietät" zu bestimmen, stößt bald auf seine Grenzen: Welche soziale Gruppe ist gemeint? Jugend als eine homogene Altersgruppe oder Jugendgruppen als Peergroups, als Subkulturen oder als Teilmengen sozialer Schichten? Auch systematische Beschreibungen der deutschen Jugendsprache[16] führen zu der Erkenntnis, dass viele sprachliche Besonderheiten unter den Bedingungen der benutzten Medien (z.B. Jugendzeitschriften) zustande gekommen sind. Andererseits sind manche Auffälligkeiten auch nicht spezifisch für den Sprachgebrauch Jugendlicher, sondern auch in anderen Gruppen von Sprachbenutzern anzutreffen. Und zuletzt werden diese Merkmale nicht immer und nicht unter allen Bedingungen von Jugendlichen angewendet, sondern variieren stark je nach Situation.

Ein strukturalistisches Varietätenmodell mit einer strikten Grenzziehung zwischen einzelnen Varietäten wird der Dynamik und Komplexität konkreten Sprachgebrauchs nicht gerecht. Demgegenüber scheint der an unsere Überlegungen im letzten Abschnitt anknüpfende Gedanke weiterzuführen, „die Varietäten als (konventionell bestimmte, unscharf abgegrenzte) Verdichtungen in einem Kontinuum zu verstehen"[17].

---

[15] Vgl. dazu auch Neuland: Variation im heutigen Deutsch, 2006, S. 11f.
[16] So Androutsopoulos 1998.
[17] So Berruto 2004, S. 190, vgl. auch Durrell 2004, S. 203f.

2.2 Jugendsprache im multidimensionalen Varietätenraum

Aus den bisherigen Überlegungen zur muttersprachlichen Heterogenität, speziell am Beispiel des Sprachgebrauchs Jugendlicher, lässt sich als Zwischenfazit festhalten, dass eine sprachsystembezogene Sichtweise, wie sie den Schichtungs-, aber auch den Variationsmodellen zugrunde liegt, die spezifischen Sprachunterschiede nur sehr unzureichend erfassen und keinesfalls erschöpfend beschreiben oder gar erklären können.

Angemessener erscheint vielmehr der Eindruck von Sprachgebrauchsweisen in einem multidimensionalen Varietätenraum, der nicht nur aus den eben erwähnten vier klassischen Faktoren konstituiert wird. Dieser Varietätenraum mit seinen sprachlichen Auffälligkeiten ist unterhalb der Standardsprache zu lokalisieren, wobei allerdings sehr viele wechselseitige Einflüsse bestehen. Zur Veranschaulichung sei ein solches ungeordnetes Variationsspektrum für die Vielfalt von Sprachgebrauchsweisen Jugendlicher, hier vereinfacht „Jugendsprache" genannt, nach Neuland (2000) präsentiert:

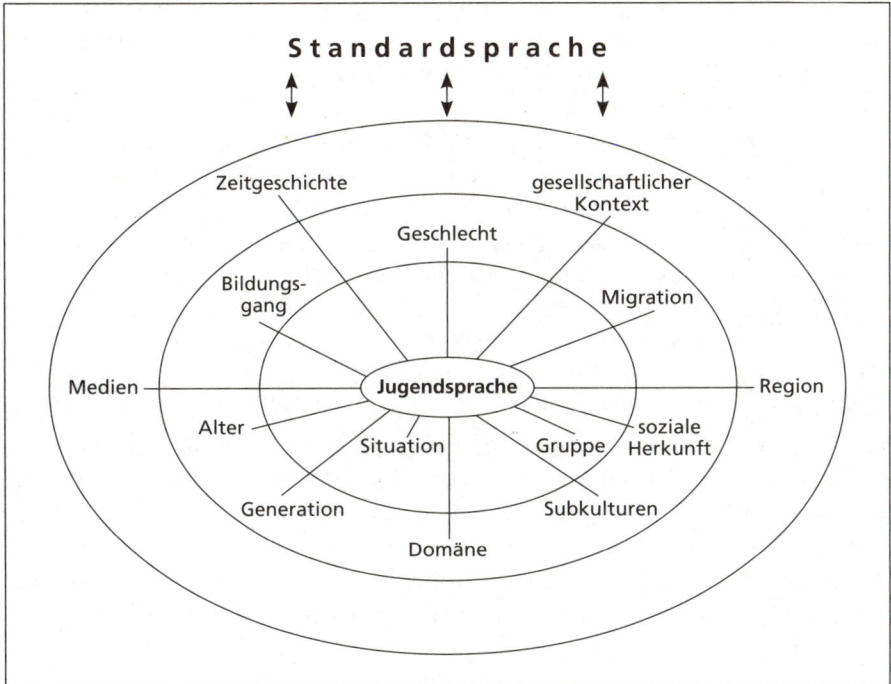

Abb. III.2.1: Variationsspektrum Jugendsprache (leicht verändert nach Neuland 2000)

Unter einer sprecherbezogenen Perspektive des Sprachgebrauchs wird eine Reihe weiterer Variationsdimensionen erkennbar. Dies soll hier am Beispiel der *Geschlechterdifferenzierung* im Sprachgebrauch Jugendlicher erläutert werden.

So lässt sich schon in der Sprachgeschichte ein generischer Sprachgebrauch der historischen deutschen Studenten nachweisen, der sich u. a. in einem großen Repertoire von Bezeichnungen für das weibliche Geschlecht zeigt, z. B. *Florbesen, Cattunbesen, Waschbesen, Küchenbesen* für Mädchen mit höherer und niedriger Herkunft, aber auch in den bis heute gebräuchlichen Ausdrücken *Schnalle, Schnecke* aus dem Rotwelschen, die ursprünglich primäre weibliche Geschlechtsmerkmale bezeichneten.

Eine solche Tendenz lässt sich auch für deutsche Jugendsprachen der 60er/70er Jahre und noch für aktuelle Jugendsprachen belgen. So finden sich in der Übersicht von Marcus (1962) zum Twendeutsch u. a. die folgenden Bezeichnungen für Mädchen: *halbe Bluse, Wuchtbrumme, steile Haut, bedienter/dufter/ steiler Zahn*. Und Küppers Wörterbuch zum Jugenddeutsch (1970) führt u. a. die folgenden Ausdrücke für Mädchen auf: *Biene, Ische, Umwerfe*. In der heutigen Zeit lösen für Jungen vermeintlich neutrale bis positiv wertende Bezeichnungen wie z. B. *Torte, Sahnetörtchen* häufig Ablehnung bei Mädchen aus, da sie als pejorativ oder sexistisch empfunden werden.

Weitere relevante Faktoren des multidimensionalen Varietätenraumes, die noch genauerer Erforschung bedürfen, sind v. a. die regionale und die soziale Herkunft bzw. die unterschiedlichen *Bildungsgänge* von Jugendlichen. Wie die Wuppertaler DFG-Studie zeigt, spielen Unterschiede zwischen den Bildungsgängen eine bedeutsame Rolle; sie tragen zu manchen signifikanten Effekten in Wortgebrauch und Spracheinstellungen bei. So gebrauchen den Befunden zu Folge mehr Berufsschüler und Gymnasiasten als Hauptschüler den Ausdruck: *Proll*, während Hauptschüler mehr als Berufsschüler die Ausdrücke *Asi* und *Penner* benutzen. Bei der Beschreibung typischer Merkmale von Jugendsprache erwähnen Hauptschüler signifikant häufiger *Ausdrücke, über die sich andere Personen aufregen*. Solche vereinzelten Beobachtungen bedürfen zukünftig einer genaueren vergleichenden Erforschung.

Weitere Einflussfaktoren des multidimensionalen Varietätenraumes wie subkulturelle Zugehörigkeit, Mediennutzung und Migration werden später noch genauer diskutiert.[18]

---

[18] Vgl. Kap. IV.3.1.3: Zur Relevanz soziolinguistischer Merkmale.

2.3 Subkulturelle Stile: eine soziolinguistische Sicht

Bereits im letzten Abschnitt hatten wir die Perspektive von einer sprachsystembezogenen zu einer sprecherbezogenen soziolinguistischen verändert. Bislang wurden einzelne Varietätsfaktoren in ihrer Auswirkung auf die Ausbildung bestimmter sprachlicher Auffälligkeiten diskutiert. Im Sprachgebrauch Jugendlicher treten jedoch viele solcher in der Varietätenlinguistik getrennt bzw. auch gar nicht erfassten Phänomene gemeinsam und in Überschneidungen auf.

2.3.1 Soziolinguistische Stile

Daher scheint es angemessener, den Sprachgebrauch Jugendlicher eher unter dem soziolinguistischen Begriff der subkulturellen Stile zu erfassen. Dabei eignet sich eine pragmatische Sicht von Stil[19] weitaus eher für eine handlungs- und modalitätsbezogene Beschreibung der sprachlichen Aktivitäten Jugendlicher als eine allein nach Förmlichkeitsgraden der Sprechsituation unterscheidende Auffassung von „Kontextstilen"[20]. Im Unterschied zu *Varietäten*, aber auch zu *Registern*, die hauptsächlich grammatisch und lexikalisch bestimmt werden, weisen soziolinguistische Stile als Ausdrucksformen sprachlichen wie nichtsprachlichen Handelns überdies auch paralinguistische und nonverbale Merkmale auf. Für einen soziolinguistischen Stilbegriff hält Dittmar[21] die expressive Funktion von Stilen für wesentlich; Kallmeyer hebt insbesondere ihre Funktion als Mittel der sozialen Positionierung von Sprechern hervor[22].

Ethnographische, sprechstilanalytische und kulturanalytische Beiträge haben Sprachstile Jugendlicher als Ausdrucksformen jugendlicher Lebensstile bestimmt mit der besonderen Funktion sozialer Distinktion, d.h. der Abgrenzung gegenüber der Außenwelt Erwachsener und der Identifikation in den Innenräumen jugendlicher Lebenswelten.

Sprachstile Jugendlicher sind zunächst einmal Gruppenstile in dem Sinne, dass sie nicht im Rahmen individueller Leistungen „erfunden" werden; vielmehr setzen sie die Interaktion in der Gruppe und gemeinsam geteilte Werte und Einstellungen voraus. Die Stilbildung geschieht überwiegend durch die Ausbildung tendenzieller Gebrauchspräferenzen von sprachlichen Mitteln aus dem Bestand der Standardsprache, die jedoch oft

---

[19] Wie z. B. vor allem von Sandig (1986, 2006) vertreten.
[20] Im Sinne von Labov 1976.
[21] Dittmar 1997, S. 225 ff.
[22] Kallmeyer 2000, S. 266 ff.

in spezifischer Weise umgewandelt und stilistisch markiert werden. Dieser Prozess der Stil-Bastelei wird auch als „Bricolage" bezeichnet. Dies bedeutet, dass sprachliche Elemente aus verschiedenen kulturellen und medialen Bereichen (z. B. Werbung, Fernsehen, Öffentlichkeit) aus der Matrix der bestehenden Kontexte herausgelöst und in einen neuen sprachlichen und jugendkulturellen Kontext überführt werden. Solche Prozesse sind von John Clarke (1972) für die englische Jugendszene überzeugend beschrieben und zuerst von Schlobinski (1989) für die deutsche Jugendsprache angewandt worden.[23]

Stilistische Kennzeichen im engeren Sinne sind insbesondere die Anspielungen auf gemeinsame Erfahrungsbestände und Erlebnisse bzw. auf gemeinsame kulturelle Ressourcen. Daneben können aber auch spontan in einer Gesprächssituation entstandene Versprecher oder Augenblicksbildungen ebenso wie mit einer bestimmten Erinnerung oder Erlebnisqualität verbundene Interjektionen gruppentypische Stilqualität erhalten und als „running gags" späterhin laufend für zustimmendes Gelächter in der Gruppe sorgen.

Erst der spezifische Stil einer Gruppe stiftet bedeutungsvolle Zusammenhänge zwischen den einzelnen sprachlichen Auffälligkeiten. So haben Peergroups oft ihre eigenen Themenpräferenzen und Themenwahlen (z. B. das Thema Lehrer und Unterricht bei den Schülergruppen, Formen der Freizeitgestaltung in der Jugendarbeit kirchlicher Jugendgruppen, etc.).[24] Häufig ist die Intragruppen-Kommunikation auch durch besondere lexikalische Merkmale charakterisiert, wie z. B. durch die Verwendung bestimmter fachsprachlicher Register in Gruppen, die bestimmte Musikrichtungen oder auch Sportarten bevorzugen. Hinzu treten pragmatische Erkennungsmerkmale, z. B. in der Wahl der Begrüßungs- und Anredeformen (wie: *Yo* für die Hip Hop-Szene) und die schon erwähnten unterschiedlichen Gesprächsregeln, wie z. B. gleichzeitiges Sprechen, Unterbrechungen, fortlaufende Kommentarschritte, ebenso die spezifischen paralinguistischen und nonverbalen Kommunikationsmerkmale, insbesondere das Lachen sowie die Interjektionen.

Soziolinguistische Sprachstile sind also einerseits durch eine gewisse Rekurrenz und Kontinuität von Stilmerkmalen gekennzeichnet; andererseits geschieht Stilbildung aber auch dynamisch und fortlaufend neu durch Aneignung und Abwandlung sprachlicher Merkmale und Handlungsmuster, die als wiederkehrende sprachliche Handlungspraxis zur fortlaufenden

---

[23] Vgl. Kap. II.3.4: Sprechstilanalysen.
[24] Vgl. dazu auch die gruppenvergleichende Studie von Chovan 2006.

2 Jugendsprache und Standardsprache 73

Konstitution der Gruppenidentität beitragen. Im Unterschied zu dem eine relativ hohe Standardisierung der Situation voraussetzenden Registerbegriff wird der Begriff des soziolinguistischen Stils den gruppenspezifischen Besonderheiten der Stilbildung und den rascheren Veränderungen einzelner Merkmale besser gerecht. Schließlich sind nicht alle Stilmerkmale immer logisch aus dem Selbstbild der Gruppe bzw. der Subkultur ableitbar[25].

Abb. III.2.2: Punk-Pärchen.

2.3.2 Sprachwechsel und soziale Identifikationen

Die diffusere, aber auch offenere Konzeption der soziokulturellen Stile erweist sich schließlich auch als geeigneter zur Erklärung der Phänomene von Sprachmischung und Sprachwechsel im Bereich der innersprachlichen Variation.[26] Begriffe wie „Code-Switching" und „Registerwechsel" bezeichnen dabei streng genommen jeweils eine konsistente und gleichzeitige Veränderung aller code- bzw. registertypischen Sprachmerkmale. Solche klar markierten und kontrastierenden Sprachformen mit stabiler Funktionsteilung sind jedoch heute kaum mehr anzutreffen. Die neuere Code-Switching-Forschung spricht daher eher von den Phänomenen der

---

[25] Vgl. dazu kürzlich Häcki Buhofers Ausführungen über die Grenzen des Funktionalitätsansatzes in der Variationslinguistik (2000, S. 23f.).
[26] Vgl. dazu Kap. IV.3.3: Innere Mehrsprachigkeit von Jugendsprachen.

Code-Fluktuation bzw. des Code-Shiftings als konversationelles Gleiten auf den Kontinua der Sprachgemeinschaft[27].

Mit solch feineren Sprach- bzw. Merkmalswechseln werden aber auch je andere Kontextualisierungen im Gespräch hergestellt. Wenn also subkulturelle Sprachstile Jugendlicher gruppenspezifische und fachsprachliche, regionale, situative und geschlechtstypische Merkmale eines multidimensionalen Varietätenraumes aufweisen, werden zugleich und oftmals ganz bewusst die jeweiligen sozialen Kontexte identifikatorisch aktiviert. Dabei scheint jeweils ein spezifischer Aspekt der sozialen Identität auf: die Rolle des Gruppenmitglieds, des Experten, des Ansässigen, des Situationsmächtigen, des Vertreters einer Generation, eines Geschlechtsstereotyps.

Beziehen wir also die Faktoren des multidimensionalen Varietätenraums bzw. der Registervielfalt auf die Sprechergruppe oder das sprechende Individuum, wird zugleich die Pluralität und *Multiperspektivität* in der Konstruktion der Gruppenidentität, aber auch der Einzelbiographie sichtbar.

Abb. III.2.3: Patchwork-Jugendliche. Titelbild der Shell-Studie aus dem Jahr 1983.

---

[27] So Auer 1986 für Standard/Dialekt-Kontinua sowie 1998.

3 Jugendsprache und Sprachwandel

Die Beispiele haben veranschaulicht, dass innerhalb einer Muttersprache kaum mehr solche eindeutig identifizierbaren Grenzen erkennbar sind, wie sie die ursprünglichen Schichtungsmodelle oder linguistischen Varietätenkonzepte nahelegten. Der Versuch einer trennscharfen Abgrenzung von Formen binnensprachlicher Variation wird der sprachlichen Realität immer weniger gerecht. Dies macht die Problematik der Homogenität voraussetzenden Neologismen „Gerontolekte" (Dittmar 1997) bzw. „Juventolekte" (Löffler 1985) sichtbar.

Bei aller Pluralität von Sprachstilen darf jedoch nicht außer Acht gelassen werden, dass die Standardsprache nach wie vor das überregional geltende, allgemein verständliche, in Wörterbüchern und Grammatiken kodifizierte Verständigungsmittel ist, deren Vermittlung in schulischen Kontexten als Zieldimension besonderen Vorrang hat und deren Befolgung bzw. Nichtbefolgung gesellschaftliche Sanktionen nach sich ziehen kann. Allerdings sind auch die Normen der Standardsprache vielfachen Wandlungsprozessen unterzogen. Jugendsprachen sind und waren zu jeder Zeit eine Quelle von Sprachwandel und Innovation, gerade auch der Allgemeinsprache, wie es die frühe Sondersprachforschung schon verzeichnet hat.[28] Der Einfluss der historischen deutschen Studentensprache auf die Gemeinsprache wurde dabei durchaus positiv gewertet, wie es das folgende Zitat von John Meier belegt:

> Wir können uns das sprachliche Besitztum unsres Volkes, soweit es allen gemein ist, und die Litteratursprache wie die Rede des täglichen Verkehrs umfaßt, passend unter diesem Bilde des Stromes vorstellen. Der Besitzstand wechselt von Tag zu Tag, es ist ein fortwährendes Fluten. Immerfort wird Neues zugeführt, geht Altes verloren. In Dunkel ist für den gewöhnlichen Menschen der Ort gehüllt, an dem die Wörter entstehen, und auch für den Gelehrten, der mit den Hülfsmitteln der Wissenschaft ihren Spuren nachzugehen sucht, bleibt ihr Ursprung oft rätselhaft.
>
> (Meier 1894, S. 1)

---

[28] Vgl. Kap. II.2.1.

Die folgenden Ausführungen von v. Polenz (1999) belegen solche Auswirkungen am Beispiel zweier verschiedener Phasen in der deutschen Sprachgeschichte:

> „Die ältere Studentensprache, als Ablösung des vom Mittelalter bis ins 17. Jh. gesprochenen vagantischen/makkaronischen Lateins, war ein wichtiges Einfallstor für den neulateinischen Einfluß auf die akademische Bildungssprache, jedoch mit der seit dem Sprachpurismus (s. Bd. II: 5.5) eigentlich nicht mehr geduldeten Unbekümmertheit in der Kombination lat./griech./franz. Affixe mit indigenen Basislexemen (hybriden Wortbildungen): *luftikus, Sammelsurium, Lappalien, Schimpfiade, Kneipier, Pumpier, maulschellieren, verlustieren, supperklug*; ... Auch einige Wörter aus der Gaunersprache (Rotwelsch) sind über den Burschenjargon im Dt. üblich geworden: *blechen, pumpen, foppen, schofel, mogeln, stibitzen, Schwof* ... Überhaupt wurden im 19. Jh. viele studentische Wörter des frivol-geselligen Alltags im deutschen Substandard gebräuchlich (z. T. in etwas anderer Bedeutung): *Backfisch, Bude, fidel, fix, Jux, Kater, Katzenjammer, Pech haben, Spektakel, Spießer, Schmöker, mit jm. umspringen*, ...; der allergrößte Teil des weit über 1000 Einheiten umfassenden *burschikosen* Wortschatzes ist jedoch untergegangen."
> [...]
> „Trotz aller gruppen-, schicht- und domänenspezifischen Unterschiede gibt es weiterhin gemeinsame jugendsprachliche Stilmerkmale, die teilweise auch Merkmale des allgemeinen Substandards sind: Bewußt abweichende Lehnwortschreibungen (*Äktschen, Trabbel, Fjutscher*, ...); als Adjektive verwendete Substantive (*klasse, sahne*); sehr polyseme hyperbolische Verstärkungswörter (*ätzend, beknackt, cool, echt, fetzig, geil, irre, tierisch, total, voll*, ...); neue Verbbedeutungen und -wortbildungen für sozial-kommunikative Verhaltensweisen (*abfahren auf, anmachen, aufreißen, ausflippen, blicken, etw. drauf haben, rumhängen, schnallen, stehen auf*, ...); Adverbien und Partikeln für Unsicherheit (*eigentlich, irgendwie, oder so, praktisch, und so*, ...); für Außenstehende semantisch schwer einschätzbare Bezeichnungen für ‚Mann/Junge', ‚Frau/Mädchen' (*Typ, Macker, Freak, Schowi, Tussi, Schnalle, Mutti, Tante, Braut*, ...); deverbale onomatopoetische Lautwörter, nach Vorbild von Comics als Interjektionen (*ächz, würg, stöhn, lall*, ...); verkürzte Personenbezeichnungen auf -i, -o (s. 6.9.Q); Nonsense-Redensarten (*Ich glaub mein Hamster bohnert; Geh nach Bagdad Schnee schippen*); ironisch-spielerische Abwandlungen von Zitaten und Sprichwörtern (*Einigkeit und recht viel Freizeit! Trauring aber wahr! Seid fruchtbar und wehret euch*). Nicht viel anders als in allgemeinem Substandard sind verkürzte Satzbauformen, Anglizismen, technische Metaphern usw. beliebt."
>
> (v. Polenz 1999, S. 466 f.)

3.1 Prozesse von Stilbildung und Stilverbreitung

Das Verhältnis zwischen der Jugendsprache als einem Ensemble subkultureller Sprachstile und der Standardsprache ist jedoch nicht nur unidirektional in dem Sinne zu verstehen, dass Jugendsprache auf die Standardsprache Einfluss nimmt. Das Verhältnis muss vielmehr als ein wechselseitiger Prozess gegenseitiger Übernahmen, aber auch Veränderungen angesehen werden. Die soziolinguistischen Studien unterscheiden hier die beiden korrespondierenden Prozesse der Bildung und der Verbreitung von

Sprachstilen. Gruppentypische Sprachstile Jugendlicher tragen gewissermaßen auch zum allgemeinen Wandel der Standardsprache bei.

3.1.1 Stilbildung: Destandardisierung

Eine *eigene* oder gar *neue* Sprache zu erschaffen ist nicht einfach: Auch die Jugendlichen greifen für ihre Stilbildungen auf den Bestand und die Regeln der deutschen Sprache zurück. Ihre sprachlichen Innovationen entstehen überwiegend durch Veränderungen der Form und des Inhalts standardsprachlicher Ausdrücke, und dies in durchaus regelgerechter Weise.

Eine inhaltliche Veränderung, und zwar eine Bedeutungserweiterung liegt dem jugendsprachlichen Ausdruck *geil* zugrunde, der heute nicht mehr auf den Bereich der Sexualität beschränkt ist, sondern eine allgemeine positive Wertung ausdrückt. Auch hier ist die historische Perspektive des *Bedeutungswandels* aufschlussreich, denn noch im Grimm'schen Wörterbuch wird im Jahr 1897 (1854) als Hauptbedeutung *fröhlich, lustig* notiert, und erst als vierte Bedeutungsvariante wird verzeichnet: *gierig nach geschlechtslust, brünstig*. Im Laufe der Entwicklung wurde die Wortbedeutung auf den sexuellen Bereich eingeschränkt, und *geil* wurde zum Tabuwort.[29] So verzeichnet das sechsbändige GWDS von 1977ff. als Hauptbedeutung: *(oft abwertend) gierig nach geschlechtlicher Befriedigung, vom Sexualtrieb beherrscht, sexuell erregt*. Die jugendsprachliche Bedeutungserweiterung konnte somit zunächst als ein Tabubruch angesehen werden, doch hat sich durch den häufigen Gebrauch die Bedeutungserweiterung eines allgemeinen positiven Wertausdrucks durchgesetzt. Die dritte Auflage des GWDS von 1999 verzeichnet als Bedeutungsvariante drei: *(salopp bes. Jugendspr.) in begeisternder Weise schön, gut; großartig, toll*.

Ähnliche Prozesse der Bedeutungsveränderung gegenüber der Standardsprache lassen sich für Ausdrücke wie *Braut* und *Penner* nachweisen. So bedeutet *Braut* für Jugendliche schon lang nicht mehr *Verlobte, Braut an ihrem Hochzeitstag*[30]; vielmehr wird mit *Braut* stets eine Freundin nicht anwesender Jugendlicher bezeichnet, und zwar oft mit pejorativer Nebenbedeutung. Und mit dem Ausdruck *Penner* wird heute nicht mehr ein *Pennbruder* im Sinne von Stadtstreicher, Obdachloser bezeichnet, wie noch in den jüngeren Auflagen der Wörterbüchern der deutschen Sprache; vielmehr gilt *Penner* unter Jugendlichen fast schon als eine freundschaftliche Anrede.

---

[29] Vgl. dazu auch Keller/Kirschbaum 2000.
[30] Vgl. die Übersicht im folgenden Unterkapitel (S. 79f.).

Beispiele für Veränderungen der Ausdrucksform sind z. B. *Tussi* als Kurzform aus Thusnelda oder *Proll* als Kurzform von Prolet und Proletarier, verbunden mit inhaltlichen Veränderungen im Sinne einer Bedeutungsspezifizierung: *Angeber*.[31]

Im Hinblick auf das Verhältnis von Jugendsprache und Standardsprache folgen solche Veränderungsprozesse dem Prinzip der *Destandardisierung*. Dies beschränkt sich selbstverständlich nicht auf das Lexikon, sondern ist ebenso im Bereich der Phraseologie erkennbar. Diesem Prinzip folgt auch die Sprüchekultur Jugendlicher, wobei der Witz gerade auf der kreativen Abwandlung der ursprünglichen Form beruht.[32]

Dazu einige Beispiele aus der Sprüchekultur der 80er Jahre:

Veni, vidi, pipi

Als Gott den Mann schuf, übte sie noch

to be or Nato be

Lieber des Mädchens Hügelwunder als des Knaben Wunderhorn

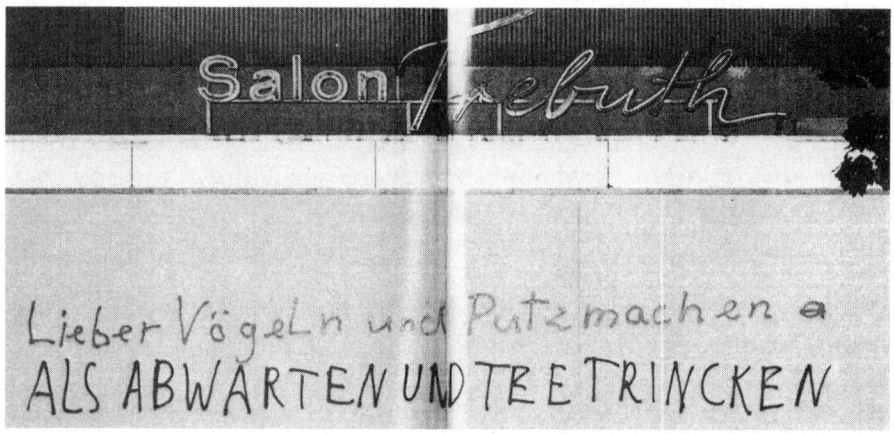

Abb. III.3.1: Beispiel für Wandsprüche.

---

[31] Weitere Beispiele sind den ausführlichen lexikalisch-semantischen Analysen des Wuppertaler DFG-Projekts zu entnehmen, vgl. Neuland/Schubert 2009 (i. E.).
[32] Vgl. dazu Kopperschmidt 1987.

3.1.2 Stilverbreitung: Restandardisierung

Demgegenüber folgen die Prozesse der Stilverbreitung dem gegenläufigen Prinzip der *Restandardisierung*. Sofern jugendsprachliche Ausdrücke von anderen Sprechergruppen benutzt werden, allgemeine Verbreitung finden und in die Wörterbücher der deutschen Standardsprache aufgenommen werden, verlieren sie zugleich ihre spezifischen Bedeutungen und werden wieder allgemeiner.

Dies lässt sich wiederum durch den Vergleich jugendsprachlicher Ausdrucksweisen mit standardsprachlichen Wörterbüchern belegen, hier dem DUW 2007[33].

Penner jugendsprachlich[34]:
doofer Typ, Trottel, Blödmann, Arschloch; manchmal auch: Bezeichnung für einen Freund.

Pen|ner, der; -s, - (salopp abwertend): **1.** *Pennbruder.* **2. a)** *jmd., der viel schläft;* **b)** *jmd., der nicht aufpasst, nicht aufmerksam genug ist, eine Gelegenheit verpasst:* **3.** *unangenehmer Mensch, widerlicher Kerl.*

Braut jugendsprachlich:
(nicht anwesende) Freundin eines Jungen/eines Freundes; auch: hübsches Mädchen, gutaussehende Frau.

Braut, die; –, Bräute [mhd., ahd. brūt, H.u.]: **a)** *Frau an ihrem Hochzeitstag:* die B. war, ging in Weiß; die B. zum Altar führen; **b)** *Verlobte:* eine heimliche B. haben; sie ist seine B.; ÜB. Christi (kath. Rel.; *Nonne*); **c)** (Jugendspr.) *Mädchen [als Objekt sexueller Begierde]:* wir haben tolle Bräute in unserer Klasse.

Tussi jugendsprachlich:
negativ abwertend für Mädchen; auch: ungebildetes, arrogantes Mädchen, nervig, dumm, unbeliebt.

Tus|si, die; –, -s, (seltener:) **Tusse,** die; –, -n [mit ↑-i od. -e geb. Kosef. zu ↑T(h)usnelda] (salopp, oft abwertend): **a)** *weibliche Person:* was will die T.?; **b)** *weibliche Person, mit der ein Mann befreundet ist; Freundin:* er lässt seine T.

Dies geschieht u.a. durch die Verbreitung jugendtypischer Ausdrucksweisen in der Standardsprache. So sind mittlerweile schon eine ganze Reihe von jugendsprachlichen Ausdrücken wie *ätzend, cool, geil, abfahren, anmachen, Macker, Prolo, Torte, Zoff* als „jugendsprachlich" in den großen Wörterbüchern der Gegenwartssprache verzeichnet. Mit der Aufnahme und der Bedeutungsbeschreibung gehen jedoch die sozialstilistischen ju-

---

[33] Elektronische Ressource, Kunkel-Razum/Osterwinter 2007.
[34] Nach Daten aus dem Wuppertaler DFG-Projekt.

gendsprachlichen Spezifika oft verloren. Dieser Prozess wird – korrespondierend zur „Destandardisierung" im Rahmen der Stilbildung – als „Restandardisierung" im Rahmen der Stilverbreitung bezeichnet.

Das nachfolgende Modell (Abb. III.3.2) verdeutlicht den von der Stilbildung der Jugendlichen ausgelösten Kreislauf der gegenläufigen Prozesse der De- und der Restandardisierung, die zum Sprachwandel der Standardsprache beitragen, und zwar vor allem in lexikalischer und semantischer Hinsicht. Die Verbreitung jugendsprachlicher Ausdrucksweisen in der Standardsprache trägt zu einer gewissen „Substandardisierung" bei, die als eine Form eines über die Öffentlichkeit und die mediale Verbreitung vermittelten „Sprachwandels von unten"[35] erscheint.

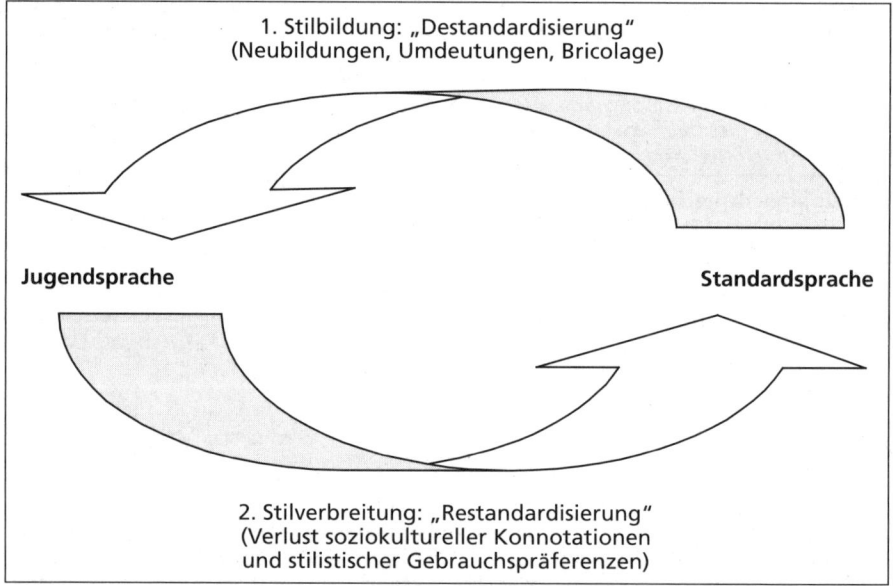

Abb. III.3.2: Jugendsprache und Sprachwandel (leicht verändert nach Neuland 2006)

Im Hinblick auf die Sprachstile Jugendlicher tragen die Prozesse der Stilverbreitung allerdings ihrerseits zu einem Stilwandel bei, sofern jugendsprachliche Ausdrucksweisen von anderen Sprechergruppen übernommen werden und so ihre soziale Signifikanz für die Jugendlichen verlieren. Dieser Prozess der Stilbildung, Stilverbreitung und „Stilauslöschung" ist von John Clarke (1972) für die britische Jugendkultur detailliert beschrieben

---

[35] Ursprünglich, jedoch in anderer Bedeutung bei Labov 1976.

worden. Er spricht hier von einer „Dislozierung" einzelner jugendsprachlicher Elemente aus dem Kontext der Jugendkultur, wodurch deren „Auslöschung" als Stilmerkmal bewirkt wird. Bezogen auf die sprachlichen Ausdrucksweisen kann man bei der Stilverbreitung in Form der „Restandardisierung" den Verlust soziokultureller Konnotationen und stilistischer Gebrauchspräferenzen bemerken.

3.2 Prozesse der Substandardisierung

Welche Konsequenzen ergeben sich aus solchen Stilbildungs- und Stilverbreitungsprozessen für die Sprachgemeinschaft insgesamt? In wesentlichen Bereichen der Gesellschaft, zumal in Schule, Ausbildung, Personalwesen, wird der Substandard trotz seiner sicherlich wachsenden Bedeutung auch weiterhin als eine nicht (ganz) normgerechte Sprache angesehen und explizit oder implizit negativ sanktioniert.

Andererseits scheinen Sprachgebrauch und Sprachwandel eben nicht allein dem Standard und seinem Prestige zu folgen.

3.2.1 Informalisierung des öffentlichen Sprachgebrauchs

Beobachtungen zur aktuellen deutschen Gegenwartssprache, vor allem in ihren gesprochenen Erscheinungsweisen, weisen auf Tendenzen einer Informalisierung des öffentlichen Sprachgebrauchs im Bereich von Lexik und Pragmatik hin. So konstatierten bereits Drosdrowski/Henne 1980 eine Tendenz der „lexikalischen Popularisierung" der deutschen Standardsprache durch den Einfluss jugend- und schülersprachlicher, z. T. jargonaler Wörter[36]. Von Polenz formulierte 1983 seine These einer „Nivellierung" bzw. eines „innersprachlichen Transfers" durch die Übernahme von Wörtern „aus sogenannten tieferen sprachsoziologischen Schichten in die offizielle Standardsprache"[37].

Auch Braun hatte auf Grund seiner Analysen der Neuaufnahme von Lemmata in verschiedenen Dudenauflagen in seinen „Tendenzen der deutschen Gegenwartssprache" (4. Aufl. 1998) die zunehmende Neuaufnahme umgangssprachlicher Wörter in standardsprachliche Wörterbücher herausgearbeitet.

Jüngere Beobachtungen stammen von Linke (2000), die am Beispiel des Gebrauchswandels von Begrüßungs- und Verabschiedungsformeln so-

---

[36] Vgl. Drosdowski/Henne 1980, S. 630.
[37] Vgl. von Polenz 1983, S. 51.

wie von Geburts- und Todesanzeigen als Textsorten des privaten Alltags auf eine Tendenz der Familiarisierung schließt. Sie erklärt diese im Rückgriff auf Elias 1989 als Indikatoren einer Ent-Distanzierung ehemals getrennter Bereiche des privaten und des öffentlichen Lebens.

Informalisierungstendenzen sind demnach sowohl im privaten als auch öffentlichen Sprachgebrauch zu finden; sie zeigen sich auch in informelleren Varianten von Gruß- und Anredeformen, v. a. in der Bevorzugung von *Hallo!* anstelle von *Guten Morgen Frau/Herr X* o. ä.

Und nicht zuletzt machen die Neuen Medien solche Informalisierungstendenzen sichtbar, v. a. im Austausch von E-Mails, wie Untersuchungen zum studentischen Umgang mit dieser Kommunikationsform zeigen. Hier heißt es dann nicht mehr: *Liebe Frau X*, und schon gar nicht mehr *Sehr geehrte Frau Prof. Dr. X*, sondern oft genug: *Hallo Frau X*, oder auch: *Guten Morgen Frau X*. Und zum Abschluß formulieren nur noch Wenige: *Mit freundlichen Grüßen*; vielmehr liest man immer häufiger: *Liebe Grüße* – wie ehemals nur bei einer langjährigen und vertrauten Freundschaft.

Einer solchen Informalisierung und Substandardisierung des privaten wie des öffentlichen Sprachgebrauchs leistet der Sprachgebrauch Jugendlicher und seine mediale Verbreitung[38] besonderen Vorschub.

3.2.2 Prestige des Substandards

Informelle Ausdrucksweisen sind schon so verbreitet, dass ihnen kaum mehr eine sozialdistinktive Stilqualität zugesprochen werden kann. Darüber hinausgehende Stileffekte werden in der Kommunikation häufig mit einer bewussten Wahl einer Sub- bzw. Nonstandard-Variante erzeugt, zumal dann, wenn diese nicht wie bei einem situativen Code-Wechsel den Erwartungen der Kommunikationssituation entspricht.

Anzeichen für dem Standard zuwiderlaufende Spracheinstellungen und Sprachgebrauchsweisen lassen sich bereits in der zunehmenden Verwendung von Regionalsprachen finden, wie sie unter der These der „Dialekt-Renaissance" in der Öffentlichkeit bekannt geworden ist. Die Soziale Dialektologie führt dies einerseits auf eine besondere Ortsloyalität zurück mit der Folge, dass ein solcher Sprachgebrauch die besondere Verbundenheit mit der Region zum Ausdruck bringt. Zugleich verleiht die regionalsprach-

---

[38] Vgl. dazu auch Glück/Sauer 1990, die ein Kapitel zur Sprachpraxis der Gegenwart der „Jugend- und Szenesprache" widmen, das allerdings hauptsächlich Beispiele der medial konstuierten „Jugendsprache" präsentiert.

liche Kompetenz den Sprechern auch eine besondere, regional bezogene Identität.

Vor allem aber sind die Jugendlichen mit ihrer Einforderung eines „anderen", „eigenen" Sprachgebrauchs Vorreiter im Gebrauch sub- und nonstandardsprachlicher Ausdrucksweisen, die für ein „heimliches Prestige"[39] des Sub- und Nonstandards sorgen, das sich gegenüber dem Prestige des Standards konträr verhält. Dabei setzt der Anspruch auf „Andersartigkeit" stets den Rahmen des sprachlich Üblichen und Erwartbaren voraus, ohne den weder Provokationen noch Tabubrüche funktionieren würden.

Solche Prozesse lassen sich durch ein „Sprach*differenz*bewusstsein"[40] erklären: Im Sprecherbewusstsein können substandardsprachliche Merkmale z. B. Gruppensolidarität, regionale Verbundenheit, Informalität, mithin sprachliches und soziales Selbstbewusstsein symbolisieren. Die soziale Identifikation stellt, wie in Kap. III.2.3 ausgeführt, eine wesentliche Motivation bei der Bildung von Sprachstilen dar. Dabei spielt die Abgrenzung von der Standardsprache und ihren „Druck von oben" auslösenden normativen Geltungsansprüchen eine wichtige Rolle.

Ein aktuelles Beispiel für die identifikatorische Nutzung des verdeckten Prestiges des Substandards bildet die Verwendung von Merkmalen des sog. Türkendeutsch bzw. der „Kanaksprache" bei nicht-türkischen Jugendlichen.[41] Indem z. B. deutsche Jugendliche Merkmale des sog. tertiären Ethnolekts (nach Auer 2003)[42] aktivieren, nutzen sie zugleich das ethnisch-subkulturelle Prestige, das mit Eigenschaften wie Maskulinität, Furchtlosigkeit, Coolness nur ansatzweise beschrieben werden kann.

3.3 Medien als Promotoren sprachlichen Wandels

Die Medien spielen bei diesen Prozessen eine ganz besondere Rolle: Sie sind Promotoren des Wandels. Wie bereits im Kapitel über die Stilverbreitung (III.3.1.2) angemerkt, werden jugendsprachliche Neuerungen von den Medien begierig aufgegriffen und bekannt gemacht. Im Prozess der medialen Vermittlung wird Jugendsprache, wie einleitend erläutert (Kap. I.3) zur „Jugendsprache" stereotypisiert und kommerzialisiert. Das, was in die Standardsprache eingeht, ist somit Teil der authentischen wie der fiktionalen Jugendsprache.

---

[39] So Trudgill 1972.
[40] Vgl. dazu Neuland 1993.
[41] Vgl. dazu Kap. IV.3.4: Äußere Mehrsprachigkeit von Jugendsprachen.
[42] Vgl. die Übersicht im nächsten Unterkapitel (S. 87).

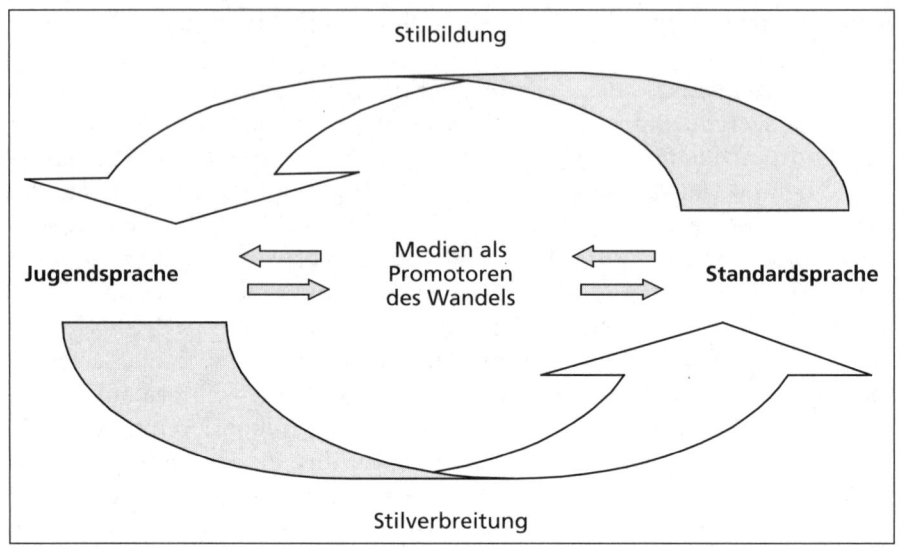

Abb. III.3.3 Medien als Promotoren des sprachlichen Wandels (Neuland 2008)

Als Mittel einer solchen Promotion sprachlichen Wandels seien zwei Bereiche genauer hervorgehoben, und zwar der Markt der Wörterbücher sowie die Kommerzialisierung der Jugendsprache in Werbung und Unterhaltung.

3.3.1 Der Markt der Wörterbücher

Insbesondere die Vielzahl der verkauften „Jugend- und Szene-Wörterbücher" trägt zur Verbreitung und in diesem Fall insbesondere zur Vermarktung der Jugendsprache bei. Einerseits befriedigt dieser Markt eine gewissen Nachfrage, andererseits schafft er aber auch neuen Bedarf. Solche populär- bis pseudowissenschaftlichen Wörterbücher liefern unzuverlässige, oft auf persönlichen Intuitionen der Verfasser basierende Informationen, wie am Beispiel des DUDEN-Wörterbuchs der Szenesprachen aus dem Jahr 2000 besonders deutlich nachgewiesen werden kann.[43]

Dies sei hier mit einem weiteren Beispiel veranschaulicht, das aus dem neuesten Wörterbuch der Jugendsprache von Ehmann (2001) stammt. Dort wird der Ausdruck *Proll* bzw. *Prolo* wie folgt erläutert:

---

[43] Vgl. dazu die kritische Bestandsaufnahme von Gerdes 2007 sowie Kap. I.2.2: Jugendsprache als Konsumgut.

3 Jugendsprache und Sprachwandel

> **Proll**
> vgl. → *angeproled*; abschätzig, meist als Schimpfwort: 1. Prolet, Arbeiter; 2. Asozialer, Penner; 3. allgemein: Trottel, Blödmann, Dummkopf; ursprünglich leitet sich der „Prolet" vom lateinischen „proles" (= Nachkommen) ab; ein echter jugendsprachlicher „Hit" ist die Vokabel seit dem Erfolgssong der Rockgruppe „Prollhead" (Deep Purple-Parodie „Rauch auf dem Wasser", 1996, englisches Original „Smoke on the water /We all came out in Montreaux"); schwerpunktmäßig bei Jugendlichen der „besseren Kreise"anzutreffen; die sich für die neue *Power*-Elite halten; Bsp.: *Mit den Prolls haben wir nichts am Hut.* → *Schwirrt ab, Prolls!*
>
> (Ehmann 2001)

Durch den ironischen Sprachstil wird nur kaschiert, dass eine eigentliche Bedeutungsbeschreibung unterbleibt.

Setzen wir den entsprechenden Eintrag aus dem Szene-Duden dagegen:

> **Proll**
> [Abkürzung von: Prolet]
> Wer so bezeichnet wird, muss kein stolzer Vertreter des Proletariats sein. Als Schimpfwort benutzt, markiert die Bezeichnung primitive oder asoziale Umgangsformen und Klischees der Unterschicht, ähnlich dem amerikanischen Begriff „White Trash". Der Prototyp des Prolls, und angesichts seiner politisch völlig unkorrekten Haltung sehr beliebt, ist Al Bundy, Protagonist der erfolgreichen US-Serie „Love and Marriage". Wer so rumprollt, benimmt sich, bewusst oder unbewusst, komplett daneben.
>
> (Wippermann 2000, S. 205 f.)

Hier sind zwar einige semantische Merkmale (primitiv, asozial, der Unterschicht zugehörig) angegeben, die sich auch im Bedeutungsspektrum des Ausdrucks: *Prolet* wieder finden lassen könnten[44]. Doch weisen die empirisch fundierten Semantogramme des Wuppertaler DFG-Projekts ein anderes Bedeutungsprofil für *Proll* auf. Dabei erweist sich als dominantes semantisches Merkmal *Angeber, „Pseudo-King", „Rumposer"*, das insgesamt knapp 68 % aller Bedeutungsangaben ausmacht.

Diese Diskrepanz zwischen Sein und Schein wird allerdings von den Szene-Wörterbüchern weitgehend verkannt. Dennoch verkaufen sich solche Produkte sehr profitabel zum Nutzen ihrer Verfasser.

---

[44] Vgl. dazu Eintrag zu *Prolet*.

3.3.2 Kommerzialisierung der Jugendsprache in Werbung und Unterhaltung

Medien tragen insbesondere zur Verbreitung jugendtypischer Ausdrucksweisen bei, indem sie, vor allem in Werbetexten, jugendsprachliche Ausdrücke einbauen: ein Produkt *XY kommt gut, ist geil, ist cool, ist total krass*. In der Werbeanzeige eines Teppichbodenherstellers steht ein cirka 10-Jähriger auf einem solchen Boden und sagt: *„Ich steh auf XY!"*. Dabei wird die jugendsprachliche übertragene Bedeutung (i. S. v. *etwas schätzen, mögen*) mit der figürlichen Redeweise zu einem Wortspiel mit der Doppeldeutigkeit für den Werbezweck instrumentalisiert.

> „Sohn: Mutti, Peter hat gesagt, er will nicht mehr mit mir spielen. Unser Teppichboden wäre echt krass billig!
> Mutter: Ist ja die Härte!"

Abb. III.3.4: Ritter Sport: Werbeanzeige mit jugendsprachlichen Elementen[45]

Neben den Werbetexten sind es vor allem Kabarett- und Comedy-Serien, die mit jugendsprachlichen Elementen in Rundfunk- und Fernsehsendungen witzige Effekte erzielen. Zur Verbreitung des sog. „Türkendeutsch" haben insbesondere das Duo Stefan und Erkan beigetragen.

---

[45] Vgl. dazu die einschlägigen Analysen von Ehrhardt 2007.

3 Jugendsprache und Sprachwandel

Abb. III.3.5: Das Comedy-Duo Stefan und Erkan

Auer (2003) hat in detaillierten Analysen nachgewiesen, dass diese Form einer ethnisch markierten Jugendsprache gewisse Merkmale des primären Ethnolekts türkischsprachiger Jugendlicher transformiert und als eine medial vermittelte Form eines „sekundären Ethnolekts" bezeichnet werden kann.[46]

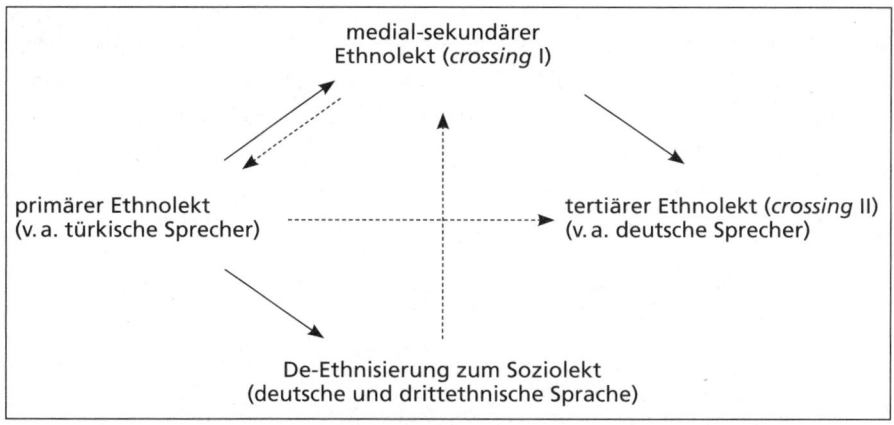

Abb. III.3.6: Unterscheidung von Ethnolekten nach Auer 2003

Auch Androutsopoulos (2001) hat die medialen Umgestaltungen und Verbreitungen solcher ethnisch markierter Ausdrucksformen analysiert: „Ultra korregd Alder! Zur medialen Stilisierung und Popularisierung von

---

[46] Auer 2003, S. 257.

,Türkendeutsch'". Jugendliche Mediennutzer übernehmen zum Teil wiederum solche Ausdrucksweisen in ihren eigenen Sprachgebrauch oder wandeln sie in ironischer Form ab. Insofern sind Medien primär Promotoren der Stilverbreitung, sekundär auch Promotoren der Stilbildung.

Zur Verbreitung und Kommerzialisierung von „Jugendsprache" dienen vor allem Sendeformate wie z. B. die bekannten Vorabendsendungen oder auch Sendungen auf MTV und VIVA, die bevorzugt von jungen Leuten genutzt werden. Hier treten junge Moderatoren als Identifikationsfiguren für Jugendliche auf, die sich stark verdichtet jugendsprachlich äußern. Wie Untersuchungen zeigen, verstehen allerdings sehr viele Jugendliche nicht, was eigentlich genau gemeint ist, wenn es dort z. B. heißt:

> „Du flowst voll krass auf den Beat". (i. S. v.: abtanzen, abgehen)
> „Das flasht mich einfach derbe." (i. S. v.: das haut mich um, das gibt mir den Kick)
> „Den Fame abgraben." (i. S. v.: den Ruhm eines anderen für sich nutzen)
> „Hip Hop ist der Shit." (i. S. v.: Hip Hop ist super, spitze, toll)[45]

Befragte Jugendliche verstehen oft einzelne Anglizismen mit Fachwortfunktion falsch, z. B. halten sie *jam* für eine *Gitarre, Werbung, so 'ne Art Pudding*.

Auf der anderen Seite fungieren die Akteure in solchen Sendungen aber auch jugendlichen Mediennutzern als eine Quelle für ihre Stilbildung. Zum Teil übernehmen Jugendliche solche Ausdrucksweisen in ihren eigenen Sprachgebrauch, zum Teil wandeln sie sie aber auch in ironischer oder spielerischer Form ab.[48]

---

47 S. dazu Lalova 2008 mit Beispielen aus der Sendung: Brand-neu, MTV 2007.
48 Vgl. dazu die Beispiele von Bricolagen aus medialen Ressourcen in Kap. IV.3.1.2 („Lollo Ferrari", S. 141 f.) und in Kap. IV.3.3.1.2 („Puzzle-Spaß", S. 150).

IV Deutsche Jugendsprachen: Geschichte und Gegenwart

Im Folgenden sollen Erscheinungsformen deutscher Jugendsprachen in Geschichte und Gegenwart vorgestellt werden, sofern sie sich vor Beginn der linguistischen Jugendsprachforschung aus der Quellenlage rekonstruieren lassen.[1] Demnach erweist sich die Geschichte der deutschen Jugendsprache noch als äußerst lückenhaft.

1 Frühe Formen von Jugendsprachen in der Sprachgeschichte

Während in der Gründerzeit deutscher Universitäten im ausgehenden Mittelalter das Latein als Gelehrtensprache vorherrschte, im Zeitalter des Humanismus als wissenschaftliche Verkehrssprache diente und das Deutsche erst 1687 von Thomasius in die Hörsäle eingeführt wurde, zeigten sich erste Anfänge einer deutschen Studentensprache bereits mit Beginn des 16. Jahrhunderts. Obwohl sich die „Burschensprache" in der Folgezeit besonders fruchtbar zu entwickeln schien, ist die Forschung bis zur Mitte des 18. Jahrhunderts. auf die dürftige Quellenlage gelegentlicher literarischer Belege verwiesen, unter anderem in Zachariäs „Renommist" (1744), in Kortums „Jobsiade" (1784) und vor allem in den Lebensbeschreibungen des Magisters Laukhard (1792). Spätere Reflexionen finden sich in Wedekinds Tagebuch (1824), in Heines Harzreise (1824) und in Goethes „Dichtung und Wahrheit" (1811 ff.).

---

[1] Vgl. dazu Neuland: Jugendsprachen im gesellschaftlich-historischen Wandel 2003 sowie Lapp 1989.

Abb. IV.1.1: Lehren und Studieren im Mittelalter. Laurentius de Voltolina: Henricus de Allemania beim Kolleg über Ethnik

1.1 Historische deutsche Studentensprache

Nach Salmasius „Handlexikon der unter den Herren Purschen auf Universitäten gebräuchlichsten Kunstwörter" von 1749 setzt dann gegen Ende des 18. Jahrhunderts mit Kindlebens „Studentenlexicon" von 1781 und Augustins Idiotikon der Burschensprachen von 1795 eine zirka hundert Jahre währende Tradition selbstständiger Wörterbücher ein, deren planmäßige Sammlungen und Belege des studentischen Wortschatzes bis zu „Academica juventus. Die deutschen Studenten nach Sprache und Sitte" von 1878 zu verzeichnen sind.[2] Ihre Verfasser sind, soweit bekannt, als Theologen, Mediziner, Juristen und Philosophen selbst aus dem Studententum hervorgegangen, dessen besondere Lebensgewohnheiten sie zu-

---

[2] Diese Tradition wird dokumentiert in den Bänden 2 bis 4 der von Henne und Objartel herausgegebenen Bibliothek zur historischen deutschen Studenten- und Schülersprache (1984).

gleich mit den Sprachgewohnheiten dokumentieren, um damit, wie schon Salmasius in seinem leidenschaftlichen Vorwort beschwört, „für die Erhaltung dieses unschätzbaren Kleinods, der Purschenfreiheit" beizutragen.

> O Zeiten! o Sitten!
> wo höret man noch ein angenehmes Feldgeschrei der praven Pursche auf der Gasse und aus den Fenstern [...]
>
> (Salmasius 1749, S. 67 f.)

1.1.1 Historische Jugendsprachen und aktuelle Erkenntnisinteressen

Der Beginn einer im strengen Sinne wissenschaftlichen Erforschung der historischen Studentensprache datiert gegen Ende des 19. Jahrhunderts mit Meiers Untersuchungen der Hallischen Studentensprache (1894) und Kluges „Deutscher Studentensprache" (1895). Sie eröffneten eine Tradition kontinuierlicher Einzelbeiträge der Wortforschung, die mit Götzes „Deutscher Studentensprache" (1928) einen vorläufigen Abschluss fand.[3]

Die historischen Schüler- und Studentensprachen können als zeit- und sozialgeschichtliche Vorläufer in der Entwicklung von heutigen Jugendkulturen und Jugendsprachen gelten, die nur aus einer Außensicht als homogene und autonome Größen erscheinen. Gerade aus den Beobachtungen zu historischen Erscheinungsweisen von Jugendsprachen lässt sich deren vielfältige Verwobenheit mit gesamtgesellschaftlichen kulturellen und sprachlichen Entwicklungstendenzen verdeutlichen: Jugendsprachen entstehen und funktionieren nicht autonom in einem gesellschaftlichen Vakuum. Anhaltspunkte für eine kulturanalytische Betrachtungsweise finden sich in zweierlei Hinsicht:

- in der sprachlichen Heterogenität soziokultureller Lebensstile
- sowie in den Spiegelungen und Gegenspiegelungen sprach- und kulturgeschichtlicher Verhältnisse.

Im Lichte dieser Wandlungen der Erkenntnisinteressen wird nun der mit dem Anspruch der historischen Wörterbücher der Studentensprache auf Dokumentation von Sprach- und Lebensgewohnheiten verbundene Man-

---

[3] Die dokumentieren die Bände 5 und 6 der Bibliothek der historischen deutschen Studenten- und Schülersprache.

gel an lexikographischer Strenge relativiert: und zwar durch jene zeit- und kulturgeschichtlichen Exkurse, die diese Wörterbücher von der Textsorte her in „Erzählbücher" über die Lebenswelt der damaligen akademischen Jugend verwandeln. Es gilt nun, gerade jenen Zusammenhang zwischen Sprach- und Lebensgewohnheiten wieder herzustellen, der später in den reinen Wörterverzeichnissen der Schüler- und Jugendsprache verloren ging.

So benannte Schuchardt (1825) sein „Studentikoses Conversationslexikon" sogleich mit dem Untertitel: „Oder Leben, Sitten, Einrichtungen, Verhältnisse und Redensarten der Studenten beschrieben, erklärt und alphabetisch geordnet".

1.1.2 Heterogenität soziokultureller Sprach- und Lebensstile

Die historischen Dokumente und Wörterbücher enthalten zumal in den Vorwörtern mancherlei Hinweise darauf, dass sie ihre Leser durch die besonderen Ausdrucksweisen zugleich mit den besonderen Lebensweisen der Studenten vertraut machen wollen.

Für die studentische Sprechergruppe selbst erfüllen diese Wörterbücher und die darin dokumentierten Ausdrucksweisen somit eine Doppelfunktion: sie dienen einerseits den neu in diese Gruppe Eintretenden als „Leitfaden",

> „der ihnen durch die bisher noch unbekannte civitas academica mit ihren eigentümlichen Gestaltungen in Leben, Sitte und Sprache sicher hindurchleitet, bis er gelernt hat ‚Moos' nicht mehr ‚Geld', ‚Stoff' nicht mehr ‚Bier', und ‚Kneipe' nicht mehr ‚Restauration' zu nennen"
>
> (1847)

Mit dem Erlernen des Sprachstils wird die Sozialisation in einen Lebensstil verbunden, den es zu bewahren und zu pflegen gilt. Aber bereits in dieser Zeit hat der studentische Lebensstil unterschiedliche Ausprägungsformen gefunden und Wandlungen vollzogen. Schon Salmasius beklagt, „daß der praven Purschen immer weniger werden" und bringt dem Leser wehmütig deren Lebensstil in Erinnerung:

> Nicht ohne Vergnügen, obgleich mit Wehmuht, sehe ich in meine Universitätsjare zurük. Was ein praver Pursch war, der stund. Jezt gehet einer dem andern aus dem Wege. Man kampirete zu Hause, und zu Dorfe, ganze Wochen, ganze Monate, ganze Jare; man schlug sich; man stach auf der Stelle tod; man prellete die Füchse; man schlug dem Professor so wie dem Philister die Fenster ein, so oft man nur Lust hatte; man band sich an kein Zeremoniel; man ging gekleidet wie man wolte; man trug Schnurbärte; man wezzete und perirte; man sang die schönsten und kurzweiligsten Lieder zur Fenstern heraus; An Stat der Bezalung gab man dem Manichäer eine Tracht Schläge, wenn er die Rechnung brachte; man sezzete sich verkehrt zu Pferde, nahm den Schweif in die Hand, und ritte zum Tohre hinaus. Man zog in etlichen Jaren keinen Strumpf auf den Fus, sondern ging in blossen Stiefeln; und wenn die ia auf die Länge alt wurden, flikkete man sie selbst mit Zwirn oder Garn, was man hatte. Man hutschete, man boraete, man prellete, man zog aus. Kurz: man taht alles, wozu man Lust und Belieben hatte; und man war ungehindert allerwerts ein praver und fideler Pursch. Dis war das güldene Alter der Pursche. Freiheit, Freiheit; Alles war Freiheit!

(Salmasius 1749, S. 66)

Als bedrohlich für diesen freiheitlich-burschikosen Lebensstil werden die von Leipzig und Göttingen ausgehende „Pedanterei und Petitmäterei" angesehen. Ein darin verkörpertes, an der französischen *à la mode*-Lebensweise orientiertes galantes Stutzertum wird im einschlägigen Wörterbuchartikel von Salmasius auch in seiner sprachlichen Ausdrucksform karikiert; und zwar speziell im Hinblick auf den Gebrauch französischer Begriffe als Demonstration von Herkunft und Bildung.[4]

---

[4] In diesem Zusammenhang ist aufschlussreich, dass auf dem Deutschen Burschentag 1817 auf der Wartburg in Verfolgung des Einheits- und Freiheitsgedankens Beschlüsse gegen die Verwendung von Adelstiteln und von französischen Bezeichnungen getroffen wurden.

> Er mus nicht mehr gehorsamster Diener zu iemand sagen, mit dem er redet, sondern untertähnigstgehorsamster Diener; Er mus sich eine besondere Sprache, einen besondern Ton, einen besondern Akzent angewöhnen. Er mus einen französischen terminum mit unterzumengen wissen

(Salmasius 1749, S. 75 f.)

Obwohl die Anzahl der potentiellen Sprachteilhaber um 1800[5] noch recht gering war und die in den Komments und Universitätsgesetzen festgelegten Ständeordnungen die studentische Lebensführung relativ einheitlich regelten und auch ein reger Austausch zwischen den Universitäten angenommen werden kann, werden also schon früh regionale Differenzierungen der Studentensprache vermerkt.

Magister Laukhard schildert in seinen Lebenserinnerungen 50 Jahre später die Unterschiede zwischen den regionalen „Tönen":

> Der Ton der Jenenser behagte mir sehr; er war bloß durch mehrere Roheit von dem der Gießener unterschieden. Der Jenenser kannte — wenigstens damals — keine Komplimente; seine Sitten hießen Petimäterei, und ein derber Ton gehörte zum rechten Komment. Dabei war der Jenenser nicht beleidigend grob oder impertinent; vielmehr zeigte sich viel Trauliches und Dienstfertiges in seinem Betragen. Ich habe hernach den viel feineren Ton in Göttingen und den superfeinen Leipziger kennen gelernt; da lobe ich mir denn doch meinen jenischen.

(Laukhard 1908, S. 102 (1792))

Besonders seine Schilderungen aus Leipzig lassen diese „Töne", die er auch in den Dialogen veranschaulicht, als Zeichen unterschiedlicher Lebensstile der Studenten erkennen:

---

[5] Schulze/Ssymank (1910, S. 152) schätzen die Anzahl der Studenten im deutschen Sprachraum um 1800 auf 7000.

> Da fand ich steife Menschenkinder, welche das Unbefangene und Ungezwungene nicht an sich hatten, das man sonst an Studenten gewohnt ist. Die Leutchen machen Komplimente und schneiden Reverenzen bis an die Erde: alles geht da per Sie, das trauliche, dem Studenten so angemessene Du ist verbannt; da werfen sie mit „Gehorsamster Diener", mit „ich empfehle mich" — „haben Sie doch die Güte" — „oh, ich bitte ganz gehorsamst!" und ähnlichen Floskeln um sich, daß es einem ganz schlimm wird. Das heißt denn guter Ton!

(Laukhard 1908, S. 203 f. (1792))

Dabei spiegelt der Unterschied zwischen dem Jenischen und dem Leipziger Ton den zwischen burschikoser Wesensart und „schofele[r] petimäterei" (Laukhard, 1792, 204). Das Gegenbild der *petits maîtres* wie aber auch der sicherlich großen Gruppe der angepaßten, studienbeflissenen und wohl auch sozial schlechter gestellten *Klösse*, *Mucker* und *Stubensitzer* verkörpert der *Renommist*, den Salmasius wie Kindleben samt seiner Stilattribute in Kleidung, Haartracht und Haltung wie folgt charakterisieren:

> Renommist heißt ein Student, der am Schlagen, Raufen, Saufen und Schwelgen Vergnügen findet, alle Kollegia versäumt, und sich sowohl durch seine ungebundene, freye Lebensart, als durch seine Kleidung und Miene auszeichnet.

(Kindleben 1781, S. 174)

Abb. IV.1.2: „Der raufende Student" (etwa 1725)

Meier (1894, S. 30f.) schildert nach Dokumenten von Göttingen (1785) die den *petits maîtres* und den honorigen Studenten entgegengesetzten sogenannten *Crassen* als jene fleißigen, unbeholfenen und wohl auch eher minderbemittelten und daher von den anderen missachteten Studenten, die im 18. Jahrhundert die größte soziale Gruppe der Studierenden bildete.

Abb. IV.1.3: „Der fleißige Student" (etwa 1725)

In Erinnerung an seine Leipziger Studienzeit (von 1765 bis 1769) schildert auch Goethe (1967, S. 252) den Unterschied zwischen Roheit, körperlicher Stärke und Fechtergewandtheit in Jena und Halle und der galanten und vornehmen Lebensart in Leipzig im Gegensatzpaar jener „wilden Jäger von der Saale" und „zahmen Schäfer an der Pleisse". Besonders anschaulich jedoch werden beide Lebensstile mit ihren sprachlich-stilistischen Äußerungsformen in Zachariäs Heldengedicht „Der Renommiste" (1744) literarisiert, das mit dem Sieg des artig geputzten Leipzigers Sylvan über den rohen Jenischen Raufbold endet.

Die Besonderheit der studentischen Lebensstile findet jedoch vor allem Ausdruck in der Besonderheit der Sprachstile, die ihre Abgrenzung zu den bürgerlichen Konventionen der Standardsprache vornehmlich durch die Ausbildung einer Sonderlexik sowie durch semantische Verschiedenartigkeit demonstrieren:

- die besondere lexikalische Differenzierung gibt Aufschluss über die zentralen Lebensbereiche und sozialen Handlungsräume, in denen sich der soziokulturelle Lebensstil herausbildet und manifestiert,
- das System separater sozialer Wertungsbegriffe ermöglicht einen Rückschluss auf die von dieser sozialen Gruppe geteilten Normen und Wertungen.

Neben der lexikalischen Differenzierung lässt sich wohl auch in der Produktivität der Wortbildung hinsichtlich zentraler studentischer Begriffe ein Indiz für deren soziale Bedeutsamkeit vermuten. Dies ist offensichtlich der Fall bei Begriffen wie *Bursche, Philister, Kneipe, Komment*, aber auch bei Bezeichnungen für das weibliche Geschlecht wie *Besen* und *Nymphe*.[6]

Beispiele für zentrale Erfahrungsbereiche sind in der lexikalischen Differenzierung der historischen Standardsprache wie folgt erkennbar:

- das Studium selbst: z. B. *einschreiben, Collegien belegen, oxen, Hefte führen, schwänzen, comitieren*
- studentisches Brauchtum, vornehmlich der Landsmannschaften und Burschenschaften:[7] u. a.
  Kneipenleben und Trinksitten: z. B. *Schmollis trinken, commerschieren*
  Ehrenhändel und Duelle: z. B. *Skandale haben, anscheißen, pauken, Lektion hauen*
  Burschenscherze und Spiele: z. B. *pereiren, Suiten reissen, Jux*
- materielle und finanzielle Reproduktion: u. a.
  Nahrung, Wohnung und Kleidung: z. B. *anhosen, Flausch, Wichs*
  Finanzen: z. B. *pumpen, hebräisch lernen, Moneten*
- soziale Beziehungen und Typologisierungen: u. a.
  innerhalb der Studenten: z. B. nach dem Aspekt der Entfernung des Wohnorts von der Universität: *Pflastertreter, Kümmeltürke, Quarck*
  nach der Gradation des Studentenstandes z. B. *Fuchs, Brandfuchs, Jung- und Altbursch, bemoostes Haupt*
  nach der Auszeichnung im Burschentum: *Haupthähne, flotte, brave, fidele, honorige Burschen*
  nach der Ferne vom Burschentum: *Mucker, Kloss, Drastikum, Fink, Wilde*
- sowie der Nicht-Studenten: gemeinhin Philister (*Bier-, Geld, Pferdephilister*), sowie Handwerksgesellen (*Gnoten*), Nachtwächter (*Schurren*) u. a.

---

[6] Anhaltspunkte dafür bietet das Wortregister der „Bibliothek zur historischen deutschen Studenten- und Schülersprache", das die Komposita von 18 ausgewählten Begriffen zusammenstellt Henne/Objartel (Hrsg.) 1984 (Bd. 1, S. 288 ff.).

[7] Vgl. dazu u. a. Krause 1979.

- und der Frauen: vor allem nach dem Aspekt der sozialen Herkunft: *Flor-, Cattun-, Wasch-, Küchenbesen* sowie der Käuflichkeit: *Schnalle, Nymphe, Zobel* u. a. m.

Die Verteilung und begriffliche Besetzung der Register reflektieren die Konturen eines burschikosen Lebensstils, dessen identifikatorische Außenabgrenzung zu anderen zeitgenössischen Gruppierungen begrifflich wie folgt manifestiert wird:

- und zwar vor allem von den nicht-studentischen Bürgern: den *Philistern*,
- von nicht-studentischen Jugendlichen: den *Gnoten*[8]
- und nicht zuletzt von nicht-burschikosen Studenten: den *Muckern, Klössen, Finken*.

Eine solche soziale Differenzierung zwischen und innerhalb von Ständen findet sich auch in zeitgenössischen literarischen Texten wieder: so führt Kortum im 13. Kapitel der Jobsiade „Jene drei verhaßten Geschwister *Häscher, Pedellen und Philister*" auf (1784); und Heine ironisiert später die Unterteilung der Bewohner Göttingens in „*Studenten, Professoren, Philister* und *Vieh*; welche vier Stände doch nichts weniger als streng geschieden sind." (1976 (1824), S. 104).

Wie gerade am Beispiel der sozialen Typologisierungen und speziell der Schmäh- und Schimpfnamen (u. a. *Stubensitzer, Kopfhänger, Trauermantel, Pfennigfuchser*) zu entnehmen ist, erfolgt die lexikalische Klassifikation bereits aufgrund gruppenspezifischer Wertungen. Der burschikose Sprachstil zeichnet sich durch ein großes von standardsprachlichen Konventionen unterschiedenes Repertoire sozialer Wertungsbegriffe aus, und zwar:

- sowohl im Bereich positiv wertender: u. a. *brav, famos, fidel, flott, forsch, humorig*
- als auch negativ wertender Adjektive: u. a. *ledern, nass, teek, traurig, trist*
- sowie der als affektive Verstärker dienenden Adverbien: u. a. *höllisch, klobig, klotzig, knollig, ochsig, unbändig, unfähig, viehisch*.

Das standardsprachliche Begriffssystem wird einerseits um für die Gruppe typische Wertnuancen ergänzt, wie Kloß bei *kreuzfidel, scheißfidel, fidel wie ein Rabe* anführt: „Abstufungen dieses Begriffes, für den die deutsche Sprache keinen passenden Ausdruck hat" (1808, S. 32). Andererseits deuten semantische Verschiebungen bzw. Umwertungen eine von den bürgerlichen Konventionen unterschiedliche Wertungspraxis der Gruppe an, wie

---

[8] Handwerksgesellen, Genossen (vgl. Grimmsches Wörterbuch 1854).

Schuchardts Schwierigkeiten bei der Erläuterung des Begriffs *honett* belegen (1825, S. 44f.):

> honett. Nichts ist schwerer, als eine Definition dieses Studentenausdrucks, da er oft so himmelweit von den Begriffen abweicht, die man im gewöhnlichen Leben damit verbindet. Ein Student, der spielt, trinkt, in kein Collegium geht, kann ein sehr honetter Kerl seyn, wenn er nur folgende Hauptbedingungen des studentikosen honeste vive! beobachtet. — Er muß demnach 1. eine gute Klinge führen und darf keine noch so geringfügige Beleidigung ungeahndet lassen; 2. muß er Andre oft und tüchtig setzen und gut gekleidet gehn; 3. darf er sich keiner gnotigen und unstudentikosen Handlungen zu Schulden kommen lassen. Wer diese Vorschriften befolgt, gelangt gewiß zu dem Ehrentitel eines honetten Burschen. — Honetter Wesen = ein Mädchen von guter Herkunft.

Typisch für den burschikosen Sprachstil der damaligen Zeit sind auch die von der damaligen Standardsprache abweichenden „Verbalinjurien", Bezeichnungen, die den studentischen Komment zufolge als Beleidigung aufgefasst werden müssen, wie:

> „sonderbar, arrogant, absurd, albern, einfältig, impertinent, flegelhaft, dumm, und als Inbegriff der höchsten Verbalinjurie dummer Junge". (Schuchard 1825, S. 46).

1.1.3 Sprachkulturelle Spiegelungen und Gegenspiegelungen

Sprachkulturelle Einflüsse und ihre Verarbeitung im studentischen Lebenszusammenhang zeigen sich insbesondere auch an der Art und Herkunft der sprachlichen Neuschöpfung der historischen Studentensprache, mithin aus den „Quellen" des Sonderwortschatzes.

Dabei sind zuvörderst als Herkunftsbereiche auszuweisen:

- die Antike mit den klassischen Sprachen Griechisch und Latein, in dessen Rang als Sprache der Gebildeten und Gelehrten und als wissenschaftliche Verkehrssprache die damaligen Studenten bereits als Schüler der „Lateinschulen" eingeführt wurden,[9]

---

[9] Nach von Polenz (1972, S. 93) betrug die Anzahl der lateinisch geschriebenen deutschen Bücher 1740 28%, 1770 noch 14%.

1 Frühe Formen von Jugendsprachen in der Sprachgeschichte

- die Einflüsse des Französischen, das angesichts der kulturellen und politischen Vorrangstellung Frankreichs zunächst über den Adel und bald als allgemeine Verkehrssprache der Gebildeten auch in der Studentensprache Niederschlag fand, und zwar vor allem im Bereich des Duellwesens,
- schließlich der biblisch-theologische Herkunftsbereich, dessen Bedeutung für die damaligen Studenten aus der geschichtlichen Stellung der theologischen Disziplin hervorging.

In den historischen Wörterbüchern der Studentensprache wird eine Vielzahl von Beispielen für diese Spiegelungen sprachkultureller Einflüsse belegt. So führt Augustin noch jenes bekannte „Saalathen" (1795, 94) in Anlehnung an die Akademie Platos in Athen als Bezeichnung für Jena und Halle an. Neben der Übertragung ganzer Vorstellungskomplexe des klassischen Bildungsideals und neben gruppenspezifischen Bedeutungsveränderungen (z. B. bei *Spektabel, Jubel, fidel*) herrscht die Übernahme formaler Elemente der Wortbildung vor, so z. B. bei *burschikos* als Analogiebildung zum älteren *studentikos*.[10] Dabei sind Sprachmischungsphänomene vor allem zwischen Deutsch, Lateinisch und Griechisch zu verzeichnen.

Indem also die Studentensprache von den antiken Elementen reichlich Gebrauch macht, spiegelt sie zwar einerseits die damit verbundene Wertschätzung der gelehrten Welt wider und schöpft aus den Sprachkonventionen ihrer sozialen Herkunftswelt. Auch Laukhard berichtet, dass sein Vater und er ihre Briefe auf Latein verfaßten, „nach meines Vaters und meiner damaligen Mode, mit griechischen Versen und Prosa ausgeschmückt." (1792, S. 183). Durch die Art und Weise des Umgangs mit diesen Elementen werden jedoch andererseits – wohl durchaus generationsspezifische – Signale der Distanzierung und Ironisierung dieser gesellschaftlichen Konventionen gesetzt:

- und zwar durch jene Sprachmischung des „makkaronischen Latein" der älteren burschikosen Literatur, das „in rücksichtsloser Abstreifung jeden Regelzwangs in derb komischer Verschmelzung von Deutsch und Latein"[11] deutsche Elemente in lateinischem Kontext zu einem neuen gruppenspezifischen Sprachstil zusammenfügt;
- sodann durch die Anwendung dieser begrifflichen Ausweise klassischer Bildung im Kontrast von schlichter „bildungsferner" Alltagspraxis, der jedoch im burschikosen Lebensstil eine besondere Gewichtung zu-

---

10 Vgl. Kluge 1912.
11 So Kluge 1895, S. 31.

kommt: z. B. *Konkneipant, gassatum* und *virgatum* gehen, in *schwulibus* sein, *Schimpfiade, Sauhundiade* und *Albertät*;
- sowie schließlich durch die Stilmittel der Metaphern und der Anspielungen, die ja nur unter der Voraussetzung der Bildungskenntnisse funktionieren: z. B. *„promovieren"* im Sinne von entwenden, *„Illiade"* für die Besingung einer Bierreise, schließlich die *„Musen"* für Mietpferde für Studenten.

Abb. IV.1.4: Titelseite der Erstausgabe: Kortum „Die Jobsiade" (1784)

Aus der parodierenden Verkehrung ständischer und klerikaler Werte spricht jugendliche Spottsucht und Ironisierung dominanter kulturgeschichtlicher Kontexte: Kortum gibt in Hieronymus Jobsens Examinierung zum Kandidaten der Theologie ein anschauliches Beispiel für diese Parodierung ab, als er ihn u. a. auf die Frage nach den Aposteln antworten lässt:

„Apostel nennet man große Krüge,
Darin gehet Wein und Bier zur G'nüge,
  Auf den Dörfern und sonst beim Schmaus
  Trinken die durstigen Bursche daraus."

(1794, S. 73)

1 Frühe Formen von Jugendsprachen in der Sprachgeschichte

Insofern ist aufschlußreich, dass ein weiterer wesentlicher Herkunftsbereich der historischen Studentensprache – im Kontrast zu den vorgenannten Quellen der gehobenen Stände von Bildungsbürgertum, Kirche und Adel – der Sprachgebrauch der gesellschaftlichen Randgruppe der Gauner, das Rotwelsch, bildet.

Unter entwicklungsgeschichtlichem Aspekt hat die Sondersprachforschung auf die in den Fastnachtspielen von Hans Sachs (1551) porträtierten „fahrenden Schüler" der Vagantenheere[12] als Verbindungsglied zwischen den sozialen Gruppen der Gauner und der Studenten seit dem 16. Jahrhundert verwiesen. Als spätere verwandte Quellen, deren Einflüsse der studentische Wortschatz spiegelt, werden genannt:

> „die Sprache der verwilderten Soldateska, der jüdischen Pfandleiher und Trödler, die Sprache der Bordelle und die Sprache der Kellner und Croupiers" (Meier 1894, S. 5).

Diese Übernahmen beziehen sich zumal auf die von den bürgerlichen sprachkulturellen Konventionen eher ausgegrenzten, in studentischer Lebenspraxis gleichwohl bedeutsamen Bereiche des Geldes und des Spiels (z. B. *Blech, pumpen, mogeln, stibitzen*), aber auch auf Schimpfnamen (*Kessel, nasser Prinz*) und vor allem auf den Bereich der Sexualität (*Schnalle, Kober*), der aufgrund der akademischen Vorschriften und der ständischen Moralvorstellungen[13] besonders reglementiert war. Dies wiederum macht den großen Anteil von weiblichen Geschlechtsbezeichnungen unter den Aspekten ständischer Differenzierung und Käuflichkeit plausibel.

Dass die Dokumentation dieser „niedrigen Stilschicht" der historischen Studentensprache bereits den frühen Wörterbuchverfassern Probleme bereitet hat, lässt sich am Schicksal der Kindlebenschen Schriften verfolgen, die „wegen ihres unanständigen und sittenverderbenden, pöbelhaften Inhalts", wie Burdach berichtet (1894, XXVII), 1781 konfisziert wurden und ihrem Verfasser das Consilium abeundi einbrachten. Wallis hingegen lehnt in seinem Vorwort die Verzeichnung der „schmutzigen Ausdrücke" im feinen und sittlichen Göttinger Ton aus Anstandsgründen ab, zumal:

> „eben weil ihrer eine so geringe Anzahl ist, lernt sie der Liebhaber umso leichter an Ort und Stelle." (1813)

Im Gegensatz dazu führt Augustin in seinem Vorwort die Existenz der „schmutzigen Ausdrücke":

---

12 Vgl. dazu Dolch 1858, S. 97 ff.
13 Die Universitätsgesetze untersagten den Studenten z. B. in Jena und Göttingen noch am Ende des 18. Jahrhunderts die Eheschließung unter Androhung des Verlustes ihrer akademischen Bürgerrechte.

> „z. B. vom Stehlen, Schlagen, dem Dienste der sinnlichen Wollust und ihren Folgen, vom Trinken und den Wirkungen desselben"

fast entschuldigend auf die „Zeit der Rohheit" zurück und begründet den derzeitigen Gebrauch der Begriffe bei den jungen Leuten wie folgt:

> „dergleichen Sachen frappieren im Anfange durch den Reiz der Neuheit und Ungewöhnlichkeit und werden endlich ganz zur Gewohnheit, wenn man schon ihre Schädlichkeit oder Unschicklichkeit einsieht." (1795, S. 5)

Diese Ausführungen lassen vermuten, dass – unter funktionalem Aspekt betrachtet – die Verwendung dieser anstößigen Begriffe im studentischen Sprachstil als Äußerungsform von studentischer Lebenspraxis gerade mit der Lust an Normverstößen und mit einer Opposition gegenüber den Konventionen der dominanten Sprachkultur und Lebensweise, mithin als deren Gegenspiegelung, motiviert werden kann.

Laukhard erwähnt z. B. einen von ihm verfassten und unter den Studenten verbreiteten „zotologischen" Aufsatz „Deutscher Synonyme":

> Ich machte einen Aufsatz, dem ich den Titel gab: »Deutsche Synonymen«. Da brachte ich alle mir bekannten Wörter zusammen, welche die Besoffenheit und den unflätigen Umgang mit Frauenzimmern auf deutsch bezeichnen. Das war nun so ein Stück Arbeit aus der lieben Zotologie. Ich machte den Aufsatz gemeinnützig, indem ich erlaubte, daß jeder Student, der nur wollte, ihn abschrieb; ich war sogar willens, ihn drucken zu lassen, und Herr Adelung hätte alsdann einen derben Beitrag zu seinem Wörterbuch gefunden. Herr Semler erfuhr das und koramierte mich nicht schlecht; da ließ ich denn das Ding. Aber mein Aufsatz war schon zu sehr ins Publikum, als daß er hätte unterdrückt werden können; sogar die Philister auf dem Ratskeller lasen die »Deutschen Synonymen« von Magister Laukhard und gaudierten sich höchlich über die drolligen Ausdrücke.
>
> (Laukhard 1792, S. 217 f.)

Allerdings wurde Laukhard aus Rücksicht auf seine Reputation in der theologischen Fakultät an der Drucklegung gehindert. Auch bei dem Auszug der Studenten, der ja als eine traditionelle Form des studentischen Protests gegen obrigkeitliche Regelungen anzusehen ist, berichtet Laukhard von der Gründung einer fünften „zotologischen Fakultät" und von seiner Funktion als „Professor Zotarum." (1792, S. 109 f.).

Reaktionen gegen solche Provokationen der herrschenden Gesellschaftsordnung blieben nicht aus: Die Klagen zeitgenössischer Vertreter der geistigen und gelehrten Stände über studentische Zuchtlosigkeit und den „Sittenverfall", über Spielen, Fressen, Saufen, Huren und Schlagen ziehen sich – wie bei Bauer (1926) belegt – wie ein roter Faden durch die sittengeschichtlichen Darstellungen des deutschen Studententums. Mahnende Worte werden nicht nur von Kanzel und Katheder, u. a. von Thomasius bis Gottsched, sondern auch in den elterlichen Briefen an die Studenten gerichtet, wie fast alle biographischen Zeugnisse der Zeit dokumentieren. Und auch in den Vorwörtern der historischen Wörterbücher mangelt es nicht an Ermahnungen zu Anstand und tugendhaftem Lebenswandel (Wallis 1813).

Bekanntlich versuchen dann gegen Ende des 18. Jahrhunderts obrigkeitsstaatliche Verordnungen und Erlasse solchen „Exzessen" einer Burschenfreiheit Einhalt zu gebieten. Sie reichen von „Züchtigung als väterliches Besserungsmittel" über Gefängnis und Relegation bis hin zu den Verboten der Verbindungen, woraufhin allerdings eine neue Burschenfreiheit in der politischen Reformbewegung der Gründung von Burschenschaften (Jena 1815) wieder auflebte.

Aus der Betrachtung der historischen deutschen Studentensprache lassen sich Erkenntnisse über Bildungs- und Funktionsweisen von Jugendsprachen gewinnen, die für die aktuelle linguistische Jugendsprachforschung höchst aufschlussreich sind. Unter Einbezug der Veränderungen der Gesellschaftsformen, der Familienstrukturen und der Altersrollen[14] sowie der sozialen Differenzierung der Jugendlichen selbst, wird ein historischer Vergleich zwar keine universellen Konstanten einer Jugendsprache über die gesellschaftlichen Wandlungen hinweg ergeben. Doch werden die jeweiligen historischen Ausprägungsformen der wesentlichen miteinander vermittelten Aufgaben des Jugendalters erkennbar:

- die generationsspezifische Abgrenzung gegenüber den gesellschaftlichen Konventionen der „Außenwelt",

---

[14] Vgl. dazu die historischen Darstellungen von Ariès 1975 und Gillis 1980.

- die soziale Identitätsbildung in den Binnenräumen soziokultureller Lebensstile,
- ebenso wie die historischen Erscheinungsweisen sprachlicher Heterogenität und die affirmative, ironisierende sowie oppositionelle Verarbeitung sprach- und kulturgeschichtlicher Einflüsse.

1.2 Frühe Beiträge zur Schülersprache

Zwar hat die sondersprachliche Erforschung der Studentensprache seit den 20er Jahren keine nennenswerte Fortsetzung mehr gefunden. Neben den Verlagerungen sprachwissenschaftlicher Fragestellungen und Methoden dürfte dies nicht zuletzt auf die Veränderungen des Untersuchungsgegenstandes selbst, d.h. seiner sozialen Sprechergruppe zurückgeführt werden; denn diese repräsentierte längst nicht mehr den Stand, der „so fest gefügt und nach außen so fest abgeschlossen war, wie wenig andere, [und der] außerdem so fest entschlossen war, seine gern zur Schau getragene Eigenart nach jeder Seite hin zu wahren", wie Götze (1928, S. 2) noch rückblickend feststellte.

Doch hatte schon zu Beginn des 20. Jahrhunderts eine Nebenlinie der sondersprachlichen Tradition die zeitgenössische Schüler- oder „Pennälersprache" einbezogen. Dieser wurde allerdings nicht die Gewichtung der anderen Sondersprachen beigemessen, aber doch eine „Mittlerfunktion" der Verbreitung, Festigung und teilweise auch Umdeutung von sondersprachlichen Ausdrücken zugesprochen.

1.2.1 Sondersprachliche Beobachtungen

Das einschlägige Schrifttum weist einen begrenzten Umfang auf und erweist sich theoretisch wie empirisch für aktuelle Fragestellungen nur eingeschränkt ergiebig. Die Beobachtungen stammen zumeist aus der gymnasialen Lehrerschaft und sind zum Teil pädagogisch-„herauferziehend" motiviert[15] und auf Wortschatzsammlungen aus den jeweiligen Schulen beschränkt (so Eilenberger 1910). Melzer (1928), der sich kritisch von reinen Wörterverzeichnissen der Schülersprache abgrenzen will, nimmt bereits eine sprachbiographische Perspektive ein: „Er [der Schüler] befindet sich auf dem Durchgang vom spielenden Kind zum schaffenden Mann. So finden sich in seinem Wortschatz Ausdrücke der Kindersprache

---

[15] So lautet der Titel einer kleinen Abhandlung von Steinhäuser: „Die Muttersprache im Munde des Breslauer höheren Schülers und ihre Läuterung im deutschen Unterricht" (1906).

(*Verfangnus*[16], *Eierlein*) wie der Studentensprache (*bauen, steigen, Jux*). Auch wird bereits auf regionale und soziale Abgrenzungen hingewiesen: „Kommt er vom Lande, so bringt er Mundart mit. Entstammt er unteren Volkskreisen, so ist sein Ausdruck verschieden von dem des Jungen, der aus höherem Stande kommt. Alle diese Grundbestände vermengen sich mehr oder weniger" (S. 332). Melzer zufolge wirkt sich die Schülersprache insbesondere auf drei Themenfelder aus:

- Schule (*Streberleiche, Klatschmemme*),
- Sport und Spiel (*Kulle watzen, Halla*[17]),
- sowie Mitmenschen (*Na, du altes Reff!, Jux, Fez machen, doppelknorke*).

Die theoretisch zumindest angesprochenen Differenzierungen bleiben aber für die Wortschatzsammlungen leider folgenlos.

Als Sonderthema werden übrigens auch die „Schülergeheimsprachen" (Wocke 1918) mit ihren Untergruppen der Wortverlängerung und Wortverkürzung sowie des Austauschs von Lauten und Silben vermerkt. Diese Geheimhaltungsfunktion, die die Schülersprache mit der Gaunersprache verband und die sie zugleich durch sprachspielerische Elemente erneuerte, ist übrigens im Verlauf der weiteren Entwicklung von Schülersprachen fast ganz zurückgetreten, wenn sich auch gewisse Bezüge zur heute viel berufenen „Abgrenzungsfunktion" der Jugendsprache feststellen lassen (Ohms 1957).

1.2.2 Sprachkritische Beiträge

Die Forschungstradition der Schülersprache wurde erst in den 60er und 70er Jahren wiederbelebt, und zwar insbesondere durch Erhebungen von Küpper/Küpper zur deutschen Schülersprache (1972). Mittels umfangreicher Umfragen in Hochschulen, Kasernen und Jugendgruppen erarbeitete Küpper einen Band seines Wörterbuchs der deutschen Umgangssprache zum „Jugenddeutsch" (1970), der eine vermeintlich homogene, über Altersstufen und Schultypen, soziale und regionale Herkunft streuende Jugendsprache präsentierte.

Die kleine Anzahl zeitgenössischer Betrachtungen jugendsprachlicher Ausdrucksweisen bleibt zwar weiterhin sondersprachlichen Fragestellungen verpflichtet, indem einzelne lexikalische Belege gesichtet und auf ihre sprachgeschichtliche Herkunft befragt werden. Allerdings wird der Ein-

---

[16] Nach Melzer: Fangen spielen
[17] Nach Melzer: Fußball spielen, Hallenbad

fluss dieser sondersprachlichen Entwicklung auf die Gemeinsprache nun von einem sprachpflegerischen Standpunkt aus überwiegend als bedrohliches Zeichen von sprachlicher Verwilderung schlechthin gewertet.[18]

Der Schülerwortschatz wurde von Küpper/Küpper (1973/1974) in die folgenden Bereiche untergliedert:

- Schule und Lehre: z. B. *Arschpauker, Poofstunden*
- Lernen: z. B. *pauken, fuschen, spicken, ponzen*
- Autorität: ein Phänomen, das erst in den 70er Jahren thematisiert wurde: z. B. *Autoritätsbonze, Mecker-Monster*
- Ferien- und Freizeit: z. B. *Partys, Heulbojen*
- die Gruppe: eine Kategorie mit sozialen Typisierungen und Wertungen von Jugendlichen, z. B. *dufter Kumpel, Streberleiche*
- Englisches Schülerdeutsch: z. B. *stress, homework, kumpellike, actionmäßig*.

Anhand dieser Beiträge lässt sich auch das ehemalige Verständnis von „Schülersprache" besonders deutlich rekonstruieren. Es ist im Wesentlichen durch folgende Merkmale gekennzeichnet:

- durch eine *Homogenität* der Sprachbenutzer und des Sprachgebrauchs
- sowie durch einen themengebundenen *Sonderwortschatz*, der hauptsächlich auf dem Erfahrungsbereich der Schule, sodann auch des Elternhauses und der Freizeitaktivitäten zugeschnitten ist.

Die Entwicklung der linguistischen Jugendsprachforschung seit den 80er Jahren des 20. Jahrhunderts hat entscheidende innovative Veränderungen auch für die Erforschung der Schülersprache mit sich gebracht:[19]

- das linguistische Spektrum wurde von der Wortschatzebene auf weitere Sprachebenen, Handlungsmuster und Textsorten ausgeweitet,
- die Themengebundenheit auf den zentralen Erfahrungsraum Schule wurde aufgehoben,
- und die Homogenitätsannahme wurde durch das Postulat der Heterogenität jugendsprachlicher Erscheinungsweisen ersetzt.

Der Terminus Schülersprache ist zwar heute kaum mehr gebräuchlich, doch kann man diese in dem mehrdimensionalen Klassifikationsmodell

---

[18] Vgl. dazu Kap. II.2.3: Sprachkritische Traditionen in der Nachkriegszeit sowie die folgenden Einzeldarstellungen im Kap. IV.2.
[19] Vgl. dazu Kap. IV.3.1.2.: Deutsche Schülersprache: Zum Sprachgebrauch der „Normalos".

der Jugendsprache (Neuland 2006)[20] als Sprachgebrauch von Jugendlichen im Schulalter gegenüber dem Sprachgebrauch von Lehrlingen, jungen Arbeitern und Angestellten oder auch von Studierenden unterscheiden. Grundschüler sind jedoch als noch Nicht-Jugendliche davon auszunehmen. Innerhalb dieser Klassifikationsdimensionen lässt sich die Heterogenität durch Faktoren wie Alter, Geschlecht, Bildungsgang, soziale und regionale Herkunft, Subkultur- und Gruppenzugehörigkeit, aber auch Mediennutzung noch weiter soziolinguistisch differenzieren.

1.3 Forschungsdesiderate

Die frühen Beiträge zur Schülersprache sowie zur Jugendsprache allgemein weisen von ca. 1930 bis ca. 1960 eine Forschungslücke von fast dreißig Jahren auf. Beginnend mit der Weimarer Republik wurden unter der Vorherrschaft des Nationalsozialismus und während der Dauer des Zweiten Weltkriegs bis zur Wiederaufnahme des normalen Universitätsbetriebs viele Forschungstraditionen in Deutschland unterbrochen, so auch die psychologische Tradition der Sprachentwicklungsforschung und die philologische Tradition der Sondersprachforschung.

Die Forschungsdesiderate in der Geschichte der Jugendsprachen in Deutschland sind beträchtlich: Aus der Perspektive der soziolinguistischen Jugendsprachforschung stellt sich dabei die soziale Differenzierung des Sprachgebrauchs bürgerlicher wie nicht-bürgerlicher Jugendlicher als besonders notwendig heraus, wobei auch die Differenzierung der Schulformen bzw. der Bildungsgänge einzubeziehen wäre. Im Folgenden seien nur einige Bereiche aufgezählt:

- Formen der Schuljugend:
  Bisherige Beobachtungen können durch weitere Analysen historischer Dokumente (z. B. Schulaufsätze, Versammlungsprotokolle, Schulberichte, pädagogisches Schrifttum) ergänzt und vertieft und auf mögliche Differenzierungen zwischen der bürgerlichen Gymnasialjugend und den Volksschülern aus den unteren Gesellschaftsschichten überprüft werden.
- Geschlechtstypische Sozialisationsgestalten:
  Anknüpfend an die sprachpsychologische Tradition[21] kann der Sprachgebrauch verschiedener und v. a. genderbezogener Jugendtypen he-

---

[20] Vgl. Kap. III.1.2.2 (S. 61).
[21] Vgl. Kap. II.2.2, v. a. die auf Tagebuchanalysen beruhenden Darstellungen von Ch. Bühler (1934).

rausgearbeitet werden. Dazu bieten sich z. B. Dokumente privater Schreibpraxis v. a. in Tagebüchern als Quellen an, daneben auch die Anstandslehren für „höhere Töchter". Besonders aufschlussreich erscheint in diesem Zusammenhang die sog. „Backfischsprache" als eine spezifische Ausdrucksweise bürgerlicher Mädchen, in der sich gendertypische (z. B. schwärmerischer Umgang mit Gefühlen) und standestypische (z. B. gehobener, z. T. akademischer Stil) jugendsprachliche Merkmale aufzeigen lassen[22].

Abb. IV.1.5:   Backfische um 1919

- Formelle und informelle Jugendgruppen:
  Weitere Forschungsdesiderate betreffen verschiedene Organisationsformen der Jugend in der damaligen Zeit der „Entdeckung des Jugendalters".[23] Erste Beobachtungen zur Sprache der zu Beginn des 20. Jahrhunderts ins Leben gerufenen, überwiegend bildungsbürgerlichen „Wandervogelbewegung" der Gymnasialjugendlichen stammen von Henne (1981)[24]. Aus historischen Dokumenten lassen sich z. B. organisationstypische Anredeformen und Regularien der gemeinsamen Unternehmungen sowie spezifische Wortfelder für Fahrten, Natur und Musik rekonstruieren.

---

[22] Eine erste Analyse wurde von Linke 1998 vorgelegt.
[23] Vgl. dazu Gillis 1980, S. 155 ff.
[24] Zur Sprache der bündischen Jugend vgl. Casper-Hehne 1989.

1 Frühe Formen von Jugendsprachen in der Sprachgeschichte

Abb. IV.1.6: Wandervögel um 1913

Wie die historische Jugendforschung aufzeigt, unterscheiden sich die Organisationsformen bürgerlicher und von privilegierter Bildung und Freistellung von Arbeit ausgeschlossener proletarischer Jugendlicher beträchtlich. Archive sozialistischer Jugendorganisationen können auf Dokumentationen sprachlicher Ausdrucksweisen von Jugendlichen proletarischer Herkunft befragt werden, um die bedauerlicherweise immer noch eklatante Unkenntnis der Ausdrucksweisen von Jugendlichen aus unteren Gesellschaftsschichten zu verringern.

Abb. IV.1.7: Demonstration kommunistischer Kindergruppen 1925

Dies sind nur einige der Forschungsdesiderate in der Geschichte der deutschen Jugendsprachen, für die sich vor allem das Problem der schwierigen Datenlage stellt. Der Rückgriff auf schriftliche Dokumente kann für diese Zeit kaum mehr durch sprachbiographische Interviews ergänzt werden, eher durch Recherchen in Presse- und Rundfunkarchiven.

In gewisser Weise stellt sich das Datenproblem auch für die folgenden Entwicklungsphasen der Jugendsprachen in der jüngeren Sprachgeschichte nach 1945.

2 Jugendsprachen in der jüngeren Sprachgeschichte nach 1945

Für die Skizzierung der folgenden Entwicklungsetappen deutscher Jugendsprachen kann auch nur in begrenztem Umfang auf Original-Äußerungen Jugendlicher zurückgegriffen werden. Auch aus zeitgenössischen Medienberichten sind Anhaltspunkte für Äußerungsformen von Jugendlichen zu gewinnen, die allerdings in der Regel eine Außensicht auf die Jugendlichen wiedergeben. Von daher nehmen die folgenden eher skizzenhaften Ausführungen ihren Ausgangspunkt vom jeweiligen gesellschaftlich-historischen Kontext, in dem sich Jugendliche und Jugendbewegungen als „Spiegel der Zeit" positionieren und artikulieren. Nur ansatzweise kann die Geschichte der Jugendbewegungen miteinbezogen[25] und auf den Zusammenhang zwischen Generationsgestalten[26] und ihren sprachlichen Ausdrucksformen verwiesen werden.

2.1 Jugendliche in der Nachkriegszeit: Halbstarke und „Halbstarken-Chinesisch"

Die sogenannten Halbstarken verkörperten eine erste Jugendbewegung im Nachkriegsdeutschland. Der Begriff „Jugendbewegung" ist allerdings hier nur in einem sehr zurückhaltenden Sinne zu gebrauchen, denn anstelle einer expliziten gemeinsamen Programmatik lassen sich eher symptomatische Verhaltensweisen und Ausdrucksformen feststellen, die gleichwohl eine implizite gemeinsame Bedeutung trugen.

Die zumeist spontane und situationsbezogene Auflehnung gegen die gesellschaftlichen Konventionen der Erwachsenenwelt bildet einen Bestandteil von Jugendbewegungen, die nationale Grenzen und gesellschaftliche Entwicklungen der Nachkriegszeit überschritten. Der Ausdruck *Halbstarker*

---

[25] Vgl. dazu die weiterführenden Darstellungen v. a. Gillis 1980, Ariès 1975.
[26] Vgl. dazu Fischer-Kowalski 1983.

ersetzte das seit Mitte des 19. Jahrhunderts belegte Wort *Rowdy* und wurde zur Bezeichnung für die randalierende, „halbwüchsige, halberwachsene" Jugend schlechthin. Halbstarke beschrieb der Psychologe Curt Bondy in seiner Untersuchung „Jugendliche stören die Ordnung" von 1957 wie folgt:

> „Halbstarke sind alle Jugendlichen, die in größeren oder kleineren Gruppen an Straßenecken, auf Spielplätzen oder in Lokalen müßig und laut albernd herumstehen und dabei auch einen Vorübergehenden, insbesondere junge Mädchen, mit Worten oder auch tätlich belästigen."[27]

Abb. IV.2.1: Halbstarke mit Motorrädern

Die Halbstarken waren bereits durch einen gewissen äußeren Habitus gekennzeichnet, der sich durch Frisuren (*Entenschwanz*), saloppe Kleidung (*Lederjacken, Jeans* bzw. *Nietenhosen*), lässige Gestik und Körperhaltung von der normalen bürgerlichen Erscheinungsweise und den konventionellen Anstandsformen unterschied. Als neue Formen der Freizeitgestaltung galten amerikanische Unterhaltungsmusik, Motorradfahrten, und insbesondere der gemeinsame Besuch von Veranstaltungen wie Konzerte und

---

[27] Bondy/Braden 1957, S. 24.

Filme, an die sich oft jene berühmt-berüchtigten „Krawalle" angeschlossen haben. Vor allem die Begeisterung der Jugendlichen für die Rock- und Jazzmusik war für viele Erwachsene ein Stein des Anstoßes und wurde als Aufruf zu Krach und Krawall verstanden. Solche Kritik äußerte sich dann in Neubildungen wie *wildes Amigeheul* und *primitive Negermusik* auf Seiten der Vertreter bürgerlicher Ordnung.

Die Wahl spezifischer Territorien, besonders öffentlicher Straßenräume, und die Gestaltung von Handlungsräumen außerhalb der gegebenen Institutionen, die Bevorzugung von Musikstilen (v. a. Rock'n Roll) und Kultfilmen und die Bewunderung ihrer Stars als Identifikationsfiguren (u. a. James Dean), die Kultivierung eines spezifischen Erscheinungsbildes – all dies sind wesentliche Momente, aufgrund derer die Halbstarkenbewegung als Vorläufer in der Entwicklung von späteren Jugendbewegungen und Jugendkulturen gelten kann. Bemerkenswert ist auch damals schon die Rolle der Massenmedien, deren Berichterstattung bereits im wesentlichen Maße zur Identifikation, dann aber auch zur Kriminalisierung dieser Bewegung beitrug.

Besonders auffallend ist, dass der Anteil der Sprache an der kulturellen Symbolik der Halbstarken noch weitgehend unbekannt ist. Ausführliche sprachliche Belege der sogenannten Halbstarken selbst sind kaum vorhanden oder gar systematisch erforscht worden. Einige Hinweise verdanken wir Ohms' Bemerkungen „Zur Geheimsprache unserer Jugend" von 1957, und zwar zu Wertungsausdrücken wie z.B. *pfundig, wuchtig, mords-* (posititive Wertung) sowie „Schelt- und Drohreden": *trübe Tasse, Gewitterziege, zweibeiniger Ascheneimer.* Mit dem Urteil eines „puerilen Hangs zum Clubgeist" werden implizit die sprachlich wie sozial separierenden Funktionen der Bildung von Gruppen Altersgleicher kritisiert.

Erhalten sind weiterhin die sprachpflegerischen Stimmen aus der Außensicht von Journalisten und vereinzelten Sprachwissenschaftlern der damaligen Zeit. In diesen Beobachtungen wird die Verwendung einzelner Ausdrücke der damaligen Jugendlichen kritisiert. Dies demonstriert die Auswahl der drei Verben: *gammeln* (norddeutsch: nichts tun), *hotten* (englisch: heißes Tanzen), *stenzen* (rotwelsch: schlagen/stehlen, später: Stenz als Müßiggänger/Stutzer) im Titel eines Beitrags von Jochimsen 1953.

Bereits die Auswahl dieser Begriffe ist höchst aufschlussreich im Spannungsverhältnis der Generationen der Nachkriegszeit: planloses Nichtstun, nichts mit sich anzufangen Wissen, Vergnügungssucht, rauschhaftes Tanzen, Schreien und Gegenstände Schwingen mussten aus der Sicht des damaligen Zeitgeistes als gefährlich stigmatisiert werden. Weitere Negativbeispiele einer „sprachlichen Verwilderung" beziehen sich auf Bezeichnungen für Mädchen und junge Frauen wie *die Ische* (jiddisch: Frau), *die Brumme* (engl. Slangausdruck: unecht, wertlos), *der steile Zahn*:

> „Um es kurz zu machen: alle drei Wörter bezeichnen jene Gruppe weiblicher Wesen, die man heutzutage mit der albernen Vokabel ,teenager' zu behängen pflegt, sofern man sich als ,moderner Mensch' betrachtet. Insbesondere aber benennt der Halbstarke seine Freundin mit einem der angeführten Ausdrücke. [...] Häßlich ist nur, daß der Ausdruck, der sich ehemals streng auf Ganovenkreise beschränkte, nun über die Halbstarken bereits pressefähig geworden ist."
>
> (Wolf 1959, S. 165)

Abb. IV.2.2: Halbstarke mit Zigaretten

Das „Halbstarken-Chinesisch" wird kritisiert als Ausdruck von die bürgerlichen Moralvorstellungen bedrohenden Lebenshaltungen, „für die Sinnlichkeit, Ungeistigkeit und primitiven Lebensgenuß Trumpf sind, in der Flirt, Geschlechtsverkehr und Raufboldentum – kurz: das, was der einfache Mann von der Straße ,halbstark' nennt, vorherrschen."[28] Eine solche Sprachkritik leitet ihre Beurteilungsmaßstäbe von dem sozialen Wertungssystem der deutschen Nachkriegsgesellschaft, der sog. „Adenauer-Ära" ab,

---

[28] Küpper 1961, S. 187 f.

in der Prüderie und vordergründige Anpassung, Fleiß, Strebsamkeit und Aufbauwillen wesentliche Koordinaten bildeten.[29]

Joachim Stave erweitert in seinen „Betrachtungen über 15 Jahre Deutsch in der Bundesrepublik"[30] die Kritik an der zeitgenössischen Ausprägung des Spannungsverhältnisses von „Sprache, Jugend und Gesellschaft," indem er den Jugendlichen „Mißachtung von Autorität, Nihilismus und Staatsfeindlichkeit" vorhält und sie für den tiefen Bruch zur Erwachsenenwelt und „Zivilisationsgesellschaft" verantwortlich macht.[31] Überdies weist er auf den bedrohlichen Einfluss der damaligen Jugendsprache auf die Gemeinsprache hin:

> „Vor allem die Jugend ist völlig unbedenklich darin, nur noch so zu sprechen und zu schreiben, wie ihr ‚der Schnabel gewachsen ist'. Das wird auf die Umgangssprache der nächsten Generation nicht ohne Folge bleiben. [...] Schließlich wird diese Entwicklung noch dadurch gefördert, daß die Jugend kein Verständnis mehr für die Auffassung von der Sprache als eine ‚dem heiligsten Gut der Nation' hat. Verantwortung vor der Sprache ist ihr fremd. Für sie ist die Sprache kein Kulturwert mehr, sondern ein Konsumgut, dessen man sich unbefangen bedient."
>
> (Stave 1960, S. 11)

2.2 Jugendliche in den 60er Jahren: Teenager und „Teenager-Jargon"

Die damaligen sprachpflegerischen Beobachtungen unterschieden nicht trennscharf zwischen der Sprache der Halbstarken und der sogenannten Teens und Twens. Zeitlich schließt sich diese Bewegung der der Halbstarken an, die in einer eher kurzen Spanne von 1955 bis 1960 datiert werden kann. Der jugendkulturelle Hintergrund wandelt sich hingegen in den 60er Jahren ganz entschieden, und zwar insbesondere unter dem Einfluss der Medien und der Wirtschaft, die mit der Entdeckung einer neuen Verbraucherschicht zu einer Vermarktung und Kommerzialisierung des Teenager- und Twenstils beitrug. Namentlich bezieht sich dies auf die bekannte Zeitschrift *Twen* (ab 1959), die den von der Bekleidungsindustrie kreierten Gattungsbegriff für die „20jährigen zwischen 15 und 30 aufgriff."[32]

---

[29] Vgl. dazu die kulturgeschichtlichen Darstellungen bei Grube/Richter 1981, Glaser 1986, Siepmann 1983 und 1986 sowie Kraushaar 1996 und 1998.
[30] Stave 1964.
[31] Vgl. dazu Kap. II.2.3: Sprachpflegerische Traditionen in der Nachkriegszeit.
[32] So in *Twen* 1, 1959, S. 3.

Auch dieser Zeitschrift und dem damit verbundenen Stil hat Stave einige seiner Betrachtungen gewidmet:

Abb. IV.2.3: Titelbild Twen 4/1966

„Am Anfang dieser Wortentwicklung steht der amerikanische Ausdruck Teenager, mit dem seit einigen Jahren die jungen Mädchen zwischen 12 und 16 etwa bezeichnet werden. Abgekürzt heißen sie auch Teens. Die Freunde und Liebhaber der deutschen Sprache sind entsetzt darüber, dass der Backfisch vom Teenager verdrängt worden ist. Aber – zwei Ausdrücke, zwei Welten: Dort die im Schatten ihrer Mütter heranwachsenden Mädchen bürgerlicher Herkunft, die ‚höheren Töchter', die ihre ersten und sicheren Schritte ins gesellschaftliche Leben traten, hier die von einem unangreifbaren Selbstgefühl erfüllten Mädchen, die so etwas wie eine eigene Gesellschaft bilden."

(Stave 1964, S. 221)

Immerhin gab es zu Anfang der 60er Jahre die ersten Wörterbücher zur Sprache der Teenager und Twens; und zwar erschien 1960 „Steiler Zahn und Zickendraht" (ohne Verfasserangabe) und 1962 von Welter „Die Sprache der Teenager und Twens". Welter gibt seiner in der „Schriftenreihe zur Jugendnot" herausgegebenen Sammlung im Vorwort sogleich seine eigene soziale Wertung mit:

> „Es kann nicht übersehen werden, dass die Jugendsprache gesunken ist, sich in soziale Niederungen begeben hat, brutaler, schnoddriger und z. T. makabrer geworden ist. Krass ist die Ablehnung alles Konservativen wie jeder Konvention, wohl auch aller ethischen Werte. Deutlich der Widerspruch gegen die erwachsene Welt."
>
> (Welter 1962, S. 9)

Abb. IV.2.4: Wörterbuch: Die Sprache der Teenager und Twens 1962.

Der Reihenherausgeber Hesse hatte zuvor schon „eine tiefe Jugendnot" hinter diesem jugendtypischen Wortschatz diagnostiziert, in den „Wörter aus der Ganovensprache und aus den Slums" sowie „aus der Muttersprache der Besatzungsmächte" Eingang gefunden hätten.

Die Einzelbelege in den Wörterbüchern sind bereits von den zeitgenössischen Betrachtern nach bestimmten Gesichtspunkten zusammengefasst worden, so z. B. positive (*bombig, dufte, schau, toff*) und negative Wertungen (*bescheuert, stumpf, trübe, zickig*), sympathische bzw. unsympathische Mädchen und Jungen, Kleidung (*Nietenhosen, Röhren, Petticoats*) und Freizeitbeschäftigungen, Eltern (*alte Säcke, Antike*) und Erzieher (*Pauker, Steißtrommler*).

Systematische Beobachtungen zum Twen-Deutsch stammen von Marcus (1962). Seine Wortsammlung von Ausdrücken Berliner Jugendlicher wird nach inhaltlichen Kategorien aufgegliedert, darunter:

- Jugendtypen: Jungen, z. B. *Hahn, Schmachthahn, Unhahn, halbes Hemd, Himbeer-Heini, Saftneger, Weichmann, Zickendraht*
  Mädchen: *halbe Bluse, Brieze, (Wucht)Brumme, Edelschaffe, Ische, stumpfe Schramme, dufter/steiler Zahn*
- Umwelt: Elternhaus, z. B. *Regierung*
  Gasthaus, z. B. *Gammeltimpe*
- Auftreten: *Ankratz haben, auf Anschaffe gehen*
- Unterhaltung und Vergnügen (Musik/Motorsport/Tanz/Kino):
  einen duften Darm zupfen, eine saure Kanne blasen, Linoleum schubbern.

Als allgemeinere Kennzeichen des sogenannten Twen-Deutsch nennt Marcus Metaphernbildung, Umdeutungen (z. B. semantische Veränderungen wie *spitze* für ausgezeichnet, *straff* für heiß, *stumpf* für schlecht und unbedeutend), sodann Neologismen (z. B. *Lulle* für Zigarette, *Wumme* für Mädchen), Bildung von Verben aus Substantiven (z. B. *sich beölen, sülzen*) oder auch von Substantiven aus Verben (*auf Anschaffe gehen, die Anschmeiße bringen*) sowie schließlich Anglizismen. Aber auch Humor und Selbstironie werden von Marcus bemerkt (*Flimmerkasten* für Fernseher, *Illusionsbunker* für Kino, *Schlaglochsucher* für Kleinwagen).[33]

In der Öffentlichkeit wurde die Sprache der Teenager und Twens zwar als eine kritikwürdige Erscheinung wahrgenommen, die der damaligen bürgerlichen Ausdrucksweise widersprach. So wurden Tanzschüler nach einem Bericht im Hamburger Abendblatt von 1968 vor Begriffen gewarnt, die „Nachwuchskavaliere nur mit Zurückhaltung anwenden sollten."[34]

> „Der Tanz in seiner Gesamtheit sollte nicht ‚Fußwärmer', ‚Schwof', ‚Kleistertanz', ‚Sohlenmörder', ‚Nabelreiber', ‚Nahkampf' [...] oder gar ‚Überhebe' genannt werden. Tanzschüler sollten vermeiden, ‚eine kesse Sohle zu drehen', ‚das Parkett zu kratzen', ‚eine wüste Sense über das Parkett zu hauen' oder ‚das Tanzbein auf die Anschleiche zu bringen'. Ein junges Mädchen sollte ihren Partner nicht ‚Dielenschleicher' nennen, und dieser umgekehrt nicht zu seinem ‚Schmaltier', ‚Tanzstundengerät' oder gar ‚Nahkampfbiene' sagen. Der Abtanzball ist kein ‚Lämmerhüpfen' und schon gar nicht eine ‚Zickenverlade'.
>
> (Hamburger Abendblatt, 23.11.1968)

---

[33] Vgl. dazu auch Pape 1970.
[34] Nachweis nach Hahn 1995.

Doch wurde die Sprache der Teenager und Twens schließlich durchaus nicht so heftig angegriffen, die Jugendlichen selbst nicht so stark marginalisiert wie die „Halbstarken" zuvor. Dies mag daran liegen, dass die gesellschaftlichen Widersprüche in der Phase der „Wohlstandsgesellschaft" und des „Wirtschaftswunders" der 60er Jahre durch die Möglichkeit von Konsum und Genuss bereits abgemildert waren. Der stärker konsumorientierte Lebensstil der Teenager und Twens und seine Vereinnahmung durch Freizeitmarkt und Warenangebot der Konsumindustrie führte zu einer Entschärfung und Transformation des rebellischen und gesellschaftskritischen Kerns von Jugendsubkultur, was sich vornehmlich auch in den verharmlosenden Songtexten und Filmen der damaligen jugendlichen Schlager- und Filmstars wie „Conny und Peter" zeigte.

Abb. IV.2.5: Conny Froboess und Peter Kraus

2.3 Antiautoritäre Studentenbewegung und „APO-Sprache"

Dies änderte sich entschieden mit der Entwicklung der Studentenbewegung und der Außerparlamentarischen Opposition am Ende der 60er und in den 70er Jahren. Das Merkmal der immer noch relativ unstrukturierten Opposition gegen die bürgerlichen Konventionen der Erwachsenenwelt und der Rebellion gegen überkommene Autoritätsstrukturen teilt die Studentenbewegung der späten 60er Jahre mit dem Halbstarkentum der 50er Jahre. Doch wird diese Opposition hier erstmals auch sprachlich explizit gemacht, z. B. durch Begriffe wie *Establishment, autoritäre Scheißer,* sprachreflexiv sowie wissenschaftssprachlich ausgebaut und zu argumentativ begründeten Modellen von Gesellschaftskritik und Gesellschaftsveränderung theoretisch weiterentwickelt.

Soziologische und sozialisationsgeschichtliche Beiträge verweisen auf gewisse Analogien zwischen den „Protestgenerationen" der Halbstarken und der „68er-Generation" einerseits[35] sowie auf den konsumorientierten Teenagertyp und den späteren Disko-Jugendlichen andererseits.

Bemerkenswerterweise wird die sogenannte „APO-Sprache" sprachgeschichtlich[36] eher als Beispiel einer politischen Sprache, nicht aber als Beispiel einer Jugendsprache klassifiziert. Dabei schließen sich beide Betrachtungsweisen durchaus nicht aus, wenn ein offener Jugendbegriff zugrundegelegt wird, der die soziale Entwicklungsphase der Postadoleszenz einbezieht. Der britische Jugendforscher John Gillis führt am Ende seiner historischen Darstellung zur Geschichte der Jugend die Postadoleszenz als besonderes Kennzeichen der Jugendbewegungen nach den 60er Jahren auf.[37] In komplexen industriellen Kulturen sind die Studenten der Prototyp dieser neuen Altersrolle zwischen Kindheit, Jugend im engeren Sinne und dem Erwachsenenalter. Aus der Sicht der Studentenbewegung überlagert allerdings der soziale Konflikt zwischen den sozialen Schichten und Klassen innerhalb der Gesellschaft den Alterskonflikt zwischen den verschiedenen Generationen, der in den früheren Jugendbewegungen eine so entscheidende Rolle gespielt hatte.

Die Studenten- und die flankierenden Schülerbewegungen, die auch zur Bezeichnung der APO als „Jugendrevolte" führten, bildeten neue Ausdrucksformen des Protests mit entsprechendem, textsortenspezifischem Sprachgebrauch.[38] Dazu gehören Demonstrationen mit rhythmisch gerufenen (z. B. *Solidarisieren – Mitmarschieren!*) und auf Spruchbändern aufgeschriebenen Parolen (z. B. *Unter den Talaren – der Muff von tausend Jahren*), Flugblätter mit kurzen appellativen Texten (z. B. *Unterdrückte aller Länder – vereinigt euch!*), „Teach-Ins" mit in der Regel längeren informativen und argumentativen Redebeiträgen.

---

[35] Vgl. dazu Fischer-Kowalski 1983 sowie Breyvogel 2003.
[36] Erste Beobachtungen lieferte Jäger bereits 1970.
[37] Gillis 1980, S. 206 ff.
[38] Vgl. dazu die Dokumentationen und Analysen in Klimke/Scharloth 2007.

Abb. IV.2.6: Studentendemonstration (m. E. Fried, G. Salvatore, R. Dutschke)

Wie zeitgenössische Textdokumente[39] belegen, ist der studentische Sprachstil in Schrift und Rede hoch komplex, geschult an der Lektüre und kritischen Auseinandersetzung mit Texten des Marxismus-Leninismus und der kritischen Theorie. Dies schlug sich nieder in der Verwendung eines entsprechenden Fachvokabulars sozialwissenschaftlicher (z. B. *Autorität, Manipulation, Repression*) und marxistischer Begriffe (z. B. *Kapitalismus, Entfremdung, Mehrwert*). Neue sprachliche Ausdrucksformen und Wortbildungen wurden für neue Verhaltensweisen geschaffen: z. B. *Hinterfragen, Unterwandern, Umfunktionieren, Decouvrieren bürgerlicher Charaktermasken*. Kennzeichnend sind auch die festen Wendungen: *herrschaftsfreier Raum, subversive Aktionen, Potential antiautoritärer Kräfte*.

Der studentische Sprachgebrauch war in besonderer Weise ein Mittel der Agitation und der Kritik am vorherrschenden Sprachgebrauch und an der dominanten Sprachpolitik. Im Rückgriff auf die Sprachkritik Marcuses, der gegen die „Sprache des eindimensionalen Denkens" und die Sprache als „Mittel repressiver Systemintegration"[40] argumentiert hatte, wurden begriffliche Differenzierungen entscheidend (z. B. *Gewalt gegen Sachen* versus *Gewalt gegen Personen*) und Umdeutungen theoretisch untermauert (z. B. *Obszönität*) als sexual-moralische und als politisch-ethische Kategorie. Erstmals wurde auch die bewusstseinsbildende Wirkung begrifflicher

---

[39] Vgl. dazu z. B. die Dokumentation von Brunotte 1973 die von Wolff/Windaus 1977 herausgegebenen Protokolle und Materialien der Studentenbewegung 1967–69 sowie die Dokumentation von Miermeister/Staadt 1980.
[40] Marcuse 1967, S. 103 ff.; vgl. dazu auch Kopperschmidt 2000.

Unterscheidungen genutzt (z. B. *Vietnam-Konflikt* vs. *Bürgerkrieg*), auf deutsche Verhältnisse übertragen (z. B. *Kriegsdienst* vs. *Wehrdienst*) und im Sinne gesellschaftlicher Aufklärungsarbeit eingesetzt.

Das „Revolutionslexikon", 1968 als Handbuch der außerparlamentarischen Opposition von Peter Weigt herausgegeben, erläutert einige dieser Zentralbegriffe der damaligen Zeit, neben *Revolution, Repression* und *Reaktion* auch *Pressekonzentration, Verfassungsschutz* und *Widerstandsrecht*. Ein kleiner roter Schülerduden (1970) wurde für die korrespondierenden Schülerbewegungen entwickelt („*Alle Erwachsenen sind Papiertiger!*", S. 14).

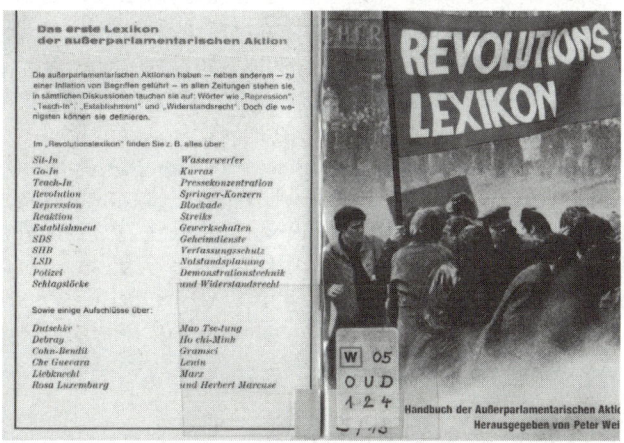

Abb. IV.2.7: Titelbild Revolutionslexikon von Weigt 1968

Als weiteres herausragendes Merkmal der damaligen Studentensprache gilt die Verwendung von Anglizismen z. B. *Hearing, Happening*, überdies das Bildungsmuster von: Verb + Präpositionen, wie z. B. *Teach-in, Sit-in, Go-in*. Hier spiegelt sich sprachlich wider, was auf der politischen Ebene an Handlungsweisen aus der amerikanischen Bürgerrechts- und Studentenbewegung von den westeuropäischen Bewegungen übernommen wurde. Kreativität und Selbstironie erwiesen sich auch als Stilmerkmale der damaligen Studentensprache, wie sich am Beispiel der Übertragung des Bezeichnungsmusters Verb + Präpositionen auf weitere Bereiche der kritischen Auseinandersetzung mit damals vorherrschenden Wertevorstellungen zeigen lässt: das *Love-in* war eine Form des Protests, die das herkömmliche bürgerliche Sexualverhalten kritisieren und auch provozieren sollte.

Sprachspiel und Selbstironie zeigen insbesondere aber auch die vielen damals geprägten Sprüche auf: z. B. *Make love not war, make love not babies,*

Wer zweimal mit demselben pennt, gehört schon zum Establishment. Und nicht zuletzt: *Alle Professoren sind Papiertiger!*

Aus der Außenperspektive der sprachkritischen Reaktionen in der Öffentlichkeit, der Presse, aber auch der wissenschaftlichen Sprachkritik wurde neben der Überfrachtung mit Fachvokabular und Wissenschaftsjargon *(„adorniertes Marcusisch")* insbesondere die „*-in-Epidemie*" als eine gefährliche Sprachkrankheit gegeißelt. „Große und kleine Sprachpfleger" wurden, so z. B. in mehreren Heften der Zeitschrift „Der Sprachdienst" des Jahrgangs 1968, um einen treffenden deutschen Ausdruck für das *Hearing* gebeten. Aber auch das *Establishment* stößt auf den Unwillen der deutschen Sprachfreunde. Mit wissenschaftlichem Anspruch wurde in der Zeitschrift „Muttersprache" 1972 die „Analyse eines Schlagwortes" am Beispiel von *antiautoritär* präsentiert, hinter dem der Verfasser „die Kampfansage an die echte, in sich begründete Autorität" vermutet.[41]

Was schließlich das Verhältnis von „APO-Sprache" und Gemeinsprache anbetrifft, so war es gerade der hochkomplexe, akademisch geschulte Sprachstil der Studierenden, der in der damaligen Zeit die Verständigung zwischen ihnen und anderen Bevölkerungsgruppen, auch Jugendlichen mit anderer Bildungsgeschichte, entgegen der Intention der Studentenbewegung verhindert hat. Die Studentenbewegung blieb bekanntlich eine Studentenbewegung.

Abb. IV.2.8: Barrieren zwischen Studenten und Arbeitern

---

[41] So Schilling 1972, S. 148.

Andererseits zeigt sich, dass viele einzelne Ausdrücke der damaligen Studentensprache in den gemeinsprachlichen Gebrauch eingegangen sind. Auch wird die These vertreten, dass sich darüber hinaus das öffentliche Sprachbewusstsein durch die damalige studentische Sprachkritik, speziell im Bereich der Politik, erweitert hat und das Jahr 1968 eine Zäsur in der jüngeren Sprachgeschichte darstellt.[42] Zumal im Bereich der Politik hatte sich insbesondere die Erkenntnis von der Wirkungsmächtigkeit von Bezeichnungen durchgesetzt: Die Auseinandersetzung um den „linken Jargon" wurde auf der Ebene parteipolitischen Sprachgebrauchs und parteipolitischer Sprachkritik weitergeführt,[43] die gegen die „rote Semantik" der APO, dann aber auch des Reformvokabulars der sozial-liberalen „Ära Brandt" polemisierten und zur „Gegenbesetzung" von Begriffen aufriefen.

Vertreter der Studentenbewegung wurden damals als *Politagitatoren, Revoluzzer, Umstürzler, Radikalinskis* und *Systemverweigerer* bezeichnet und schließlich mit gesellschaftlichen Ausgrenzungsverfahren (Berufsverbote) verfolgt. Schließlich soll nicht unerwähnt bleiben, dass auch der Sprachgebrauch der antiautoritären Studentenbewegung nicht in sich homogen war. Vielmehr entwickelten sich unterschiedliche „linke" Szenen mit parteipolitischen, kirchlichen, sozialen und internationalen Orientierungen bis hin zu den „umherschweifenden Haschrebellen", in denen nicht nur Studenten agierten.

2.4 Studentischer Sprachgebrauch in den 80er Jahren: Sponti-Bewegung und „Betroffenheits-Jargon"

In dem sich zunehmend differenzierenden Spektrum von Jugendszenen kommt der Sponti-Bewegung eine Übergangsfunktion zwischen der Studentenbewegung und den Jugendrevolten der 80er Jahre zu.[44] Vertreter dieser Bewegung sahen in den Bedürfnissen und Gefühlen der Handelnden selbst einen wichtigen Bestandteil der politischen Diskussionen und Aktionen. Betroffenheit sollte zur Voraussetzung und Grundlage für politisches Handeln werden, ebenso die Forderung, sich als Subjekte in einen politischen Prozess einbringen zu können. Sozialisationstheoretische Analysen verweisen auf die Entwicklung eines „neuen" Sozialisationstyps.[45]

---

[42] So Wengeler 1995, S. 384.
[43] Vgl. dazu die in Heringer 1982 dokumentierten einschlägigen Beiträge.
[44] Vgl. dazu auch Schütte 1980.
[45] Vgl. dazu Ziehe 1977.

Entsprechend veränderte sich auch der Sprachgebrauch, der stark auf das eigene Subjekt und die eigene Befindlichkeit abhob. Erste kritische Beobachtungen zu diesem Sprachstil stammen aus dem Jahr 1978,[46] sodann folgt sprachwissenschaftliche Betrachtungen in linguistischen Fachzeitschriften. Die Sponti-Sprache stellt mithin ein erstes Gegenstandsfeld einer linguistisch orientierten Jugendsprachforschung dar, von der wir ab 1980 sprechen können.

Es ist auffällig, dass im Unterschied zur Sprache der Studentenbewegung der Sprachgebrauch der Spontis sehr viel stärker alltagssprachlich gestaltet ist und weitgehend auf wissenschaftssprachliche Terminologie verzichtet. Emotionalität wird als wesentlicher Grundzug dieses Sprachgebrauchs bestimmt; anstelle rationaler Argumentation tritt der Aufweis psychischer Betroffenheit:

> „Immer wieder kommen diese Situationen auf mich zu, ich lass mich in sie hineinfallen, manchmal fahre ich selbst darauf ab, meist recht unsicher, kann mich aber irgendwie noch positiv einbringen."

Abb. IV.2.9: Alternativmilieu

---
[46] Stubenrauch 1978.
[47] Vgl. Behrendt/Galonske 1982; fiktive Rede, Zitat nach Schleuning 1980.

2 Jugendsprachen in der jüngeren Sprachgeschichte nach 1945

Im Gegensatz zur „Sprache aus dem Kopf" der „APO-Opas und -Omas" als Medien kritischer Aufklärung und politischer Agitation wird die „Sprache aus dem Bauch" des sog. „neuen Sozialisationstyps" als Ausdruck von Selbstbefindlichkeit und Emotionalität interpretiert[48], zugleich aber auch kritisiert, so der Psychotherapeut Bopp:

> „Während der Studentenbewegung", so der Psychotherapeut Bopp (1980), „haben wir uns bis zum Erbrechen aufgefordert, ‚das doch zu hinterfragen', alle Vorgänge ‚kritisch einzuordnen', für alles ‚den gesellschaftlichen Bezug' herzustellen. Heute treten andere Formeln in den Vordergrund: ‚was hat das mit mir zu tun?', ‚bring dich doch ein', ‚red von deinen eigenen Erfahrungen', ‚das ist mir zu abgehoben'."
>
> (Bopp 1980, S. 26 f.)

Als wesentliche Stiltendenzen erscheinen weiterhin: Bevorzugung von Vieldeutigkeit (v. a. *irgendwie*), vermehrter Gebrauch von Partikeln sowie von Abkürzungen (z. B. *Molli, Promi*) und die Übernahme von Elementen der gesprochenen Sprache in die Schriftsprache. Informalität, Dialogizität und Versprechsprachlichung werden als Stiltendenzen hervorgehoben[49], insbesondere durch das prononciert in die Rede eingestreute *„du"*, aber auch durch den Einsatz von Gesprächspartikeln (*eben, halt, drum, naja, ne*).

Die Sprüche-Kultur der Spontis[50] zeichnet sich durch Kreativität und Witz aus, der oft auf bekannten Redewendungen beruht und mit Widersprüchlichkeit und Dekonstruktion von Sinn arbeitet, z. B.:

> *Freiheit für Grönland, weg mit dem Packeis!*
>
> *Ich geh' kaputt, gehst du mit?*
>
> *Du hast keine Chance, aber nutze sie!*
>
> *Wir sind die, vor denen unsere Eltern uns immer gewarnt haben.*

---

[48] So z. B. bei Behrendt u. a. 1982 über die Sprache der sog. „Spontis". Vgl. Kap. III.1.
[49] So Neuland 1987.
[50] S. Kann 1985.

Weitere Beispiele finden sich in:

Abb. IV.2.10: Titelbild Gamber 1984

2.5 Entwicklung alternativer Szenesprachen

Die sich in den 80er Jahren entwickelnde Alternativbewegung wird zur Sammelbezeichnung für die verschiedenen Bestrebungen nach alternativem Lebensstil, die verbunden sind durch die Kritik am Konsum, an überkommenen Leistungsvorstellungen, an Großtechnologie und Umweltzerstörung und vorherrschenden Geschlechterrollen sowie der bürgerlichen Kultur insgesamt.

Dabei spielt vielfach die Opposition zur dominanten Gesprächskultur eine herausragende Rolle.[51] Die Kritik am öffentlichen Sprachgebrauch wirkt ihrerseits als bedeutsame Motivation der bewussten Abgrenzung. So resümiert der taz-Redakteur Bröckers in einem „Wörterbuch der Szenesprache" von 1984:

---

[51] Vgl. dazu auch Kuhn 1983.

2 Jugendsprachen in der jüngeren Sprachgeschichte nach 1945

> „Die Worte sind verbraucht, verlogen, desavouiert durch die Macht, die sie missbraucht, sind großes Blabla und taugen nicht für den persönlichen Ausdruck". Er folgert, „dass dem sprachlichen Selbstmord (durch die schleichende Sprachverhunzung in und um uns) nur entgeht, wer mit der Sprache, den Worten spielt."
> (Bröckers 1984, S. 152)

Sub- und gegenkulturelle Bewegungen vornehmlich Jugendlicher bilden einen für sie typischen Sprachgebrauch in Wort und Schrift aus mit einer entsprechenden Palette alternativer Presseorgane. Ökologie-, Frauen- und Friedensbewegungen weisen dabei in ihren jeweiligen Gegenstandsfeldern ein fachsprachliches Repertoire auf. Dies reicht vom „Psychojargon" aus Psychologie und Pädagogik der Selbsterfahrungsgruppen über den ökologiebezogenen Sprachgebrauch von Umweltgruppen (hier vor allem Wortbildungen mit *bio-*, z.B. *Biojoghurt* und *öko-*, z.B. *Ökofilter*), bis zum Wortschatz aus Technik- und Naturwissenschaften der Atomkraftgegner (z.B. *Super-Gau, Brennstäbe, Plutonium, Nukleare Entsorgung*).

Abb. IV.2.11: Demonstration von Kernkraftgegnern

Der Einfluss solcher Gruppensprachen (nicht nur Jugendlicher) auf die Standardsprache findet mittlerweile auch in der Sprachgeschichtsschreibung Berücksichtigung. So bezeichnet Steger diese „als akzeptiertes Gegenbild"[52] zur Standardsprache und diagnostiziert eine wieder größere Sensibilität für den differenzierten, kulturell anspruchsvolleren Sprachge-

---
[52] So Steger 1989, S. 22 sowie Schank/Schwitalla 2000.

brauch. Der „Jugendsprache" weist er dabei einen besonderen Stellenwert zu. Die schon erwähnte Tendenz einer Informalisierung des öffentlichen Sprachgebrauchs[53] kann zweifellos auf solche Gruppensprachen zurückgeführt werden.

Der kurze Einblick in die Entwicklungsetappen deutscher Jugendsprachen in der jüngeren Sprachgeschichte mündet in der Gegenwart. Für die bisherigen Entwicklungsphasen konnten recht unterschiedliche Ausprägungen des Verhältnisses von Jugendsprachen und -kulturen und der jeweiligen Standardsprache aufgewiesen werden. Greift man noch einmal auf Konzepte von Generationsgestalten und auf die Unterscheidung sog. „Protestgenerationen" und sog. „Spaß- und Freizeitgenerationen" zurück, so scheint sich als Fazit abzuzeichnen, dass die soziale Abgrenzung durch Protest und Provokation in den Protestgenerationen der sog. Halbstarken und der antiautoritären Studentenbewegung dominiert, mit der Folge, dass diese von der Öffentlichkeit stärker ausgegrenzt oder gar kriminalisiert wurden. Demgegenüber können die „Spaß- und Freizeitgenerationen" von den Teens und Twens über die Disko-Jugendlichen bis zur heutigen Event-Generation eher medial kommerzialisiert und vereinnahmt werden, gerade auch durch die Ausbeutung der Innovationskraft ihrer sprachlichen Ausdrucksformen.

Bevor dies im folgenden Unterkapitel 3: Jugendsprache und deutsche Gegenwartssprache weiter verfolgt wird, sei noch ein Blick auf ein heute schon historisches Phänomen geworfen, und zwar auf den Sprachgebrauch Jugendlicher in der DDR.

2.6 Jugendsprache in der DDR

Der kurze Überblick über Jugendsprachen in Deutschland seit der Nachkriegszeit kann die Frage nicht übergehen, ob es denn auch im „anderen" Deutschland, in der DDR, eine Jugendsprache gegeben habe. Den offiziellen Verlautbarungen der SED zufolge gab es weder soziale Klassen noch soziale Sprachunterschiede im sozialistischen Einheitsstaat, und insofern gab es auch keine eigene Jugendsprache.

Entsprechend der Kluft zwischen Partei-Ideologie und sozialer Wirklichkeit durfte es offiziell zwar keine Jugendsprache geben, inoffiziell war sie aber auch nicht zu überhören. Indirekte Belege finden sich in literarischen Texten wie z. B. in Ulrich Plenzdorfs Roman „Die neuen Leiden des jungen

---

[53] Vgl. Kap. III.3.3.2.

W." (1973).⁵⁴ Der folgende Abschnitt über die Bedeutung von Jeans für den jungen Edgar Wibeau dokumentiert einen jugendlichen Denk- und Sprachstil, der sich unter den gegebenen Bedingungen nur ansatzweise in einem entsprechenden Lebensstil fortsetzen konnte:

> Natürlich Jeans! Oder kann sich einer ein Leben ohne Jeans vorstellen? Jeans sind die edelsten Hosen der Welt. Dafür verzichte ich doch auf die ganzen synthetischen Lappen aus der Jumo, die ewig tiffig aussehen. Für Jeans könnte ich überhaupt auf alles verzichten, außer *der schönsten Sache* vielleicht. Und außer Musik. Ich meine jetzt nicht irgendeinen Händelsohn Bacholdy, sondern echte Musik, Leute. Ich hatte nichts gegen Bacholdy oder einen, aber sie rissen mich nicht gerade vom Hocker. Ich meine natürlich echte Jeans. Es gibt ja auch einen Haufen Plunder, der bloß so tut wie echte Jeans. Dafür lieber gar keine Hosen. Echte Jeans dürfen zum Beispiel keinen Reißverschluß haben vorn. Es gibt ja überhaupt nur eine Sorte echte Jeans. Wer echter Jeansträger ist, weiß, welche ich meine. Was nicht heißt, daß jeder, der echte Jeans trägt, auch echter Jeansträger ist. Die meisten wissen gar nicht, was sie da auf dem Leib haben. Es tötet mich immer fast gar nicht, wenn ich so einen fünfundzwanzigjährigen Knacker mit Jeans sah, die er sich über seine verfetteten Hüften gezwängt hatte und in der Taille zugeschnürt.
>
> (Plenzdorf: Die neuen Leiden des jungen W., 1973, S. 26 f.)

Der Recherche und der Auswertung weiterer Dokumente authentischer jugendsprachlicher Äußerungen seit den 70er Jahren sind die Arbeiten von Margot Heinemann gewidmet, ohne die das Wenige, was wir über den Sprachgebrauch Jugendlicher in der DDR wissen, bis heute wohl noch unbekannt wäre. Sie hatte schon mehrere kleinere einschlägige Schriften veröffentlicht, ehe sie ihr „Kleines Wörterbuch der Jugendsprache" der damaligen Zensurbehörde beim Zentralkomitee der SED vorlegte. Der Druck des Wörterbuchs (1989) wurde schließlich mit einigen Auflagen genehmigt. Darin finden sich auch die folgenden Beobachtungen aus der sprachlichen Alltagspraxis von Jugendlichen in der DDR:

> „He, Du Keim! Mach mich nicht an!" Dieser Ausruf einer etwa 16jährigen, mit dem sie offenbar die unangemessene Bemerkung eines gleichaltrigen Jungen zurückweist, läßt die Fahrgäste in der Straßenbahn leicht zusammenzucken. [...] An der nächsten Haltestelle steigen die Jungen aus, unter freundschaftlichen, aber von den Mitfahrenden kaum verstandenen Bemerkungen: „Macht 'n Abflug, ihr Assis!" Gehste heute zu der Anmache?" „Nee, da ist mir zu viel Wuhling." „Du hast doch 'n Rad ab, ehrlich!" „Also tschau!"
>
> (Heinemann 1989, S. 9)

---

⁵⁴ Vgl. dazu auch Funke 1982 sowie Andersson 1985.

Wie schwer sich Sprachwissenschaftler in der DDR mit der Jugendsprache taten, belegen einige einschlägige Schriften von Beneke und seine Bemühungen, den Terminus „Jugendsprache" im Einklang mit der Partei-Ideologie wie folgt zu umschreiben:[55]

> Der Jugend eine eigene ‚Sprache' zuzuordnen birgt auch die Gefahr in sich, sie außerhalb, zumindest an der Peripherie des gesellschaftlichen Geschehens, anzusiedeln […]. Jugend könnte so als eine sprachlich-kommunikativ relativ abgeschlossene gesellschaftliche Großgruppe aufgefaßt werden, was ihrer tatsächlichen Stellung, zumindest in der sozialistischen Gesellschaft der DDR, in keiner Weise entspricht. Ist doch der Vorgang der ‚Identitätsfindung' junger Menschen aller Klassen und Schichten in der sozialistischen Gesellschaft nur *in und mit* dieser Gesellschaft möglich.
>
> (Beneke 1985, S. 254)

Abb. IV.2.12: Jugendliche in der DDR (1986)

Abgesehen von der schwierigen Dokumentationslage kann man getrost schließen, dass auch die Jugendlichen in der DDR ihre spezifischen Ausdrucksweisen und Jugendsprachen hatten.

Dazu können das Jugendschrifttum der DDR und Jugendzeitschriften auf Ausdrucksformen und Textsorten untersucht werden, die vielleicht auch noch in dieser quasi „gefilterten" Form als jugendtypisch gelten können. Trotz der vorliegenden Arbeiten besteht also auch noch hier weiterer Forschungsbedarf.

---

[55] Beneke hatte 1982 eine Dissertation zum Thema „Untersuchungen zu ausgewählten Aspekten der sprachlich-kommunikativen Tätigkeit Jugendlicher" vorgelegt.

Für die Zeit nach 1989 kann allerdings auf einen weiteren Angleichungsprozess der ost- und westdeutschen Jugendsprachen geschlossen werden, wie auch die kleine Studie von Heinemann/Neuland „‚Tussis' hüben wie drüben?" (1997) zeigt.

3 Jugendsprache und deutsche Gegenwartssprache

Im Folgenden werden die Betrachtungen zu Jugendsprachen in der deutschen Gegenwartssprache fortgesetzt.

3.1 Jugendliche Sprach- und Lebensstile in der heutigen Erlebnisgesellschaft

Derzeitige jugendliche Sprachstile können unter dem Aspekt der „Stilbildung in der Erlebnisgesellschaft" diskutiert werden. Der von dem Sozialwissenschaftler Gerhard Schulze (1993) eingeführte Terminus ist als allgemeiner Erklärungsrahmen für jene Vielfalt sprachkultureller Äußerungsformen jugendsprachlicher Erscheinungsformen geeignet, die wir heute vor allem in den unterschiedlichen Musikszenen, Sport- und Freizeitaktivitäten und im Kontext von Medienerfahrungen Jugendlicher registrieren können.

3.1.1 Subkulturelle Sprachstile Jugendlicher

Die Pluralität von Lebensentwürfen und Lebensstilen spiegelt sich in einer entsprechenden soziokulturellen Differenzierung von Sprachstilen Jugendlicher wider. In der empirischen Jugendforschung, vor allem in den großen Jugendstudien wie den „Shell-Studien"[56] der 80er Jahre, wurden die Begriffe der „Alterskulturen" sowie der öffentlichen „Gruppenstile" eingeführt. Das Stilspektrum der Shell-Studien umfasste unter anderem die sogenannten Fan-Gruppen, extravertierte Modestile sowie engagierte Protestgruppen. In der Shell-Studie von 1997 wird insbesondere auf die Bedeutung von öffentlichen, zum Teil auch weitgehend kommerzialisierten, lebensstilorientierten Gruppenstilen verwiesen, die Spaß machen und Zerstreuung und Unterhaltungen ohne längerfristige Verpflichtungen bieten.

Heute herrschen insbesondere die „Freizeitkulturen" mit der Betonung auf Erlebnis und Genuss, vor allem in Form von Musik- und Modestilen

---

[56] Vgl. die jüngsten Shell-Studien (2000, 2002, 2006) sowie die Analysen von Janke/ Niehues 1995, Ferchhoff 1999, Farin 2001 sowie Zinnecker u. a. 2002.

vor (z. B. Punk, Techno, Hip Hop). Auch von Sport- und Freizeitaktivitäten wie Skateboard- und Snowboardfahren gehen sprachprägende Wirkungen aus, ebenso wie von künstlerischen Aktivitäten *(z. B. sprayen, taggen, writen).* Die heutigen jugendkulturellen Szenen zeichnen sich durch ein spezifisches Repertoire der Musik- und Tanzstile aus (z. B. *jammen, bangen, stage diving*) bis hin zu typischen Begrüßungs- und Anredeformen mit sozialer Distinktionsfunktion z. B. zwischen der Hip-Hop- (z. B. *Yo HipHop-Freaks*) und Techno-Szene (z. B. *Hi, Party-People, Hallo Sympartysanten*).[57] (s. Abb. IV.3.1, S. 135)

Wie die Beispiele zeigen, nimmt der Anteil an Anglizismen in dem Maße zu, in dem sich die jugendkulturellen Szenen über den anglo-amerikanischen Markt globalisieren. Jugendliche sind Sprachexperten für Mode (z. B. *dreadlocks, chucks, docs, rap-hat, hoody*), Medien und Musik, wie Androutsopoulos formuliert hat (1997). Weiterhin haben diese Szenen einen hohen Anteil an Fachvokabular ausgebildet, der ihren Sprachgebrauch für Außenstehende fast unverständlich macht.

Jugendsprache zeigt sich in diesen kulturellen Gruppierungen übrigens nicht nur sprechsprachlich in der gruppeninternen Kommunikation, sondern auch schriftsprachlich in szenespezifischen Magazinen (Fanzines). Die Texte sind oft anspielungsreich und lassen sich nur aufgrund von szenespezifischem Vorwissen entschlüsseln. Dabei werden auch konventionelle Textsorten (z. B. Editorials, Interviews, Konzertberichte, Musikkritik) umgestaltet, und zwar im Rahmen jugendtypischer Stildimensionen wie Expressivität, Direktheit, Unernst, z. B. bei dem folgenden Beispiel einer Plattenkritik:

> „... Lieber einen coolen Freeze beim Breaken als einen komischen, verkrampften Powermove ohne stylischen Abgang ... "
>
> „...sie sind ultrafresh. Sie gehen teilweise voll im oldschoolsingsang Style ab, kicken Skills und haben den totalen Flow ... "
>
> (Backspin 8/1997, S. 7–19, zit. n. Watzlawik 2000, S. 81)

Auch die Neuen Medien, vorwiegend von Jugendlichen genutzt (z. B. Chats, Gästebuch-Kommunikation), hinterlassen ihre Spuren im Sprachgebrauch Jugendlicher und tragen zu einer medienspezifischen Aufhebung der traditionellen Grenzen von Mündlichkeit und Schriftlichkeit bei.

---

[57] Vgl. Watzlawik 2000.

3 Jugendsprache und deutsche Gegenwartssprache

Abb. IV.3.1: Collage heutiger Jugendkulturen

> Name: Dave B. E-mail address: spax@active.ch
> Homepage URL: http://www2.active.ch/~spax
> Nicht schlecht, nein die Seite ist sehr gut gemacht. War wahrscheinlich ein riesen Aufwand, aber sieht echt geil aus. (Soll ich lieber „sieht echt fett aus" sagen?) Hat jemand ne ahnung, ob Tatwaffe und oder Blumentopf eine CD auf dem Markt haben? Wäre echt froh auf ne passende antwort! Peace bänz
> How did ya get here?: From a member's page
>
> (Zit. n. Watzlawik 2000, S. 80)

Die Entwicklung von Jugendsprachen als Indikatoren der Zeitgeschichte hat sich damit für die heutige Zeit deutlich verändert: „Jugendlichkeit" des Sprachgebrauchs stellt zunehmend einen Effekt subjektiver Selbstzurechnung dar und bildet einen Prestigefaktor der Eventkultur und Erlebnisgesellschaft.

Allerdings geht die heutige Jugend nicht in öffentlichen Gruppenstilen und Szenen auf, ebenso wenig wie die heutige Jugendsprache in Szenesprachen aufgeht. Vielmehr lässt sich zeigen, dass der Durchschnitt heutiger Jugendlicher sich zwar für bestimmte Szenen aufgeschlossen erweist und sich ihnen auch annähert; doch bezeichnet sich eher nur eine Minderheit von Jugendlichen als explizite und ausschließliche „Szenegänger".[58] Dies stimmt auch mit Beobachtungen des Sprachgebrauchs einer größeren Zahl Jugendlicher überein, die durchaus nicht ständig auf eine Fülle offensichtlich jugendtypischer Ausdrucksweisen stoßen.

3.1.2 Deutsche Schülersprachen: Zum Sprachgebrauch der „Normalos"

Der Sprachgebrauch „durchschnittlicher" Jugendlicher im Schulalter scheint weitaus „normaler", d. h. weniger spektakulär und vordergründig, als es die öffentlichen, z. T. aber auch die wissenschaftlichen Diskurse unterstellen.

Dies soll im Folgenden anhand einiger Ergebnisse des Wuppertaler DFG-Projekts belegt werden. Im Rahmen dieses Projekts mit über 1200 Jugendlichen wurden die bislang umfangreichsten Erhebungen zum Sprachgebrauch Jugendlicher in neun verschiedenen Bundesländern in Deutschland durchgeführt. Dabei wird die innere Heterogenität des Sprachgebrauchs Jugendlicher durch den kontrollierten Vergleich der soziolinguistischen Variablen Alter und Geschlecht, regionale Herkunft, Bildungsgang, Deutsch als Erst- und Zweitsprache sowie soziokulturelle

---

[58] Dies zeigen die soziobiografischen Befunde aus dem Wuppertaler DFG-Projekt. (Neuland/Schubert 2009).

Zugehörigkeit im Rahmen einer Methodenkombination (Fragebogen- sowie Spontandatenerhebungen) systematisch erfasst.

Die Datengrundlage erlaubte drei unterschiedliche Analysefelder:

1. Wörter im Sprachgebrauch Jugendlicher: Lexikalisch-semantische Analysen
2. Wie Jugendliche über ihre Sprache denken: Spracheinstellungen Jugendlicher
3. Mit Jugendlichen im Gespräch: Korpusanalysen.

1. Wörter im Sprachgebrauch Jugendlicher:

Im ersten Arbeitsfeld werden Kenntnis und Gebrauch von insgesamt 16 jugendtypischen Ausdrücken, und zwar soziale Klassifikations- und Wertungsausdrücke sowie Handlungs- und Zustandsbeschreibungen untersucht. Für die lexikalisch-semantische Analyse wurde ein differenziertes Kriterienraster entwickelt, das den pragmatischen Gebrauchskontext berücksichtigt. Die Ergebnisse werden in Form ausführlicher Wortmonographien zusammengefasst, die neben den Bedeutungen im engeren Sinne auch die Handlungskontexte, Verwendungssituationen sowie die möglichen Gebrauchseinschränkungen und die soziolinguistischen Effekte präsentieren.

Als Beispiel seien einige Ergebnisse zum Ausdruck *Proll* angeführt. Die allgemeinen Werte von Kenntnis und Gebrauch zeigen, dass der Ausdruck *Proll* zum Erhebungszeitpunkt ca. nur der Hälfte der befragten Jugendlichen bekannt war, während die Wertungsausdrücke *cool* und *geil* zu über 99 % bekannt waren und auch die höchsten Gebrauchswerte aufwiesen. Das Ende der Rangreihen von Kenntnis und Gebrauch bildete hingegen der Ausdruck: *chillen*.

Wie die Bedeutungsangaben der Jugendlichen zeigen, erweist sich die Umschreibung mit *Angeber, Pseudoking, Rumposer*, die zwei Drittel aller Angaben ausmacht, als dominantes semantisches Merkmal. Nach einem weiteren Merkmalskomplex mit unspezifischen Negativwertungen (*doofer Typ, Arschloch, Trottel, Blödmann*) ist auch die herkömmliche Bedeutung *Prolet, Proletarier* noch vorhanden, fällt aber zahlenmäßig nicht mehr so sehr ins Gewicht. Ein Proll ist demnach für heutige Jugendliche: *Großkotz der alles kann* (Hauptschülerin, 7. Klasse, Chemnitz), *Einer der total angibt und nur Markenklamotten trägt, den nennen wir so: auf der Straße „guck mal der prollt mal wieder voll rum"* (Gymnasiastin, 7. Klasse, Kiel).

Soziolinguistische Effekte ergeben sich beim Gebrauch dieses Ausdrucks im Hinblick auf das Alter: jüngere Jugendliche (10–14 Jahre) verwenden

den Ausdruck signifikant seltener als ältere, im Hinblick auf die Schulform: Gymnasiasten und Berufsschüler verwenden den Ausdruck signifikant häufiger als Hauptschüler, sowie im Hinblick auf die regionale Herkunft: der Ausdruck wird im nördlichen und mittleren Bundesgebiet häufiger als im südlichen und im westlichen häufiger als im östlichen verwendet.

2. Wie Jugendliche über ihre Sprache denken:

Spracheinstellungen Jugendlicher wurden im Hinblick auf Typizitätseinschätzungen, Gebrauchsbegründungen, Verwendungssituationen, Einschätzungen von Gruppentypizität, Gebrauchseinschränkungen sowie der Reflexion über Jugendsprache erhoben. Hier seien einige Gebrauchsbegründungen angeführt: Die Antworten auf die Frage „Warum gebrauchst Du Jugendsprache?" können in acht Kategorien eingeteilt werden, die aus jugendsprachlichen Formulierungen in Voruntersuchungen abgeleitet wurden. Dabei ergibt sich folgende Häufigkeitsrangfolge: *Das mache ich ganz automatisch/aus Gewohnheit, weil Jugendliche eben so sprechen, weil das unkomplizierter ist als die Erwachsenensprache, um Gefühle wie Ärger, Freude usw. auszudrücken, um im Freundeskreis mitreden zu können, um anders zu reden als Erwachsene, um cool/lässig zu sein, ich gebrauche keine Jugendsprache.*

Dieser Befund ist äußerst aufschlussreich für die gegenwärtige Situation. Betrachten wir die beiden häufigsten Kategorien, so scheint es Jugendlichen heute quasi selbstverständlich zu sein, Jugendsprache zu gebrauchen. Die identifikatorische Funktion (*weil Jugendliche eben so sprechen*) des Sprachgebrauchs dominiert eindeutig gegenüber der abgrenzenden Funktion (*um anders zu reden als Erwachsene*). Die Betonung der Generationendifferenz ist heute höchstwahrscheinlich sehr viel geringer als in früheren Entwicklungsetappen von Jugendsprachen, v. a. der anti-autoritären Schüler- und Studentengenerationen und sicherlich auch der Halbstarken. Neben der identifikatorischen Funktion scheint aber auch der Ausdruck von Emotionen, Kreativität sowie Spaß und Ironie eine Rolle zu spielen: *Zum Spaß halt. Oft macht man sich über die eigenen Ausdrücke lustig* (15-jähriger Gymnasiast, Rostock), *Weil man dann auch mit seiner Phantasie arbeiten kann, z.B. Wörter neu erfinden* (14-jähriger Gymnasiast, Chemnitz).

Auch die weiteren Daten zu den Spracheinstellungen zeigen, dass Jugendliche recht bewusst mit ihrem eigenen Sprachgebrauch umgehen. So unterscheiden sie deutlich zwischen den Verwendungssituationen von Freizeit, Schule und Familie.[59] Auch vermögen sie zwischen den Sprach-

---

[59] Vgl. die entsprechende Abbildung III.1.4 (S. 63).

weisen bestimmter Gruppen von Jugendlichen zu unterscheiden, wobei nach Jugendlichen mit Migrationshintergrund v.a. subkulturell geprägte Musikszenen wie Hip Hop, Techno, Punk und Heavy Metal unterschieden werden. Größere Schwierigkeiten ergeben sich allerdings, wenn die Jugendlichen gruppendistinktive Sprachmerkmale benennen sollen. Dabei spielt die Verwendung von Fachausdrücken eine besondere Rolle.

3. Mit Jugendlichen im Gespräch:

In den Korpusanalysen des Projekts wurden Ausschnitte spontaner Gruppenkommunikationen mit Jugendlichen im Schulalter analysiert, die an den verschiedenen Standorten der Fragebogenerhebung aufgenommen wurden. Die Korpusanalysen beziehen sich die auf ausgewählte Stilmittel wie z.B.: Gebrauch von Anglizismen, Sprachspiele und Bricolagen und auf konversationelle Handlungsmuster wie Frotzeln und Lästern sowie Erzählen.

- Anglizismen:

Im Hinblick auf die Anglizismen im Wuppertaler Spontandatenkorpus hat sich als überraschender Befund ein äußerst geringer prozentualer Anteil von Anglizismen mit einem hochgerechneten Anteil am gesamten Wortumfang von nur ca. 0,05 % herausgestellt. Beispiele zeigen, dass die Jugendlichen die Anglizismen jeweils kontextadäquat und grammatikalisch korrekt nach den deutschen Wortbildungsregeln verwendet haben:

der burnt bis zum siedepunkt	Kontext: macht sich lustig über undeutliche Aussprache des ausländischen Vaters eines Mitschülers: *der burnt (..) der burnt bis zum siedepunkt* (Hauptschüler, 9. Klasse, Kiel)
highlight	Kontext: Diskussion über geringes Freizeitangebot für Jugendliche in Regensburg: *das größte hier is echt wenn sylvester der dj tomekk kommt**das is echt a volles highlight* (Hauptschülerin, 9. Klasse, Regensburg)
outdoor-freak	*ich mag eigentlich die natur sehr gerne ich bin so_n outdoor-freak so_n bisschen* (Gymnasiast, 11. Klasse, Freiburg)
shoppen	Kontext: Diskussion über Freizeitaktivitäten: *in rostock kriegst du schon alles, klamotten, alles mögliche, kann man schon gut shoppen* (Berufsschüler, Rostock)
(Neuland/Schubert 2009)	

Einige der Beispiele weisen spezifische Verwendungskontexte und Fachwortqualitäten auf (wie *outdoor-freak, chillen*), die in den jeweiligen Kontexten keine adäquate deutsche Entsprechung haben und praktisch unübersetzbar sind (*shoppen* bedeutet nicht einkaufen, *chillen* entspricht nicht *entspannen*, ein *outdoor-freak* ist kein *Freiluftfanatiker*).

In einer kleinen Folgestudie wurden Kenntnis und Gebrauch von Entlehnungen aus Schulfremdsprachen (Englisch, Französisch) und aus Migrantensprachen (Türkisch, Russisch, Polnisch) bei Schülern mit Deutsch als Muttersprache und Deutsch als Zweitsprache überprüft. Dabei ergab sich das aufschlussreiche Resultat, dass Jugendliche mit Mehrsprachigkeitserfahrung insgesamt eine höhere Gebrauchsfrequenz, und zwar eben auch aus Migrantensprachen aufweisen als Jugendliche mit deutscher Muttersprache. Differenzierte Bedeutungs- und Verwendungsanalysen sprechen für eine bewusste Ausschöpfung des Bedeutungspotentials jugendsprachlicher Internationalismen.

- Bricolagen

Weiterhin sei ein Blick auf einige im Korpus auftretende Bricolagen geworfen. Die Sprachspielereien entstammen medialen Ressourcen von Film und Fernsehen, wie auch das folgende Beispiel von Hauptschülerinnen und Hauptschüler einer 9. Klasse in Erfurt zeigt.[60]

Ad:	*Sie meint Lollo Ferrari*
Si:	*Dolly Buster*
Im:	*Is die nich tot?*
Be:	*Nein*
Ad:	*Ja (.) die is gestorben*
Ch:	*Höh (.) wann denn? (..) Hab ich gar nich mitgekriegt*
Ad:	*Vor 'ner Woche oder so*
Be:	*Vor 'ner Woche (.) ja*
Si:	*Is gar nich lang her*
An:	*Mensch (.) guckst du kein fernseh?*
Ch:	*Wie (..) geplatzt oder was?*
Be:	*((lacht)) Rückenschmerzen*
An:	*Nein (.) die hat (.) die soll Tabletten genommen haben*
Ad:	*Die hat (.) die hatte ihre Beerdigung schon geplant. Die hat sich einen Sarg schon ausgesucht und so. Sie hat (.) sie hat schon selber gesagt ...*
Ch:	*Och (.) sterben wir mal nächste Woche*
An:	*Die soll (.) die soll Tabletten genommen haben*
Be:	*Ihr gings ganz schlecht (.) ja*
An:	*Sie war psychisch auch total fertig*
Be:	*Aber sie war eine liebenswerte Person. Das sagen se immer wieder.*
Beispiel: „Lollo Ferrari"	
(Zit. n. Neuland/Schubert 2009)	

---

[60] Vgl. dazu Kap. III.3.3.2: Kommerzialisierung der Jugendsprache in Werbung und Unterhaltung.

In diesem Beispiel wird die Sensationsberichterstattung in TV-Boulevard-Sendungen als Textmuster-Referenz zu Grunde gelegt. Der Wechsel zur Zitation und zur Perspektive der „Macher" solcher Sendeformate ist in den letzten drei Zeilen des Transkripts zu bemerken; er wird durch eine tiefere Stimmführung, die Veränderung der Pronominalformen und der Lexik (*eine liebenswerte Person*) markiert. Damit wird auf den Eindruck von scheinbarer Betroffenheit in solchen Sendungen angespielt.

Es ist aufschlussreich, dass Bricolage-Aktivitäten eher ab dem mittleren Jugendalter (ab ca. 14 Jahre) auftreten, daß sie bevorzugt von Jungen, gerade auch in gemischtgeschlechtlichen Gruppen verwendet werden, und dass sie schließlich in allen drei Schulformen vorkommen.

- Frotzel- und Lästermuster

Neben den Sprachspielereien und einzelnen Gesprächstaktiken, die der kommunikativen Abgrenzung dienen, verwenden die Jugendlichen häufig Frotzel- und Lästermuster als status- und (gruppen)identitätsregulierende Kommunikationsmuster.[61] Diese weisen häufig eine doppelte Ausrichtung von spaßhaften und ernsthaften Interaktionsmodi auf und dienen der Imagepflege und der Selbstpräsentation nach außen. Gesprächsanalytisch können solche Handlungsmuster neben dem „Dissen" mit Hilfe distinktiver Merkmale beschrieben und voneinander unterschieden werden. So ist z. B. beim Lästern das Referenzobjekt in der Regel nicht anwesend, während das Frotzeln und das Dissen seine Anwesenheit geradezu voraussetzen. Weiterhin liegt beim Lästern in der Regel ein thematisches Ereignis zu Grunde, was beim Frotzeln und beim Dissen nicht unbedingt der Fall sein muss. Allerdings weisen diese beiden Muster stärkere Fiktionalisierungen auf. Funktional gesehen, dient das Dissen der Selbstdarstellung des Handlungsträgers, das Lästern hingegen einer Werteaushandlung in der Bezugsgruppe. In typologischer Hinsicht können Klatschen und Frotzeln zum kooperativ-vergemeinschaftenden, Lästern und Dissen hingegen zum distinktiv-vergemeinschaftenden Handlungsmuster gerechnet werden.[62]

---

[61] Günthner (1996, 2000) beschreibt das Frotzeln als eine kleine kommunikative Gattung mit einer charakteristischen Doppelstruktur von verbaler Provokation und Spielmodalität, vgl. weiterhin Kotthoff 1998 und Branner 2003. Deppermann/Schmidt 2001 analysieren das Dissen, Martin/Schubert/Watzlawik 2003 sowie Schubert (2008) das Lästern.

[62] Dazu ausführlicher Neuland/Schubert 2009.

> Iw: *Also (.) seid ihr in festen Händen?*
> Su: *Ja (..) ich*
> Ph: *Ja sie*
> An: *Ich nich*
> Ph: *Sie und er (..) un sie nich (...)*
> An: *Ich will nich*
> Ph: *Sie will ihn aber er will nich*
> An: *Nein (..) ich will keinen haben*
> Ph: *Nein?*
> An: *Nein (..) die nerven nur*
> Ph: *((lacht)) Überhaupt nich*
> An: *Ja (.) die nerven nur*
> Mi: *Du stellst dich auch immer an*
>
> Beispiel: „In festen Händen"
> (Zit n. Neuland/Schubert 2009)

Das Beispiel einer Frotzelei zwischen Hauptschülerinnen (Su, An) und Hauptschülern (Ph, Mi) einer 9. Klasse in Kiel zeigt eine deutlich geschlechtsbezogene Komponente auf; das Frotzeln dient als ein verbales Mittel der Konstitution von Geschlechter- und Gruppenrollen. Trotz einer scherzhaft herausfordernden Gesichtsbedrohung erfolgt zum Abschluss der Sequenz eine in dieser Situation als versöhnlicher Vergemeinschaftungsakt zu verstehende Einhilfe.

Insgesamt bestätigen die Befunde, dass Jugendliche sich weit weniger spektakulär vom allgemeinen Sprachgebrauch Erwachsener unterscheiden, als vielfach angenommen und befürchtet. Vor allem lassen sich keine Anzeichen für eine mangelnde Beherrschung von Grammatik und Wortbildung finden; jugendspezifische Besonderheiten zeigen sich hauptsächlich im Bereich von Lexikon und Semantik, Phraseologie, Stilistik und Pragmatik.

3.1.3 Zur Relevanz soziolinguistischer Merkmale

Zugleich aber haben die Ergebnisse des Wuppertaler DFG-Projekts auf die Relevanz soziolinguistischer Merkmale im Sprachgebrauch Jugendlicher und auf entsprechende Forschungsdesiderate aufmerksam gemacht. Im Folgenden seien die wesentlichen Merkmale, die schon verschiedentlich erwähnt wurden, noch einmal systematisch angeführt und in ihren kommunikativen Auswirkungen veranschaulicht.

3.1.3.1 Alter

Die Frage nach dem Alter knüpft an die Tradition der Sprachentwicklungsforschung an.[63] Es wurde schon an früherer Stelle darauf hingewiesen, dass Jugend in der soziolinguistischen Jugendsprachforschung eher als eine Phase der sprachlichen Sozialisation anzusehen ist und das biologische Alter angesichts von Jugendlichkeit als Selbstzurechnungskategorie eine immer geringere Rolle spielt. Wenn also auch die Frage, wann Jugendsprache eigentlich beginnt und wann sie wieder aufhört, für die Jugendsprachforschung eher bedeutungslos ist, so scheint doch eine altersmäßige Binnendifferenzierung der Jugendzeit auch für die Jugendlichen selbst von Gewicht zu sein. Das Wuppertaler Projekt hat erste Hinweise gegeben, dass sich signifikante Unterschiede zwischen den drei Altersgruppen der frühen, mittleren und späten Jugendzeit (10–14, 15–19, 20–24 Jahre) erkennen lassen. So wurde z.B. der Ausdruck *cool* signifikant häufiger von der jüngeren Altersgruppe, der Ausdruck *Proll* hingegen von der mittleren Altersgruppe, *chillen* hingegen erst in der späten Jugendzeit verwendet.

Auch für die Jugendlichen selbst scheint die Differenzierung in den frühen Jugendjahren von Bedeutung für die Zurechnung zur Gruppe der Jugendlichen, wie das folgende Beispiel einer Frotzelei zeigt, bei der die Jugendlichen sehr genau differenzieren zwischen: *die ganz Großen, kleine zwölf Jahre, Teeanager, voll oll, Grufti*. In diesem Beispiel aus einer 7. Hauptschulklasse frotzeln die 14-jährigen Mädchen (Da, In) den 12-jährigen (Ch) und bezweifeln scherzhaft seine Zugehörigkeit zur Jugendgruppe der „Teenager". (Siehe Textbeispiel S. 144)

Weitere Studien sind nötig, um sprachliche Veränderungen und Entwicklungen innerhalb der Sozialisationsphase der Jugend entsprechend dem Lebensalter genauer zu erfassen.

---

[63] Vgl. dazu Kap. II.2.2.

> Ch: Von (..) Dienstag Mittwoch (.) also von Mo (.) also von Dienstag bis Freitag können die ganz Großen hingehen. Was hasse gesagt?
> In: Nichts (…) die ganz Großen (.) dazu gehörsse ja noch nich ma
> Ch: Na
> In: Noch nich ma' n Teenager und willss schon dazu gehören ne ((lacht))
> Ch: Halt's Maul (…) musst du gerade sagen
> In: Och Ch (..) dafür ich bin Teenager ja
> Ch: Gerade so
> In: Jaa
> Ch: Gerade so (…) aber das war's auch
> In: Aber du ne (…) mit deinen kleinen (.) zwölf Jahren ((lacht))
> Ch: Na und
> Da: Die is vierzehn ((lacht))
> In: Ich bin vierzehn ja
> Ch: Guck dich ma an (.) na und (.) aber du siehss aus wie so 'n Vierjähriger
> An: Was ((lacht))
> Da: Nein (.) ich find die reden ne (…) du siehss eher aus wie (…) wie (…) wie 'n Grufti
> Ch: Wir sind voll oll ey (.) das is immer gut.
>
> Beispiel: „Teenager"
> (Zit n. Neuland/Schubert 2009)

3.1.3.2 Geschlecht

Die Gender-Differenzierung stellt in der Jugendsprachforschung eine besonders vielversprechende Perspektive dar. Auch hier hat das Wuppertaler Projekt einige erste Ergebnisse erarbeiten können, die sich in einer Tendenz zu einer stärker ausgeprägten Sprachsensibilität der Mädchen zusammenfassen lassen. Eine solche Sprachsensibilität zeigt sich insbesondere semantisch im Bereich sozialer Konnotationen und damit zusammenhängender Gebrauchsrestriktionen für bestimmte Ausdrucksweisen. Mädchen scheinen eine größere Sensibilität für diskriminierende und diffamierende Konnotationen zu haben, die auf der Sprachhandlungsebene zur bewussten Vermeidung dieser Ausdrucksweisen führt.

So begründet eine 14-jährige Gymnasiastin aus Erfurt die Ablehnung des Ausdrucks *schwul*: *weil es diskriminierend gegenüber den Homosexuellen ist*, und eine 18-jährige Gymnasiastin aus Freiburg lehnt die Bezeichnungen *Mongo* und *Spasti* ab als: *Diskriminierung von Behinderten*. Insbesondere ist der Ausdruck *Tussi* für weibliche Probanden eindeutig negativ besetzt und wird daher auch eher pejorativ verwendet, z.B. *bei uns bedeutet das, dass Eine richtig dumm und voll doof ist, Du dumme Tussi, halt's Maul oder so was in der Art* (14-jährige Hauptschülerin aus Magdeburg), *Ein aufgetakeltes Mädel, das zuviel von sich selbst hält. Guck dir mal die Tussi an!* (18-jährige Berufsschülerin aus Hessen).

3 Jugendsprache und deutsche Gegenwartssprache

Betrachten wir schließlich noch einige Anhaltspunkte für gendertypische Gesprächsstile. Während die Kommunikation in Mädchengruppen bereits Eingang in die Forschung gefunden hat (Branner 2003 sowie Spreckels 2006), weiß man noch recht wenig über die Kommunikation in Jungengruppen. Daher sei im Folgenden ein Beispiel einer spielbegleitenden Kommunikation in einer Gruppe männlicher Jugendlicher präsentiert, die der Fürsorge unterstehen und in einer Wohngruppe zusammenleben:

```
J3:  Ein zwei drei vier (.) REIN (.)
J2:  Boah eins
J1:  Der Mann hat echt voll UNglück ey ((emphatisch))
J2:  Kuck ma'ne vier (…) patschi putschi patsch (..) pa-ra-papapa ((langsamer
     gesprochen; erfreut; hat seine Figur sicher ins Ziel gebracht))
J1:  Isch bin geNAU daHINten (.) hasse endlich deine Vier (…) schade aber auch
J3:  Oh (…) sechs ((würfeln)) zwei ((würfeln))
J1:  Geh ma lieber raus (.) zummel zimmel
     […]
J3:  Sechs
J2:  Du Trottel (.) hätt ich ja rückwärts gehen müssen (.) weil da hätt ich 'n
     schmeißen müssen. Biss rausgeschmissen (..) Baby!
J3:  Mensch (..) nenn misch nisch immer Baby (.) isch BIN nisch schwul!
J2:  ((lacht)) Is er (..) is er nisch schwul!
J1:  Drei (.) sechs (…) un jetz eine drei (…) kicker (..) fünf
J2:  Jawuhl ey is schwul ey (..) ((J3 haut ihn)) EH NEIN!
J1:  Zwei (..) und biss diREKT wieder DRAUßen ((seufzt)) (…) Wichser!
     […]
J3:  Wat is (.) wer is jetz dran
J2:  Weiß nich (.) is mir AU egal (.) ich mag den SCHEISS sowieso nich mehr
J2:  (…) Du biss Junge
J3:  Habt ihr nich eben AUCH gequatscht mi'm B ((ein Mitspieler)) Spastis?
J1:  HALT DISCH DA RAUS (.) ja
J3:  Fünf (.) du Wichser ((leiser gesprochen))
J1:  Halt's Maul ((würfeln)) isch mach ma gleisch FÜNF gegen den Billigen
J3:  Jaa (.) isch bring disch gleisch um die ECKE ((warnend))
J1:  Da hasse schon die Ecke (.) kuck da ((ruhig))
J3:  OOh! REG MISCH NISCH AUF! ((empört))
J2:  J3 (.) Keep easy.

Beispiel: „Mensch ärgere Dich nicht!")
(Zit. n. Chovan in Neuland 2003, S. 132)
```

Es zeigt sich, dass die Jungen einerseits kindersprachliche Alliterationen und Onomatopoetika verwenden (*patschi putschi patsch, pa-ra-papapa, zummel zimmel*). Andererseits bringen sie emotional ihren Ärger über schlechte Spielzüge unmittelbar zum Ausdruck (*ich mag den Scheiß sowiso nich mehr, reg misch nich auf!*) unter Verwendung drastischer Beschimpfungen, zum

Teil mit **Vulgarismen** (*Spastis, du Wichser, halt's Maul!*). Dennoch werden diese Äußerungen anscheinend nicht als beleidigende Gesichtsverletzungen aufgefasst, sondern geben einen in dieser Gruppe normalen Umgangston wieder. Demgegenüber reagieren die Jungen aber sehr empfindlich auf die vermeintlich unverfängliche Anrede als *Baby*, die als Provokation des Männlichkeitsbildes der Jugendlichen aufgefasst wird (*Nenn misch nisch Baby, ich bin nisch schwul*).

3.1.3.3 Soziale Herkunft und Bildungsgänge

Die in der frühen Entwicklungsphase der Soziolinguistik in Deutschland so wesentliche Kategorie der sozialen Herkunft spielt in der Jugendsprachforschung bedauerlicherweise keine Rolle. Die Geschichte der deutschen Jugendsprachen zeigte schon, dass kaum etwas über den Sprachgebrauch nicht-akademischer Jugendlicher bekannt ist, für die der Jugendbegriff angesichts früherer Erwerbstätigkeit auch anders zu definieren ist als die verlängerte Jugendzeit der Postadoleszenz in den gebildeteren Gesellschaftsschichten.[64] Die Schülersprachforschung der 60er und 70er Jahre differenzierte ebensowenig zwischen den einzelnen Bildungsgängen.

Dabei ist es durchaus sinnvoll, bei Schülersprachen zwischen den verschiedenen Bildungsgängen, v. a. der Gymnasien und Hauptschulen zu unterscheiden. Zudem sind Migrantenjugendliche in der Hauptschule überproportional vertreten. Ein soziolinguistischer Vergleich von Sprach- und Kommunikationskompetenzen Jugendlicher unterschiedlicher sozialer Herkunft in nicht normgebundenen Kontexten steht jedoch leider noch aus. Ergebnisse des Wuppertaler Projekts zeigen allerdings, dass Hauptschüler den Gymnasiasten in gewissen außerschulischen Kommunikationspraxen und sprachlichen Leistungen nicht nachstehen. Den Befunden zufolge weisen Hauptschüler nicht nur einen etwas größeren Anteil an Anglizismen als Gymnasiasten und Berufsschüler auf, sondern bilden auch komplexere Hybridformen und kreative Sprachspielereien, ebenso wie Bricolagen in verfremdeter wie mimetischer Weise.

---

[64] Vgl. dazu Kap. IV.1.3: Forschungsdesiderate.

3.1.3.4 Regionale Herkunft

Beobachtungen über den Zusammenhang zwischen dem Gebrauch von Regionalsprachen und Jugendsprachen (Ehmann (1992), Heinemann/Neuland (1989) sowie Neuland (1998)) weisen darauf hin, dass relevante Unterschiede in der Nord-Süd-Dimension des deutschen Sprachraums zu finden sind. Auch im Wuppertaler DFG-Projekt zeigen sich entsprechende Differenzen auf der Ebene des Wortgebrauchs, z. B. wird die jugendsprachliche Kategorisierung *Spacko* von niederdeutsch: *spack* (trocken, dürr) in den nördlichen Erhebungsorten signifikant häufiger verwendet. Ähnliches gilt für die Ausdrücke *Proll*, *Asi* und *Macker*.

Solche Befunde können darauf hindeuten, dass in stärker dialektal geprägten Gegenden möglicherweise verstärkt regionalsprachliche an Stelle von jugendsprachlichen Ausdrucksweisen in dialektfernen Regionen genutzt werden. Es kann die These aufgestellt werden, dass Jugend- wie Regionalsprachen als „Sprachen der Nähe" und der informellen lokalen Gemeinschaften funktionale Schnittstellen im Hinblick auf einen Kontrast zur Standardsprache aufweisen.

Ergebnisse aus regionalen Chaträumen[65] in Deutschland sowie Ergebnisse der Jugendsprachforschung in der deutschsprachigen Schweiz[66] zeigen andererseits, wie stark jugendsprachliche Ausdrucksweisen im Dialekt ausgeprägt sein können.[67]

3.2 Typizität in der Heterogenität gegenwärtiger Jugendsprachen

In der Zwischenbilanz (Kap. II.5.3) wurde die Frage aufgestellt, welche jugendtypischen Merkmale angesichts der Vielfalt der Befunde zu erkennen sind, und ob und wenn ja, welche Typizität also in der Heterogenität von Jugendsprachen festgestellt werden kann. An dieser Stelle sollen nun die Ergebnisse zu jugendtypischen Spezifika gegenwärtiger Formen jugendlichen Sprachgebrauchs zusammenfassend ausgewertet werden. Dabei erweist sich, dass einige der sprachlichen Bildungsweisen, v. a. im Hinblick auf die Konstruktion innerer Mehrsprachigkeit, bis in die Sprachgeschichte zurück verfolgt werden können, andere hingegen mit dem kulturellen und technologischen Wandel v. a. im Hinblick auf den Sprachgebrauch in den Neuen Medien neu hinzugetreten sind.

---

[65] Vgl. z. B. Henn-Memmesheimer/Hofer 2006.
[66] Vgl. u. a. Werlen sowie Siebenhaar 2006.
[67] Vgl. dazu Kap. IV.3.3.2.3: Regionalsprachen.

3.3 Innere Mehrsprachigkeit von Jugendsprachen

3.3.1 Stilmischungen

Unter diesem Oberbegriff sollen drei verschiedene, oft gemeinsam vorkommende und nicht immer präzise voneinander abgrenzbare Phänomene subsummiert werden:

3.3.1.1 „Hohe" und „niedrige" Stilebenen

Aus dem Rückblick in die Geschichte deutscher Jugendsprachen, vor allem der historischen deutschen Studentensprachen, erwies sich das Prinzip von Stilmischungen als ein besonders auffälliges Charakteristikum. Dabei war die Mischung von bildungssprachlichem Stil, verbunden mit Entlehnungen aus den klassischen Bildungssprachen Griechisch und Latein, mit anstößigen Ausdrücken aus der deutschen Gaunersprache, dem Rotwelsch, besonders kennzeichnend für die Sprache der akademischen Jugendlichen.

Solche Stilmischungen erfolgten auch im Rahmen typischer Handlungsmuster und Textsorten des akademischen Lebensstils, wie z. B. den biographischen Aufzeichnungen des Magister Laukhard aus dem Jahre 1792 zu entnehmen ist. Dieser berichtet von Briefen, die er und sein Vater auf Latein verfassten, „nach meines Vaters und meiner damaligen Mode, mit griechischen Versen und Prosa ausgeschmückt." (S. 183) und erwähnt kurz darauf jenen von ihm verfassten und unter den Studenten verbreiteten „zotologischen" Aufsatz „Deutsche Synonyme".[68]

Die provozierende Verwendung anstößiger Ausdrucksweisen der niedrigsten Stilschicht, v. a. Vulgarismen, ist bis heute ein Stilmerkmal von Jugendsprachen geblieben, wie das soeben präsentierte Beispiel der Kommunikation in einer Jungengruppe zeigt. Ebenso geblieben sind die entsprechenden Klagen der Erwachsenen darüber. Das soziale Normengefüge, gegen das sich ein solcher Sprachgebrauch richtet, variiert jedoch im jeweiligen gesellschaftlich-historischen Bedingungsrahmen. Provokationen und Normverstöße funktionieren stets relational zum jeweiligen sprachlichen und sozialen Wertungssystem in oft generationstypischer Ausprägung.

---

[68] Vgl. dazu das Zitat von Laukhard in Kap. IV.1.1.3 (S. 104f.).

3 Jugendsprache und deutsche Gegenwartssprache

Für die heutige Zeit wird generell eine Nivellierung von Stilunterschieden und eine stärkere Tendenz zu informellen Stilen geltend gemacht.[69] Stilmischungen in Jugendsprachen vollziehen sich heute sublimer in Form von Rückgriffen auf subkulturelle, jugendtypische Ressourcen, wie es das aktuelle Beispiel einer Bricolage: „Lollo Ferrari"[70] demonstriert.

3.3.1.2 Bricolagen

Solche Prozesse einer Stilbastelei wurden von den kulturanthropologischen Studien der Birminghamer Forschergruppe des CCCS, v. a. von Clarke (1979) mit dem von Lévi Strauss (1966) stammenden Konzept der *bricolage*, der Stilbastelei beschrieben. Dabei werden signifikante Elemente verschiedener kultureller Bereiche aus der Matrix des Bestehenden selegiert, in einen neuen Kontext transformiert und zu einem subkulturtypischen Stilmuster zusammengefügt.

Ein weiteres Beispiel einer solchen Stilbastelei in Form einer Dekontextualisierung und Rekontextualisierung eines Handlungsmusters sei den korpusanalytischen Untersuchungen des Wuppertaler DFG-Projekts entnommen. Dm folgenden Fall einer spielerischen „Vorstellung" eines Gruppenmitglieds liegt das Textmuster einer Kontaktanzeige zu Grunde:

Ri: O.k. Ich bin Rostocker Single eins achtzig ((atmet Rauch aus)) *eins achtzig. Bin zärtlich liebevoll pu-puzzel gern in meiner Freizeit und geh zur Schule*
Pe: Hübsch ((lachend))
Ri: *noch und hab grad 'ne Lehre als Einzelhandelskaufmann und suche kleines nettes süßes Mädchen das*
Pe: Sehr vermögend
Ri: *das öh auf auf wilden hemmungslosen Puzzel-Spaß steht.*
((allgemeines Lachen))

Beispiel: „Puzzle-Spaß"
(Zit. n.: Neuland/Schubert 2009)

Während das für Jugendliche eher untypische Muster einer herkömmlichen Kontaktanzeige zunächst mimetisch übernommen und interaktiv ausgebaut wird, erfolgt zum Schluss der Sequenz durch die explizite sexuelle Konnotation des Hobbys *Puzzeln* eine ironische Durchbrechung des Musters.

---

[69] Vgl. Kap. III.3.2.1: Informalisierung des öffentlichen Sprachgebrauchs.
[70] Vgl. Kap. IV.3.1.2: Deutsche Schülersprachen (S. 140f.).

3.3.1.3 Zitationen und „Spiel mit fremden Stimmen"

Innerhalb von Bricolagen, aber auch unabhängig davon greifen Jugendliche auf verfremdendes Zitieren zurück, wie es schon von Schlobinski (1989 sowie 1993) beobachtet wurde. Der Verfremdungseffekt kommt dabei durch eine spielerisch-ironische Abwandlung eines den Beteiligten bekannten Referenzmusters im Sinne des Bricolage-Prinzips zustande, wobei das geteilte Wissen der Gruppenmitglieder das Funktionieren der Anspielung ermöglicht. So werden in einem Gespräch unter Schülern über den Ehemann einer Lehrerin, „der aussieht wie James Bond", Zitate aus den James-Bond-Filmen ironisch verfremdet.[71]

Als verwandtes Phänomen innersprachlicher Mischprozesse ist das von Schwitalla (1988) beschriebene „Spiel mit fremden Stimmen" zu rechnen. Dabei greifen Jugendliche zu Quasi-Zitaten, indem sie die Stimmen fremder Personen im thematischen Kontext imitieren und zugleich karikieren. Derartige Zitationen erfolgen in der Regel in unmarkierter Form, d. h. ohne einleitenden Matrixsatz; sie sind daher oft nur an der stimmlichen Performanz zu erkennen.[72] Nothdurft/Schwitalla veranschaulichen dies an folgendem Ausschnitt einer Erzählung des Schülers Harry von seiner Lehrerin:

Harry erzählt von einer Lehrerin. Standardlautung und Dialekt trennen eigene von fremder Rede:
Redeeinleitung: *hot se gemäänt*
Fremde Rede: so jetzt stimmen wir ab wer ist dafür daß wir diese lektüre
Eigene Erläuterung: *änni vom goethe*
Fremde Rede: ganz lesen
Erzählschritt: *((Lacht)) der reimann un isch hoch*
Fremde Rede: wer is dafür daß wir nur teile lesen
Erzählschritt: *((Lachend)) mir zwee wiedda hoch*
Fremde Rede: und wer enthält sich
Erzählschritt: *mir zwee wiedda*
Die Zitate der Lehrerin erscheinen z. T. aber auch mit einer zusätzlichen artikulatorischen Markierung des vornehmen Sprechens: *sie (die Lehrerin) kuckt nach* (affektiert) *äh nötürlich waren siebn* (Punkte).

(Nothdurft/Schwitalla 1995, S. 37)

Das bei Nothdurft/Schwitalla (1995) mit der Metapher des „gemeinsamen Musizierens" bezeichnete Variationsfeld von Stimmenvielfalt umfasst ver-

---

[71] Vgl. dazu das Beispiel in Kap. V.1: Schülersprache, Schulsprache und Unterrichtssprache.
[72] Vgl. Kap. II.3.3: Ethnographie der Jugendsprache.

schiedene Phänomene, wie z. B. gefühlsexpressive und sozialsymbolische Laute und Interjektionen, lautmalerisches Sprechen, Variation der Tonhöhe und der Lautstärke bis zum Flüstern, Variation des Sprechtempos, rhythmisierendes Sprechen und immer wieder das gemeinsame Lachen. Heute wird in diesem Zusammenhang vielfach auf Bakhtins Konzept (1979) der vielstimmigen Wörter verwiesen.

3.3.2 Varietätenwechsel

Neben den Stilmischungen bilden Varietätenwechsel einen weiteren Faktor der inneren Mehrsprachigkeit der Jugendsprache. Im Unterschied zu Stilmischungen, in denen die Code-Wechsel eher rasch und diffus im Sinne eines Code-*Shiftings*[73] erfolgen, kann sich ein Varietätenwechsel prinzipiell auch im Sinne des Code-*Switchings* vollziehen und dabei verschiedene systematische Varietätenmerkmale umfassen.

Unter diesem Aspekt sollen wiederum drei verschiedene Phänomene aufgeführt werden:

3.3.2.1 Fachsprachliche Register

So ist verschiedentlich schon darauf hingewiesen worden, dass Jugendliche in bestimmten Kommunikationssituationen und bei der Behandlung bestimmter für ihren soziokulturellen Lebensstil relevanter Kommunikationsthemen fachsprachliche Register verwenden, z. B. der Mode, der Technik oder des Sports. „Jugendliche als Sprachexperten" hatte Androutsopoulos dies 1997 beschrieben. Texte, die aus solch fachsprachlichen Varietäten bestehen, finden sich vorzugsweise in den sog. Fanzines, d. h. in Fan-Magazinen für bestimmte Jugendszenen und Subkulturen:

> „Und schon wieder die Konformisten-Uniform: US-Armee-Tarnhose, Chucks, kurz geschorene Haare, Ziegenbärtchen und irgendein verropptes Wreckage T-Shirt."
> **Konzertbericht aus Toys Move 5/1997**
> (Zit. n. Androutsopoulos 1997, S. 13)
>
> „Cut auf 24
> Der Cut auf 24 hatte 4 Heats mit je 2 Runs à ca. 60 Sekunden, je nachdem will sagen, war Glückssache. Schön Fahren = schön viel Zeit; nicht schön Fahren = „15 Sekunden letzter Trick Danke Tschö." Alles klar?
> **Bericht über einen Skaterwettbewerb**
> (Zit. n. Deppermann 1998, S. 70)

---

[73] Vgl. Auer (Hrsg.) 1998.

Der hochfrequente Fachwortschatz und die fachsprachlichen Stilmittel führen dabei zu einer fast hermetischen Ausdrucksweise, die sich allenfalls der eingeweihten In-Group der Szenegänger erschließt.

3.3.2.2 Sprachgebrauch in Neuen Medien

Funktionale Register spielen heute vor allem beim Nutzen der Neuen Medien eine Rolle, z. B. beim Schreiben von SMS oder E-Mails.

Die Kennzeichen solch primär schriftsprachlicher Register sind schon mehrfach beschrieben worden, vor allem im Hinblick auf ihre zwar medial schriftliche, konzeptionell aber eher mündliche Erscheinungsform[74], z. B. beim Instant-Messaging und in der Chat-Kommunikation.

- Dabei vermischen sich Aspekte der medienbedingten Variation, wie vor allem der expressive Gebrauch typographischer Ausdrucksformen (Emoticons, Versalien, Iterationen und graphostilistische Mittel, phonetische Schreibweise, typische Abkürzungen)
- mit allgemeinen Kennzeichen des mündlichen Sprachgebrauchs Jugendlicher, wie z. B.: Interjektionen, Intensivierungen, Vulgarismen, Phraseologismen, Apokopen und Synkopen sowie Gesprächspartikel.

Dies demonstriert das folgende Beispiel:

```
M:  glyk ziehst du morgen abend noch        M:  ct auch [...]
    mit rum??                                G:  nä
G:  nee kann nicht :=(                       G:  nicht wirklich
G:  hässlige nase                            G:  *g* [...]
M:  wieso???                                 M:  grr doch
G:  nochmal                                  G:  wer ist denn da schon?
G:  :0(                                          (besonderes)
G:  muss noch für die schule pauken          G:  *fg* [...]
    [...]                                        Milo mal ganz dolle
M:  ach man vergiss die Schule                   knuddelt [...]
    morgen is ct!!!!!!                       M:  hui freu, glyk mal n
G:  ja                                           Schmatza geb [...]
G:  aber schule ist wichtig                  G:  cool
N:  *heul*                                   M:  winkt zum Abschied. *fg*

Beispiel: „Chattertreffen" (ct)
Chatraum Berlin-Brandenburg 2002
(Zit. n. Henn-Memmesheimer/Hofer 2006, S. 197f.)
```

---

[74] Vgl. in kontrastiver Hinsicht z. B. Schlobinski/Watanabe 2006 sowie allgemein Henn-Memmesheimer/Hofer 2006, Dürscheid 2006, Kleinberger Günther/Spiegel 2006, Androutsopoulos 2003.

3 Jugendsprache und deutsche Gegenwartssprache 153

Der Chat ist ein „Inszenierungsort mit besonders viel Spielraum"[75], eine Bühne zur Demonstration von Spaß und Spiel, Abwandlung und Neuschöpfung, von virtuoser Nutzung medienbedingter Möglichkeiten, die von der Gruppe jugendlicher Experten goutiert und estimiert wird. Zu den verwendeten Nonstandardformen gehören interessanterweise auch regionalsprachliche Ausdrucksweisen, wie sich insbesondere am Beispiel regionaler Chat-Räume belegen lässt.[76]

3.3.2.3 Regionalsprachen

Die Verwendung von Dialekten durch Jugendliche ist ein noch relativ unbearbeitetes Forschungsfeld, das durch die Studie von Ehmann (1992) theoretisch wie methodisch nur vorläufig bearbeitet wurde.[77]

Die Wuppertaler DFG-Studie weist für den Sprachgebrauch von Jugendlichen in neun deutschen Bundesländern z. T. erhebliche Unterschiede im Hinblick auf die regionalen Achsen Nord-Süd sowie West-Ost auf. So sind manche jugendsprachlichen Ausdrücke in den dialektreicheren südlichen Bundesländern weniger bekannt und gebräuchlich, z. B. die Ausdrücke *Macker* sowie *Spacko* und ebenso der Ausdruck *Proll*. Jugendliche in dialektreicheren Gegenden können für ihre Ausdrucksbedürfnisse, hier besonders der sozialen Klassifikationen, eben auch das regionalsprachliche Inventar nutzen.

Die Befragungen von Arendt (2006) lassen eine besondere Wertschätzung des Niederdeutschen bei Jugendlichen im norddeutschen Raum erkennen. Dies gilt für den Süden des deutschsprachigen Raumes, speziell für die Deutschschweiz allemal; doch weist der deutschschweizer Dialekt – im Unterschied zum Plattdeutschen – wohl auch gerade deshalb kaum Differenzierungsfunktion zwischen den Generationen auf.[78]

Zu den Ressourcen der Jugendsprache in der Deutschschweiz gehören nach Werlen (2006) Dialekte, deutsche Standardsprache sowie Jugendsprachen neben Englisch und Migrantensprachen. Dies demonstriert das folgende Beispiel („Kafi melangsch"), in dem zwei Berndeutsch sprechende 14-Jährige spontan einen Rap („Hohler Zahn") inszenieren:

---

[75] So Henn-Memmesheimer/Hofer 2006, S. 201.
[76] Vgl. Kelle 2000.
[77] Vgl. dazu bereits Kap. IV.3.1.3.4: Regionale Herkunft.
[78] Vgl. dazu auch Siebenhaar 2006.

> B: Auso. Eis, zwöi, drü vier ((Rap))
> A: Mir hei probiert z'räpe. Mir chöi nüt derfür! Auso: Eis, zwöi ((Rap geht uv weiter))
> B: Jetz verzeu i no die Gschicht: Jede Morge, wenn i aufschtah u i Schpiegu luege
> A: Sein oder nicht sein! [...]
> A: ((uv Rap)) Jede Morge, wenn i i de'Chuchi ga, frissen i e Röschti zum z'Morge. Yea, i schmiere Mayo druf, i trinke Kafi u tue Rahm druf. Das git e Kafi melangsch.
> Jou jou jeh jeh tschige bou bou
> B: Scho nume die da si scho huere tür. [...]
> A: Es isch emau e Ma gsi mit eme hohle Zahn. I däm hohle Zahn isch.
> B: Verteli Siech
> A: ((div. uv)) [...]
> B: I mache mau öppis.
> A: ((uv englisch)) Es isch emau e Ma gsi mit eme hohle Zahn.
>
> Beispiel: „Kafi melangsch"
> (uv = unverständlich)
> (Zit. n. Werlen 2006, S. 379)

Inwieweit sich in jugendtypischen Verwendungstexten von spontaner intragruppaler Kommunikation altersdifferentielle Dialektmerkmale erschließen lassen, muss künftig noch näher erforscht werden.

3.3.3 Entlehnungen

Das hartnäckige und von den populärwissenschaftlichen Wörterbüchern der „Jugend- und Szenesprache" genährte Vorurteil, dass Jugendliche besonders viele Fremdwörter, besonders Anglizismen benutzen, hat die linguistische Jugendsprachforschung bisher nicht bestätigen können.[79] Vielmehr wird auf die variierenden Gebrauchshäufigkeiten von Entlehnungen in unterschiedlichen Kommunikationssituationen und Textsorten aufmerksam gemacht. Wie auch die bisherigen Beispiele in diesem Kapitel zeigen, werden Entlehnungen in fachsprachlichen und schriftsprachlichen Kontexten weit häufiger verwendet als in der spontanen intragruppalen Kommunikation von Jugendlichen.

Es ist aber nicht unwahrscheinlich, dass Entlehnungsprozesse zunächst durch jugendliche Sprachbenutzer initiiert werden, bevor sie im Prozess der Stilverbreitung von anderen Benutzergruppen übernommen werden. Unter diesem Blickwinkel ist ein weiterer Rückblick in die Geschichte der historischen deutschen Studentensprachen aufschlussreich. Wie bei den Stilmischungen bereits erwähnt, waren es im 17. und 18. Jahrhundert ins-

---

[79] Vgl. Kap. IV.3.1.2: Deutsche Schülersprachen sowie Neuland/Schubert/Steffin 2007.

besondere Entlehnungen aus den klassischen Bildungssprachen Griechisch und Latein, die zu jener Sprachmischung des „makkaronischen Latein" der älteren burschikosen Literatur führte. Wie Kluge berichtete, wurden dabei „in rücksichtsloser Abstreifung jeden Regelzwangs in derb komischer Verschmelzung von Deutsch und Latein" (1895, S. 31) deutsche Elemente in lateinischem Kontext zu einem neuen gruppenspezifischen Sprachstil zusammengefügt. Durch die Anwendung solcher begrifflicher Ausweise klassischer Bildung im Kontrast zu schlichter bildungsferner Alltagspraxis wurde überdies ein besonderer Effekt für den damaligen burschikosen Lebensstil erzeugt, z. B. *konkneipant, gassatum* und *virgatum* gehen, in *schwulibus sein*.[80]

Mit der Entwicklung von nationale Grenzen überschreitenden Jugendkulturen und ihrer internationalen medialen Verbreitung tragen Jugendliche zweifellos zugleich zur Verbreitung von Entlehnungen aus dem angloamerikanischen Raum bei. Wie bereits angeführt[81], verwenden Jugendliche diese Entlehnungen in der Regel kontextadäquat und grammatisch korrekt und nutzen dabei oft einen besonderen Ausdruckseffekt gegenüber nativen Bedeutungsäquivalenten, z. B.: *Der burnt bis zum Siedepunkt*. In diesem Kontext hat der unerwartete und den bekannten Phraseologismus abwandelnde Anglizismus eine besondere Hervorhebungsfunktion.

Dagegen ist als Zeichen der Globalisierung zu werten, dass Entlehnungen, die für besonders jugendtypisch gehalten werden, wie z. B. *cool*, mittlerweile bei Jugendlichen in vielen Ländern der Welt nachgewiesen werden können (z. B. lettisch: *kūl*, chinesisch: *ku*, japanisch: *kûru*). Das lettische Beispiel einer zunehmenden Zahl von Anglizismen und einer abnehmenden Zahl von Russizismen zeigt überdies, dass die Entwicklung von Entlehnungsprozessen zugleich als ein Indikator für sprachpolitische Entwicklungen gedeutet werden kann (Tidrike 2007).

Eine Aktualisierung hat die Diskussion um Entlehnungen im Sprachgebrauch Jugendlicher durch die Frage erhalten, ob sich der Einfluss von Migrantensprachen als Gebersprachen in jüngster Zeit verstärkt bemerkbar macht, denn in der Schule und in der Freizeit wirken Migrantensprachen, vor allem Türkisch, aber auch Polnisch und Russisch als Kontaktsprachen, aus denen auch deutsche Jugendliche Entlehnungen übernehmen. Nach den bisherigen Erkenntnissen trifft dies vor allem auf Begrüßungs- und

---

[80] Nach Neuland 2003d, S. 105.
[81] Vgl. Kap. IV.3.1.2.

Verabschiedungsformeln zu, wie z. B. das türkische *hadi* (los, also), das in Verbindung mit deutschen Grußformeln *hadi tschüss* oder auch: *hadi hau rein!* verwendet wird. Ähnliche Mischformen wurden aber auch bereits mit dem italienischen *ciao* gebildet, z. B.: *ciao bis dann!* Gegenüber der italienischen Grußformel fällt die türkische Entlehnung quantitativ allerdings bislang noch kaum ins Gewicht.[82]

3.4 Äußere Mehrsprachigkeit von Jugendsprachen

Phänomene innerer und äußerer Mehrsprachigkeit lassen sich nicht immer trennscharf voneinander unterscheiden; das „Spiel mit fremden Stimmen" vermischt sich mit dem „Spiel mit fremden Sprachen". *Languaging*, wie Jørgensen 2007 formuliert, hat kommunikative und identifikatorische Funktionen und bringt Kreativität und Kompetenz zum Ausdruck, und zwar auch in visueller und künstlerischer Form in Graffittis und Wandsprüchen.

3.4.1 Code-switching und „gemischtes Sprechen"

Sprachmischungen ergeben sich aus polykulturellen und vielsprachigen Bedingungen. Zentral für das Sprachalternieren[83] ist zunächst einmal das Code-switching, das im allgemeinen Kontext von Zwei- und Mehrsprachigkeit erfolgen kann und sich nicht auf Migrantensprachen beziehen muss, wie Saari 2007 am Beispiel von finnisch und schwedisch sprechenden Jugendlichen in Helsinki zeigt.

Code-switching kann dabei *situativ* und erwartbar erfolgen und an Kommunikationsbereiche und -situationen gebunden sein. Unvorhersehbare *metaphorische* Wechsel erfüllen darüber hinaus sozialsymbolische Funktionen, sodass „gemischtes Sprechen" zur Ausdrucksweise von Identifikationen werden kann. Das folgende Beispiel demonstriert sprachspielerische ethnische Grenzüberschreitungen mit einem Unterhaltsamkeitseffekt für die Kommunikation in einer Gruppe türkischer Schüler:

---

[82] Vgl. dazu Neuland/Schubert/Steffin 2007.
[83] So Hinnenkamp 2003.

3 Jugendsprache und deutsche Gegenwartssprache 157

((Türkische Mitschülerinnen nähern sich; kichern))
E: *Acayıp pis hava var, lan, buz tutuyom, anıma koyum*
   Es ist schrecklich kalt, Mann, mich friert es, fuck you!
H: *Mmm çok soğuk*
   Es ist sehr kalt
F: ((Zu den vorbeigehenden Mitschülerinnen)) *Eh havalandırmışlar*
                                              Die sind wohl arrogant geworden
H: *((lacht))*
E: ((lachend)) *Ei, das gibt's gar nicht, hey. Die türkischen Weiber, die sind verrückt*
F: *Burdakiler hep rezil olur, bana karşı, vallah! Weisch, sie kennt mich fast gar net*
   Für alle Anwesenden ist es peinlich, gegen mich, verdammt!
   Herkes sanıyo ben almanım
   Jede denkt ich bin Deutscher
E: *((lacht))*
E: *Ana, buna bak, lan, havalanıyo*
   Mammamia! Schau ihn an Junge, er wird arrogant
F: *Yok ya havalanıyom tabii*
   Was soll's, natürlich werde ich arrogant
Y: ((von den vorbeigehenden Mädchen zu F)) *Ay! Türkmüş*
                                            Ach! Er ist wohl Türke
F: ((zu Y)) *Ha götüne koyum!*
   Ha, ich steck's dir in den Arsch!
Beispiel: „Türke oder Deutscher?"
Dt. Übersetzung hier in normaler Type
(Zit. n. Hinnenkamp 2000, S. 103)

Das „Gemischte Sprechen" entwickelt sich als ein aktiver Prozess der Aneignung und Neugestaltung eines originären hybridolektalen *We-Codes*[84].

Abb. IV.3.1: Jugendliche Hauptschüler 1: „Endkrass chancenlos?"

---

[84] Vgl. Hinnenkamp 2003, S. 412.

Abb. IV.3.2: Jugendliche Hauptschüler 2

3.4.2 Kreuzungen mit Migrantensprachen

Im Kontext der großen Dialekt- und Sprachgrenzen überschreitenden Migrationsbewegungen der letzten Jahrzehnte spielen die Herkunftskulturen und -sprachen eine besondere Rolle, indem sie zu neuen Formen der kulturellen und sprachlichen Heterogenität beitragen. In Deutschland sind dafür Bezeichnungen wie *Türkendeutsch*, *Russendeutsch*, *Kanak-Sprak*, *Kiez-Sprache* u. a. im öffentlichen Sprachgebrauch eingebürgert, die – im Unterschied zum früher üblichen verallgemeinernden *Gastarbeiterdeutsch* – auf eine ethnolektale Basis verweisen. Entsprechende Phänomene sind aber auch aus anderen Ländern Europas bekannt, v. a. aus den *banlieus* der französischen Großstädte mit einer Mischung aus Französisch und Arabisch und aus Schweden mit dem *Rinkeby-Schwedisch*[85] eines Stockholmer Vororts.

Zur Beschreibung solcher Interaktionsformen mit transkulturellen[86] sprachlichen Grenzüberschreitungen in interkulturellen multiethnischen Kontexten wird auf das von Rampton (1995) stammende Konzept des *Crossing* zurückgegriffen. Sprachkreuzungen sind, von unmittelbar handlungsfunktionalen und referentiellen Zwecken losgelöst[87], eher Ergebnis willkürlicher Konstruktionen jugendlicher Akteure im spielerischen

---

[85] Vgl. dazu Kotsinas 1998.
[86] Vgl. dazu Welsch 1995.
[87] S. Androutsopoulos 2003, S. 86.

3 Jugendsprache und deutsche Gegenwartssprache

und oft auch destabilisierenden[88] Umgang mit Ethnizität. Dabei können Sprachkreuzungen, zumal in gemischt ethnischen Gruppen von Jugendlichen auch auf ein verdecktes Prestige ethnischer Gruppen und Subkulturen anspielen[89], insbesondere dann, wenn sie wie im folgenden Beispiel von Jugendlichen anderer ethnischer Herkunft, und zwar bosnisch und kroatisch, verwendet werden:

> Boris: ha? (.) ya bi adam var moruk (.) KIZ'de (.) ich soll aufnehmen (...)
> Türkisch spricht (.)
> Wie? (.) na da ist ein Mann, du alter Knacker (.) im KIZ
> o zaman para alıyom
> dann krieg ich Geld
> Selma: Was
> Boris: Sana ne
> Was gehts Dich an
>
> Beispiel: „Kiez"
> (Zit. n. Auer/Dirim 2000, S. 107)

Der Gebrauch solch türkisch-deutscher Sprachkreuzungen oder gar eines türkischdeutschen Ethnolekts scheint jedoch hochgradig kontextsensitiv und von sehr vielen Faktoren abhängig, sodass die allgemeine Schlussfolgerung, auch deutsche Jugendliche würden sich vermehrt auf diese Weise äußern, als spekulativ zurückzuweisen ist. Als gleichfalls zur Zeit noch ungeklärte Frage bleibt, ob sich letztlich solche Crossing-Phänomene in Form einer ethnolektalen Varietät von „Kiez"-Sprache beschreiben lassen. Diese von Wiese (2006) vertretene These fußt auf dem Nachweis der sprachlichen Produktivität einer grammatischen Konstruktion vom Typ: *„Ich mach dich Messer"*; sie bedarf zweifellos weiterer Belege und empirischer Absicherung.

Es wurde versucht, die nahezu unbegrenzt und vor allem unstrukturiert erscheinende Heterogenität von Jugendsprachen näher zu bestimmen und typische Muster und Funktionsweisen des Sprachgebrauchs Jugendlicher, also Typizität in der Heterogenität, zu entdecken. Um das, was zuerst als diffus und unbestimmbar erscheint, kategorial und begrifflich zu ordnen und auf jugendtypische Spezifika hin zu analysieren, wurden im Überblick verschiedene Faktoren intralingualer und interlingualer Mehrsprachigkeit erörtert und an Beispielen veranschaulicht.

---

[88] Vgl. dazu Hewitt 1994, 1998.
[89] Vgl. dazu Auer/Dirim 2000 und die Typologisierung von Ethnolekten von Auer; hier Kap. III.3.2.2: Prestige des Substandards.

Dabei sei zum Schluss verallgemeinernd festzuhalten:

- Sicherlich kann für keines der angeführten Merkmale bzw. Muster allein für sich genommen eine jugendspezifische oder gar jugendexklusive Qualität beansprucht werden. Auch Erwachsene benutzen gelegentlich Vulgarismen, verwenden Entlehnungen, heute vorzugsweise Anglizismen, wechseln im Gespräch und im medialen Umgang die Register und greifen in informellen Kommunikationssituationen zu Sprachspielen und Anspielungen. Insofern schaffen Jugendliche nicht unbedingt neue, sondern machen in besonderer Weise von möglichen Faktoren der Sprachvariation Gebrauch.
- Allerdings nutzen sie diese Möglichkeiten in höherer Frequenz, mit rascheren Wechseln und größerer Intensität und sicherlich mit viel größerem Spaß an den Verfremdungen, Abwandlungen und Neuinszenierungen, als Erwachsene dies tun. Jugendtypisch ist schließlich wohl auch die besondere soziale Bedeutung dieser „Spiele mit fremden Stimmen und mit fremden Sprachen", die – wie gezeigt werden konnte – zumeist in sozial abgrenzender und identifikatorischer Funktion in intragruppalen kommunikativen Kontexten verwendet werden.
- Die angeführten sprachlichen Merkmale und Muster sind daher als isolierte Phänomene nicht jugendsprachlich „an sich", und sie sind auch hier nicht vollständig und erschöpfend dargestellt. Jugendsprachliche Typizität zeigt sich erst in ihrem raschen und komplexen Zusammenspiel, das zugleich auch die Grenzen zwischen den Kategorien aufheben kann, wie auch die angeführten Beispiele zeigen, in denen fast immer mehrere Merkmale und Muster zugleich zu erkennen sind. Stimmen-, Stil- und Sprachwechsel indizieren im Gespräch je andere Kontextualisierungen im multidimensionalen Varietätenraum von Jugendsprachen. Sie verweisen damit auf jene Pluralität und Multiperspektivität[90] von Identifikationen, die möglicherweise für heutige Jugendgenerationen in westeuropäischen Gesellschaften typisch sein dürften.

---

[90] Vgl. dazu Neuland 2003c, S. 143.

V Jugendsprachen in Schule und Unterricht

Betrachten wir abschließend Schüler- und Jugendsprachen in dem wichtigen institutionellen Kontext von Schule und Unterricht, in dem sich Jugendliche in dieser Sozialisationsphase bewegen und innerhalb dessen sich die Schülersprachen situieren.

Dabei sollen drei thematische Perspektiven unterschieden werden, und zwar werden zum einen Friktionen und potentielle Konflikte erörtert, die sich zwischen der Schülersprache und der Unterrichtssprache ergeben können; zum anderen sei ein kurzer vergleichender Blick auf Sprachleistungen von Jugendlichen innerhalb und außerhalb der Schule geworfen, und schließlich sollen Anregungen gegeben werden, was man an Jugendsprachen als Unterrichtsthema lernen kann.

1 Schülersprache, Schulsprache und Unterrichtssprache[1]

„*Das ist voll ohne Sinn*!" Diese spontane Schüleräußerung als Kommentar zur Anmerkung eines Mitschülers im Unterricht kann unterschiedliche Reaktionen auslösen: Zustimmung oder Widerspruch durch die Mitschüler, Verständnis oder Ablehnung durch die Lehrkräfte. Wenn Schüler sich am Unterrichtsgespräch beteiligen, so stehen spontane Äußerungen und institutionelle Rahmenbedingungen für das sprachliche Handeln im Unterricht häufig in einem Spannungsverhältnis zueinander: In der Regel wird zwar im Unterricht die Standardsprache als Unterrichtssprache verwendet, und in der Regel von Lehrkräften mit ihrem berufbedingten Register der Unterweisungs- und Anweisungssprache stärker als von Schülern, doch greifen diese insbesondere dann, wenn sie emotional angesprochen werden und ihren Gefühlen Nachdruck verleihen wollen, vermehrt zur Umgangssprache oder auch zur Jugendsprache.

---

[1] Vgl. dazu ausführlicher Neuland/Balsliemke/Sadat 2009 i. E.

Welche Wirkungen wird eine Schüleräußerung im Unterricht als Kommentar zum Beitrag eines anderen Schülers wie *„Du redest Kacke, du Penner!"* auslösen? Und welche Wirkung hätte diese Äußerung, wenn sie in der Pause auf dem Schulhof oder auf einem Klassenausflug fällt? An solchen Beispielen lässt sich das potentielle Konfliktfeld zwischen Schülersprache, Schulsprache und Unterrichtssprache veranschaulichen. Insbesondere erscheint die Kommunikation im Unterricht als ein Interaktionsfeld, in dem schulische Rahmenbedingungen, unterrichtliche Erfordernisse und außerschulische Spracherfahrungen und Bedürfnisse der Lernenden eine Rolle spielen.

1.1 Kommunikation in Jugendgruppen als sozialisatorische Interaktion

Wie bereits dargestellt, dient Jugendsprache der sozial und situativ gebundenen, gruppeninternen Verständigung von Jugendlichen untereinander. Sie ist stark an die Domäne der Freizeit gebunden und wird weit seltener in den Domänen Familie und Schule verwendet. An den folgenden Beispielen von Gesprächen von Schülern außerhalb von Schule und Unterricht sollen drei wesentliche Charakteristika solcher Gespräche aufgezeigt werden:

- kreative Sprachstil-Bastelei
- sozial vergewisserndes Lästern
- affektive Entlastung.

J3: Schulsachen hab ich alle dabei (…) ((undeutlich))
J1: Hol ma raus!
J3: Hab ich alle ausge(…) im Kofferraum heute.
J1: Ah. ((uv Durcheinander))
   Dann brauchsse nämlich immer nur rausnehmen, je nach dem wass'e gerade brauchss.
   ((uv))
J2: Aah! Sommerbrise aus der Dose! ((alle lachen))
J3: ((rülpst laut))
J2: Huhuhuhu!
J3: Guck ma hier!
J2: Was da für' ne Wolke kommt! (…)
J3: Das is Physik.
J1: Is Physik (…) das is voll Scheiße ((leise))

Beispiel: „Hausaufgaben"
(Zit. n. Chovan in Neuland 2003, S. 133)

1 Schülersprache, Schulsprache und Unterrichtssprache

Wie das Beispiel eines Gesprächs zwischen Schülern eines Gymnasiums demonstriert, ist dieser Sprachgebrauch nicht unbedingt durch einen besonderen jugendtypischen Wortschatz charakterisiert; vielmehr handelt es sich um einen bestimmten Interaktionsmodus und Sprachstil in dieser Peergroup, der sich durch Stimmenvielfalt, Durcheinanderreden, gemeinsames Gelächter über gelungene Wortspiele und Anspielungen sowie Bricolagen auszeichnet. Nothdurft/Schwitalla haben dies als „gemeinsam Musizieren" (1995) charakterisiert, Deppermann/Schmidt (2000) sprechen vom Gesprächsprinzip: „Hauptsache Spaß".[2] In diesem Fall wird ein Werbespruch (*„Sommerbrise aus der Dose"*) über die Assoziationen wie (Duft)Wolke, Unterrichtsgegenstand in Physik mit dem schulischen Erfahrungskontext verbunden und aus Schülerperspektive mit dem Vulgarismus „voll Scheiße" bewertet.

Ein Sprachspiel demonstriert auch das folgende Beispiel:

> J: Mein Name ist Hinz ((lacht)) Hans Hinz ((lacht)).
> A: Hinz und Kunz.
> N: Und ich hab die Lizenz zum Töten ((lacht)).
> A: Mit schlechten Zensuren! ((lachen))
>
> Beispiel: „James Bond"
> (Zit. n. Wachau in Schlobinski/Kohl/Ludewigt (1990) 1993, S. 58)

Das Sprachspiel speist sich aus der innovativen Verbindung des James Bond-Slogans: *Mein Name ist Bond,* u. a. aus dem Film „Die Lizenz zum Töten", in Verbindung mit dem Phraseologismus *Hinz und Kunz* und schließlich dem „Töten" durch schlechte Zensuren in der Schule. Es steht im weiteren Kontext eines jugendtypischen Handlungsmusters, und zwar des Lästerns, in diesem Fall über schulbezogene Themen und speziell das Aussehen des Ehemanns einer Lehrerin. Beim Lästern[3] werden von den Jugendlichen Ansichten über kritikwürdiges Aussehen und Verhalten einer nicht anwesenden Person ausgetauscht, sodass zugleich durch die soziale Vergewisserung von Meinungen und Wertungen die Vergemeinschaftung der Gruppe gestärkt wird.

---

[2] S. dazu die Übersicht in Kap. III.1.2.2.
[3] Vgl. dazu Schubert 2008; hier Kap. IV.3.1.2: Deutsche Schülersprachen.

Das dritte Beispiel zeigt noch eine weitere Funktion schulbezogener Schülergespräche auf:

> J2: ((uv)) Aufgabe zwei (...)
> Bestimme die Gleichung der Tangente zum Kreis nanananana ((schnell gesprochen)) in diesem nananana ((schnell gesprochen)) berührt
> J1: Ihr kricht gleich den tollen Zettel!
> J2: Mmh, ich muss die ganze Scheiße noch aufschreiben.
> J3: Die Frau XY ((Lehrerin)), die hat auch irndwie den fetten Arsch auf
> J2: DIE HAT'N ARSCH!
> J1: Die hat irgendwie den fettesten Arsch den's gibt! ((uv))
> J2: Aber sieht haargenau aus wie WQ fast!
>
> Beispiel: „Fetter Arsch"
> (Zit. n. Chovan 2006, S. 143)

Dieses Beispiel stellt die Fortsetzung des ersten Beispiels dar, in dem sich eine Gruppe von Gymnasiasten über eine bevorstehende Klassenarbeit und über Hausaufgaben unterhält. Dabei fallen weitere Fäkalausdrücke (*Die ganze Scheiße*), und die Lehrkraft, die die Hausaufgaben erteilt hat, wird mit der obszönen Bemerkung (*fetter Arsch*) verunglimpft. Dieses Freizeitgespräch der Jugendlichen untereinander dient der affektiven Entlastung des sozialen Zwangs, den die Schule ihnen auferlegt; durch die gemeinschaftliche hyperbolische Diffamierung der Lehrerin (Abgrenzung nach außen) dient das Gespräch zugleich der Festigung des Zusammengehörigkeitsgefühls innerhalb der Schülergruppe.

Schüler- wie Jugendsprachen sind in besonderer Weise Gruppensprachen, die zwar situativ außerhalb der Domäne Schule praktiziert werden, inhaltlich wie funktional aber vielfältig auf den Erfahrungsraum Schule und die soziale Identität der Schülerrollen bezogen sind. Die Beispiele, in denen sich Schüler außerhalb der Schule über schulbezogene Themen unterhalten, demonstrieren, dass das Schulleben eine bedeutsame thematische Ressource auch für das außerschulische soziale Leben der Jugendlichen darstellt und dass die Thematisierung wichtige subjekt- und gruppenbezogene Funktionen für die Jugendlichen ausübt. Die Gespräche in den Peergroups können dabei auch kompensatorische Funktionen übernehmen, indem sie zur Entlastung von sozialem und affektivem Druck beitragen und das Gemeinschaftsgefühl innerhalb der Gruppe stärken. Zugleich weisen die Beispiele aber auch jugendtypische Stilmerkmale auf, wie z. B. den Gebrauch von Anspielungen, das Ironisieren und das Karikieren, das sich gegenseitige Überbieten im Rahmen einer Angebotskommunikation. Kommunikation in Jugendgruppen ist als ein wesentliches Medium sozialisatorischer Interaktion anzusehen, in der sich sowohl personale als auch soziale Identitätsbildung vollzieht. Die Peergroup-Kommunikation bildet ein Übungsfeld für Selbstdarstellung und für Rollenzuschreibungen sowie -abgrenzungen. Gerade dabei spielt der schulische Erfahrungsraum eine besondere Rolle.

1.2 Kommunikation in Schule und Unterricht als Mittel der Sozialisation in die Schülerrolle

Die oben erwähnten Beispiele widersprechen allerdings den sprachlichen Gepflogenheiten innerhalb der Schule. Schule ist auf die Funktionen der Wissensvermittlung und der Wissensaneignung, aber auch der sozialen Differenzierung und Selektion ausgerichtet.[4] Eine solche Zweckorientierung wirkt sich in der institutionellen Kommunikation aus und führt zu einer ungleichen Verteilung von Rederechten und Themenwahlen sowie Sprechakten und zu einer institutionsspezifischen Veränderung sprachlicher Handlungsmuster des Alltags, v.a. des Frage-Antwort-Musters. Subjektive Bedürfnisse der personalen Identität bleiben dieser Rahmenordnung unterworfen. Demgegenüber folgt die Alltagskommunikation außerhalb der Institution Schule eher dem „homilëischen Diskurs"[5]. Überdies hat das institutionstypische Verhalten auch außerunterrichtlich an verschiedenen Schulorten seine Relevanz, wie z.B. im Rahmen von Schulveranstaltungen, auf den Gängen im Schulgebäude oder auf dem Pausenhof.

In der schulischen Kommunikationspraxis müssen Schüler häufig ihre personale Identität zugunsten der sozialen, von der Schülerrolle geforderten zurückstellen. Für die Institution Schule existiert das kommunikative Dilemma, dass die Identitätsbalance der Schüler zwischen personaler und sozialer Identität nicht ohne Brechungen gewahrt werden kann.[6] Solche institutionell bedingten Spannungen führen zu offenen oder verdeckten Friktionen[7], die pädagogisch-didaktische Intentionen bremsen, ablenken oder zerreiben können. Brechungen des gemeinsamen Handlungsrahmens führen zu Handlungsdivergenzen auf zwei Unterrichtsebenen, die

---

[4] Vgl. dazu strukturfunktionale Konzepte, v.a. Fend 2002.
[5] So Ehlich 1981.
[6] Streeck spricht in diesem Zusammenhang von „konfligierenden Relevanzsystemen" zwischen der Lehrerwelt und der Kinderwelt (Streeck 1983, S. 203).
[7] Vgl. Gohlke 1981, S. 253, S. 259.

Zinnecker mit den Metaphern der Vorderbühne und der Hinterbühne beschreibt:

> „Das Spiel läuft immer auf zwei Bühnen: Auf der Vorderbühne, im Verhalten zum offiziellen Personal der Institution, wenn sie angesprochen, einbezogen und aufgefordert werden, dominiert Abwehr und Obstruktion; auf der Hinterbühne blühen Beweglichkeit, Schnelligkeit und Wendigkeit."
>
> (Zinnecker 1978b, S. 31f.)

So können auf der „Vorderbühne" Desinteresse und mangelnde Mitarbeit, Kooperationsverweigerung sowie verbal und non-verbal geäußerte Abneigung, wie z.B. demonstratives Wegschauen, auch das Nicht-Grüßen der Lehrer auf dem Flur, sowie verbale Attacken und gemeinsames unhöfliches Lachen der Schüler als Äußerungsformen der Distanz zur Institution gesehen werden. Die Lernenden haben in Unterricht und Schule gewisse Schülertaktiken entwickelt (Heinze 1976), die ihnen eine Distanzierung zur Schule als „Zwangsinstitution" ermöglichen, z.B. vorgetäuschte Aufmerksamkeit oder auch sog. Selbstengagement (Nase bohren, Fingernägel kauen etc.).[8]

1.3 Haupt- und Nebenkommunikation im Unterricht und Identitätsbalancen

In einer Unterrichtsstunde findet nicht nur das intendierte Unterrichtsgespräch statt, sondern es laufen auch unterschiedliche Formen von Nebenkommunikationen ab. Die bedeutsame Unterscheidung von Haupt- und Nebenkommunikation im Unterricht und eine erste funktionaltypologische Erfassung von Nebenkommunikationen stammen von der Arbeitsgruppe Baurmann/Cherubim/Rehbock und ihren „Beobachtungen und Analysen zum nicht-offiziellen Schülerverhalten innerhalb und außerhalb des Unterrichts" (1981). Rehbock schreibt insbesondere der sich von der Hörerrolle im Hauptdiskurs distanzierenden Nebenkommunikation von Schülern im Unterricht eine identitätssichernde Funktion zu (1981, S. 68ff.).

---

[8] Vgl. dazu auch das interaktionistische Konzept von Brumlik/Holtappels 1987.

1 Schülersprache, Schulsprache und Unterrichtssprache

> „Neben den in der Schule erwarteten und offiziell anerkannten Tätigkeiten von Schülern, wie z. B. der Beteiligung am Unterrichtsgespräch, der kollektiven oder individuellen Bearbeitung von Aufgaben [...] sind andere Schüleraktivitäten innerhalb und außerhalb des Unterrichts zu beobachten, die entweder als Störung institutionell normierter Verhaltensweisen wahrgenommen und sanktioniert wird oder im Interesse spezifischer Entlastungsmechanismen (Komplexitätsreduktion, Ventilfunktion) mehr oder weniger toleriert werden."
>
> (Cherubim 1981, S. 107)

Während die Hauptkommunikation im Unterricht aus der Sicht der Schüler überwiegend fremdbestimmt erscheint, ermöglicht die Nebenkommunikation auf der „Hinterbühne" die Einbringung spontaner außerschulischer, lebensweltlicher Themen und Bedürfnisse. Das Konzept der Nebenkommunikationen verweist auf produktive Sprachhandlungsdimensionen der Schüler im Unterricht. Im Gegensatz zur Hauptkommunikation treten sie aus einer eher passiven und reaktiven Schülerrolle heraus und ergreifen selbst die Initiative für mündliche und schriftliche Sprachhandlungen.

Nebenkommunikationen dienen der personalen und sozialen Identitätsbalance, d. h. die Schüler handeln ihre personale Identität und Rolle innerhalb der Altersgruppe miteinander aus. Das kann sich darin äußern, dass Schüler durch Gespräche untereinander oder auch in Schülerbriefchen den Kontakt zueinander aufrecht erhalten, sich vor den anderen profilieren, indem sie besonders witzige Geschichten zum besten geben oder auch gemeinsame Freizeitaktivitäten planen. Thematisch hebt sich die Nebenkommunikation deutlich von der Hauptkommunikation im Unterricht ab, denn es werden vor allem Themen besprochen, die im privaten Bereich anzusiedeln sind, wie z. B. Wochenendaktivitäten, Freundschaften oder private Verabredungen[9]. Mit dem Wechsel von der Haupt- zur Nebenkommunikation ist zugleich ein Wechsel zwischen normgebundener und normungebundener Sprechsituation verbunden.

Die drei Kommunikationsformen der Schülersprache, der Schulsprache und der Unterrichtssprache sind durch sehr unterschiedliche sprachliche Erscheinungsformen und kommunikative Funktionsweisen charakterisiert. Dennoch bilden sie ein Interaktionsfeld mit vielfachen Überschneidungen: Während einerseits gerade auch in der außerschulischen Freizeit der schulische Erfahrungsraum eine bedeutsame thematische Ressource sowie Anlass für Wortschöpfungen und Sprachspiele bildet, werden ande-

---

[9] Vgl. Cherubim 1981, S. 119, Ziegler 2006, S. 167.

rerseits Ausdrucks- und Erfahrungsweisen der außerschulischen Lebenswelt Jugendlicher in Schule und Unterricht eingebracht, was mit den dortigen reglementierten Gesprächsformen konfligieren kann.

Die institutionsgebundene Kommunikation in der Schule fungiert als Mittel der Sozialisation in die Schülerrolle, die nur *einen*, wenn auch wesentlichen Bestandteil der sozialen Identität von Jugendlichen ausmacht. In Formen der Nebenkommunikation im Unterricht ist ein kommunikatives Ausagieren personaler Identitätsanteile der Lernenden zu erkennen. Die Freizeitkommunikation Jugendlicher trägt dazu bei, dass der soziale und affektive Druck der Schülerrolle entlastet und kompensiert wird. Jugendsprachliche Bestandteile oder „Verstöße" in der Schul- und Unterrichtskommunikation können als Zeichen gesehen werden, durch eine außerschulische „Sprache der Nähe" die zweckbestimmte und oft unpersönliche fach- und institutionsgebundene Kommunikation aufzulockern, abzumildern und zu entdistanzieren.

2 Sprachleistungen von Jugendlichen innerhalb und außerhalb der Schule

In den öffentlichen als auch wissenschaftlichen Diskussionen wird das Thema Jugendsprache häufig mit der Frage nach den heutigen Sprachleistungen Jugendlicher verbunden. Während sich der Blick der Öffentlichkeit oft auf vermeintliche oder auch tatsächliche Defizite richtet, weist die linguistische Jugendsprachforschung auf die z.T. hohen Sprachkompetenzen Jugendlicher hin. Differenzen statt Defizite zu betrachten ist eine Forderung der frühen Soziolinguistik in Deutschland gewesen, die sich in der Auseinandersetzung mit dem Konzept der linguistischen Codes von Bernstein und der Sprachbarrieren-These entwickelt hatte. Diese Forderung wurde auch später besonders im Hinblick auf Schule und Sprachunterricht immer wieder geltend gemacht.[10] Die soziolinguistische Jugendsprachforschung führt für diese These neue Belege an. Dazu ist es nötig, die Sprachkompetenzen von Jugendlichen innerhalb und außerhalb der Schule in den Blick zu nehmen.

---

10 Vgl. dazu Sitta 1990.

2 Sprachleistungen von Jugendlichen innerhalb und außerhalb der Schule

2.1 Subkulturelle Sprachstile als Bestandteile von kommunikativer Kompetenz

Die aktuelle Jugendsprachforschung präsentiert viele Beispiele für einen kreativen, innovativen Umgang von Jugendlichen mit der deutschen Sprache, einschließlich der Differenzierungen von innerer und auch äußerer Mehrsprachigkeit. Jugendliche beherrschen in außerschulischen Kontexten eine Vielzahl sprachlicher Register und setzen diese in der Regel bewusst und wirkungsvoll ein.

> „Je informeller, lockerer bzw. zwangloser der Gesprächsstil (auch seitens der Lehrenden) ist, umso größer sind die Spielräume im Bezug auf die orthoepischen, ortholexikalischen und orthogrammatischen Normen."
>
> (Volmert 2006, S. 91)

Zur Entwicklung des Sprachbewusstseins und zur Ausbildung von Variations- und Stilkompetenz kann und muss aber der Sprachunterricht einen wesentlichen Beitrag leisten. Denn die metasprachliche Reflexion über Sprache findet in der Regel gerade nicht in den informellen Gesprächskontexten von Jugendlichen außerhalb der Schule statt; vielmehr bedarf sie des Anstoßes und der Anleitung, möglichst in linguistisch und didaktisch fundierten Kontexten.

Es steht aber außer Frage, dass Schule und Öffentlichkeit die außerschulischen Spracherfahrungen und Sprachentwicklungen der Jugendlichen stärker in ihrer Differenz würdigen und jugendtypische Sprachstile als Bestandteile der kommunikativen Kompetenzen von Jugendlichen anerkennen sollten.

2.2 Jugendsprache in normgebundenen und normungebundenen Kontexten

Der Wechsel zwischen normgebundener und normungebundener Sprechsituation gehört für Schüler zur alltäglichen Sprachpraxis. Mit abnehmender Formalisierung und schulischer Kontrolle der Schreibsituationen vergrößern sich zwar prinzipiell auch die Spielräume der Normbefolgung, doch lässt sich das kulturkritische Lamento[11] vom Sprachverfall trotzdem nicht empirisch belegen.

Wie Kleinberger Günther und Spiegel (2006) in einem Vergleich von Schülertexten aus normgebundenen schulischen Schreibsituatinen (Schul-

---

[11] Vgl. Volmert 2006, S. 89.

aufsätze) und schriftlichen Beiträgen in sog. „Pins" aus der normungebundenen Internkommunikation zeigen, sind die orthogrphischen und grammatischen Unterschiede allerdings durchaus nicht so groß wie erwartbar. Dies scheint darauf hinzudeuten, dass die Schriftlichkeit auch in Neuen Medien den verinnerlichten schulischen Schreibnormen wie den Akzeptabilitätsnormen der spezifischen Schreibgemeinschaft[12] folgt. Eklatante Verstöße wurden auch in normungebundenen Schreibsituationen kritisch-ironisch kommentiert, wie z. B. „WARUM SCHREIST DU SO! keuf dich ma ne tüte deutsch, hat mich auch gehilft." (Bravo, Magi, 7.6.04, 2/2)[13]

3 Jugendsprachen als Unterrichtsthema: was man an ihnen und was man über sie lernen kann[14]

Das Thema Jugendsprachen hat auch in der universitären Sprachlehre, besonders in der Deutschlehrerausbildung, sowie im schulischen Sprachunterricht und in der Deutschlehrerfortbildung „Hochkonjunktur".

Deutschstudierende und Deutschlehrkräfte nutzen diese Thematik, um sich mit der Sprachentwicklung und den Sprachkompetenzen Jugendlicher vertraut zu machen und zugleich einen Einblick in Entwicklungstendenzen der deutschen Gegenwartssprache zu gewinnen. Erkenntnisse der Jugendsprachforschung vermitteln Handlungswissen für angehende und praktizierende Deutschlehrkräfte, zu deren Alltagspraxis die Beurteilung des Sprachgebrauchs Jugendlicher in Relation zu den unterrichtlichen Lernzielen gehört.

Die Beschäftigung mit dieser Thematik kann Lehrkräften zugleich einen Einblick in ihnen nicht immer zugängliche außerschulische Lebenswelten von Jugendlichen ermöglichen, die, wie soeben dargestellt sich als interagierende Sozialisationsbedingungen auf die schulischen Lern- und Erfahrungsräume auswirken. Anzeichen von Jugendsprachen finden sich durchaus auch in den schulischen Lernumgebungen: auf dem Schulhof und in Pausengesprächen, in Sprüchen auf Toilettenwänden und in Bankkritzeleien, in Schülerbriefchen und SMS-Nachrichten, in der mündlichen Nebenkommunikation während des Unterrichts, manchmal auch im Unterrichtsgespräch und in schriftlichen Arbeiten.

---

[12] So Kleinberger Günther/Spiegel 2006, S. 113.
[13] Zit. nach Kleinberger Günther/Spiegel 2006, S. 110.
[14] Leicht veränderte Fassung Neuland 2006.

Für die Sprachdidaktik sind Erkenntnisse über die Ausdrucksweisen Jugendlicher, ihre Einstellungen und Erfahrungen wichtige Voraussetzungen für die Entwicklung von schülerorientierten, an die eigenen Erfahrungen der Jugendliche anschließende Unterrichtskonzepte sowie für die Entwicklung von Unterrichtsmaterialien und von Lehrwerken.

3.1 Muttersprachlicher Deutschunterricht

3.1.1 Fachdidaktische Unterrichtsvorschläge

Betrachten wir die Lehrpläne und Richtlinien in den deutschen Bundesländern, so ist das Unterrichtsthema Jugendsprachen im Deutschunterricht der Sekundarstufe aller Schulformen (Gymnasium, Gesamtschule, Realschule, Hauptschule) eingeführt.[15] Nach den neuen Kernlernplänen für NRW aus dem Jahr 2004 gehört es zum Lernbereich *Reflexion über Sprache* und zum Aufgabenschwerpunkt *Sprachvarianten und Sprachwandel*. In den Jahrgangsstufen 7/8 sollen Sprachvarianten (darunter jeweils die Jugendsprache) unterschieden, in den Jahrgangsstufen 9/10 reflektiert und auf in gymnasialen Oberstufe[16] untersucht und angemessen angewendet werden können. Die Richtlinien und Lehrpläne eröffnen somit einen thematischen Spielraum für das Unterrichtsthema Jugendsprache; im Hinblick auf die Bestimmung konkreter Lernziele und didaktischen Begründungen des Unterrichtsthemas Jugendsprache halten sie sich jedoch eher zurück.

Auch die fachdidaktische Literatur füllt diese Lücke nur ansatzweise: zwar lassen sich einige verstreute Aufsätze und Unterrichtsvorschläge sowie -berichte finden; doch sind diese fast alle in der Zeit zwischen 1980 und 1990 entstanden.[17] Einige weitere Beiträge sind der Dokumentation der Internationalen Fachkonferenz 2001 in Wuppertal zu entnehmen.[18] In einem eher programmatischen Beitrag (Neuland 2003d) werden inhaltliche Schwerpunkte des Unterrichtsthemas Jugendsprache entwickelt, darunter: Jugendsprache als exemplarisches Beispiel für die Behandlung von Sprachvariation im Deutschen, Jugendsprache als Ausgangspunkt für sprachvergleichende Betrachtungen zwischen Mutter- und Fremdspra-

---

[15] Vgl. dazu ausführlicher Bekes/Neuland 2006.
[16] Nach den Richtlinien und Lehrplänen 2004 (1999).
[17] So v. a. Riegel 1979, Praxis Deutsch 1980, Jansen 1980, Wendel 1985, Brenner 1983, Schlobinski 1990.
[18] V. a. Hoppe/Romeikat/Schütz 2003 auch mit Beispielen aus literarischen Texten.

che, Jugendsprachen als Indikatoren für Sprach- und Kulturgeschichte des Deutschen.

Solche Themenschwerpunkte können in die Lernbereiche Grammatikunterricht und Reflexion über Sprache, mündlicher und schriftlicher Sprachgebrauch sowie Umgang mit Texten und Medien eingeordnet werden. Zugleich können sie auch zur Integration von Lernbereichen und darüber hinaus für fächerübergreifende Unterrichtsprojekte, z. B. mit Kunst, Musik, anderen Fremdsprachen genutzt werden.

Dabei können im Einzelnen drei sprachliche Teilkompetenzen gefördert werden:

- sprachanalytische Kompetenzen: durch grammatische und stilistische Analysen von Jugendsprache kann das sprachliche und kommunikative Wissen der Lernenden über die deutsche Sprache vertieft werden,
- sprachproduktive Kompetenzen: durch spielerisches Umformen von Texten, durch Kontrastierung unterschiedlicher Stile kann sprachliche Kreativität und sprachlicher Rollenwechsel erprobt, können aber auch die unterschiedlichen Wirkungsweisen von Sprachstilen erfahren werden,
- sprachreflexive Kompetenzen: durch die Verknüpfung von Fachwissen und Eigenerfahrung, durch das Erproben unterschiedlicher Beurteilungskriterien und Wertmaßstäbe kann die Reflexionsfähigkeit der Lernenden einschließlich der Fähigkeit zur Sprachkritik gefördert werden.

3.1.2 Jugendsprache in Lehrwerken

Ein Blick in die neuere Generation von Lehrwerken für den muttersprachlichen Deutschunterricht fördert oftmals ein eigenes Kapitel in Lehrwerken für die 8. oder 9. Klasse zu Tage. Folgende Kritikpunkte[19] sind zu benennen:

- die überkommene Übersetzungsmethode als Aufgabenstellung (*Übersetze in die Standardsprache*),
- die zumeist nach wie vor künstlich wirkenden konstruierten Textbeispiele,
- die oftmals isolierte Betrachtung von sprachlichen Einzelphänomenen,
- sowie vor allem das ungeklärte Verhältnis von Merkmalen der Jugendsprache, der Mündlichkeit und der Umgangssprache.

---

[19] Vgl. zu dieser Kritik v. a. Baurmann 2003.

Das folgende Beispiel demonstriert bei sicherlich allerbester Absicht gleich mehrere dieser Mängel:

> **Zwei Generationen an einem Tisch**
> Frank: Hör mal, Dad, in Oberhausen hat so'n neuer Schuppen aufgemacht, da würd' ich morgen Abend gern hin.
> Vater: Wovon redest Du eigentlich? Seit wann interessierst Du Dich für Landwirtschaft?
> Frank: Oh, Mann, sag bloß, du hast das nicht gelöffelt? Die neue Disko mein' ich. Da geht die Power ab. Voll die granatenmäßige Abhebeparty soll da letztes Weekend gewesen sein.
> Vater: Abhebeparty? Wieso abheben? Wird da etwa gekifft?
> Frank: Also, Daddy, jetzt lass man bloß keine Arien ab! Ich bin doch kein Schnuffi! Aber die Musik dort ist ein echter Bringer. Da kannst Du echt abmüllen vom Stress in der Gymnastiker-Anstalt.
> Vater: Von welcher Anstalt redest Du denn jetzt? Sag nur, du leidest unter Schulstress?
> Frank: Na, wenn du unsere Lernfuzzis kennen würdest, wüsstest du, was ich meine. Die nerven einen doch wirklich ohne Ende. Also, geht das klar mit der Disko?
> Vater: Wie willst du denn da hinkommen? Oberhausen ist weit. Geht lieber wieder ins „Extreme".
> Frank: Nee, das ist doch total out. Das ist echt öde. Außerdem händel ich das mit dem Hinkommen schon. Der Oldie vom Tom bringt uns und holt uns auch wieder ab.
> Vater: Na schön, aber um zwölf bist Du zu Hause.
> Frank: All right. Warte, Dad, da wär noch was: Hast Du nicht vielleicht noch 'nen Lappen für mich? Ich meine, du weißt schon ...
>
> Lest den Dialog mit verteilten Rollen.
> Inwiefern kommt es durch die Gruppensprache der Jugendlichen zu Kommunikationsschwierigkeiten zwischen den Generationen?
> Sind euch alle von Frank verwendeten Ausdrücke aus der Jugendsprache bekannt? Schreibt sie heraus und versucht ihre Bedeutung zu erklären.
>
> **Beispiel aus: Wortlaut. 9. Klasse. Bamberg: Buchner 1998, S. 188 f.**

An diesem Beispiel zeigt sich vor allem das Problem der Künstlichkeit des konstruierten Beispieltextes sowie die unklare Beziehung von Jugendsprache, gesprochener Sprache und familiärer Umgangssprache. Ungewollt demonstriert das Beispiel aber auch eine mediale Konstruktion von Jugendsprache und von vermeintlichen Verständigungsschwierigkeiten zwischen den Generationen. Da Schüler als „Experten" für ihren eigenen Sprachgebrauch dies allerdings selbst sehr schnell bemerken, sollten solche Textvorlagen lieber gleich als Persiflage eingeführt werden.

Die Verfasser aktueller Lehrwerke haben die bisherige Lehrwerkkritik produktiv umgesetzt, und zwar im Hinblick auf ein abwechslungsreiches Materialangebot, ansprechende Layouts und den Einbezug unterschiedlicher

Textsorten. Auch werden produktionsorientierte Arbeitsformen angeregt, die die sprachliche Kreativität und die Freude am Sprachspiel der Schülerinnen und Schüler ansprechen. Dabei werden die Lernbereiche des schriftlichen Sprachgebrauchs und der Reflexion über Sprache miteinander verknüpft, wie es das folgende Beispiel aus dem Lehrwerk „Deutschbuch 8" zeigt:

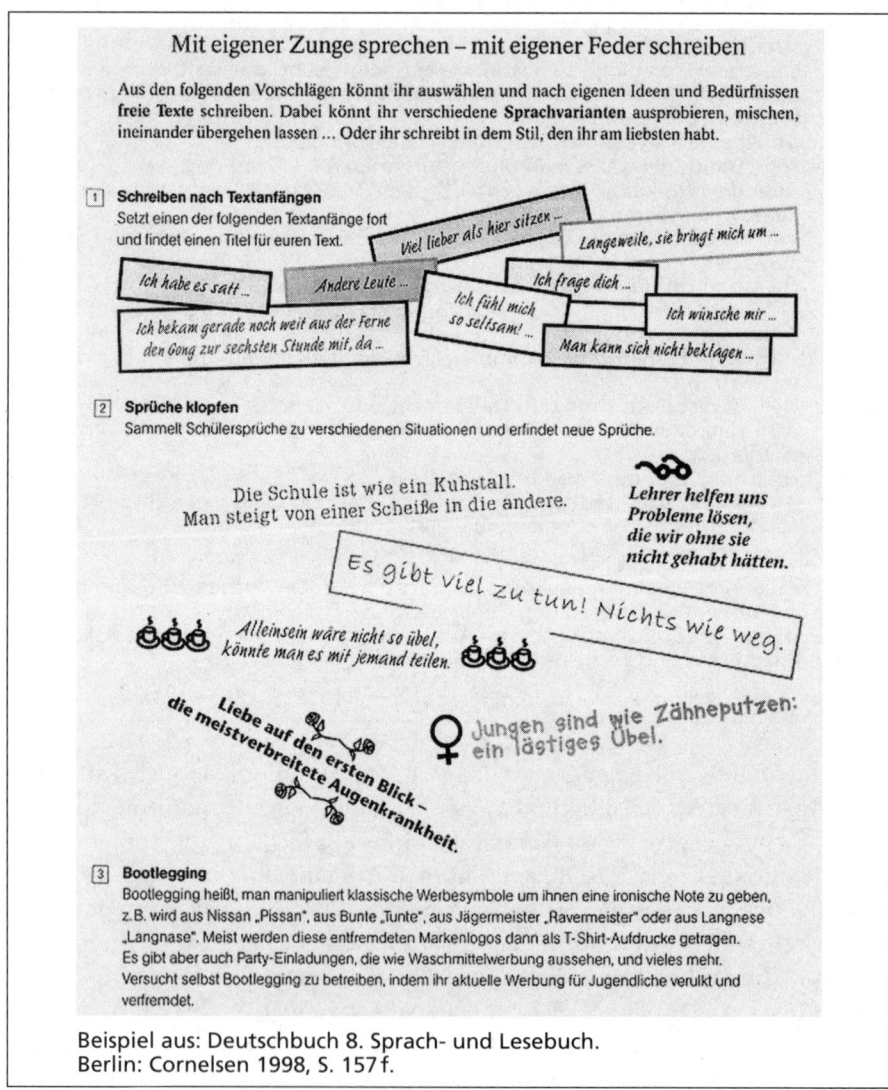

Beispiel aus: Deutschbuch 8. Sprach- und Lesebuch. Berlin: Cornelsen 1998, S. 157 f.

3 Jugendsprachen als Unterrichtsthema

Ein positives Beispiel für den Einbezug neuer und zum Teil alternativer jugendtypischer Textsorten bietet das Lehrwerk „Deutsch vernetzt 9/10", indem es Party-Flyer und Fanzines vorstellt und Plattenkritiken aus alternativen Fan-Zeitschriften untersuchen lässt.

Künstler: A Tribe called Quest, Platte: The Anthology, Label: Jive

Nachdem sich Q-Tip für seine Solo-Karriere entschieden hat, droppte nun sein altes Label *Jive The Anthology* – eine Sammlung der ATCQ-Klassiker, wie wir sie alle kennen. Klar – der Name ist immer noch da – wieso also nicht nochn bisschen Kohle rausschlagen? Hört sich irgendwie scheiße an, oder? [...] *The Anthology* bietet einen vollständigen Überblick über wahren Hip-Hop, doofes Gerappe und clevere Lyrics und ist damit auf jeden Fall sein Preisschild wert.

Aufgaben [i. A.]:
3)   Warum sind in der Hip-Hop-Sprache englischsprachige Ausdrücke (Anglizismen) besonders häufig anzutreffen? Welche Funktion erfüllen sie innerhalb und außerhalb der Szene?
4)   Wen wollen die Kritiken vor allem ansprechen? Durch welche sprachlichen Mittel gelingt es, die Adressaten persönlich einzubeziehen und für die Produkte zu werben?
7)   Schreibe eine Plattenkritik zu Deiner Lieblingsplatte in deiner Sprache, die auch andere Gleichaltrige erreicht.

Beispiel aus: Deutsch vernetzt: Themen & Sprache 9/10. Braunschweig: Diesterweg 2003, S. 6 f.

Während das Unterrichtsthema Jugendsprache in der Sekundarstufe I einen stärker identifikatorischen Zugang der Lernenden erlaubt und damit auch Projekte ermöglicht wie: *Wir erkunden unsere eigenen Sprachen, wir untersuchen Verständigungsschwierigkeiten in den Familien*, verlangt der didaktisch-methodische Zugang in der gymnasialen Oberstufe ein stärker distanziertes und analytisches bis wissenschaftspropädeutisches Vorgehen. Eine Fülle anregender Materialien, Auszüge aus wissenschaftlichen Texten und Projektvorschlägen enthält das Kursheft „Sprache im Gebrauch. Vielfalt und Normierung" (2001)[20]; ein weiteres positives Beispiel bietet weiterhin das Schweizer Lehrwerk „Sprachwelt Deutsch" (2003)[21] mit einem ansprechenden Kapitel über Jugendsprache.

---

[20]   Sprache im Gebrauch: Vielfalt und Normierung. Berlin: Cornelsen 2001.
[21]   Sprachwelt Deutsch. Bern: Schulverlag 2003.

3.2 Deutsch als Fremdsprache-Unterricht

3.2.1 Didaktische Differenzierungen

Über die und *an* den Jugendsprachen über die deutsche Sprache lernen – das gilt in besonderer Weise für das Unterrichtsthema Jugendsprache im Unterricht Deutsch als Fremdsprache. Wissen über die deutsche Sprache kann sich, wie bereits erwähnt, auf ihre Geschichte und ihre Gegenwart sowie auf ihre innere Differenzierung beziehen und in kontrastiver Perspektive mit der eigenen Sprache erarbeitet werden. Der Aufbau eines Varietätenbewußtseins in der Zielsprache kann zur Förderung der kommunikativen Kompetenz im Umgang mit solchen Varietäten in verschiedenen Sprechsituationen und Textsorten genutzt werden.

Schulische und universitäre Deutschlerner sind schon vielfach über Schüleraustausch, Brieffreundschaften, Email-Kontakte und das Internet mit dem Sprachgebrauch altersgleicher Jugendlicher in Deutschland in Kontakt gekommen. Aus diesem Erfahrungspotenzial stellen sich auch manche Fragen an den Deutschunterricht und die Deutschlehrkräfte, deren zielsprachliche Kenntnisse von Zeit zu Zeit einer Aktualisierung bedürfen.

Die Förderung *produktiver* Kompetenzen sollte im Hinblick auf den Sprachgebrauch Jugendlicher in Abstimmung mit den Lernerinteressen allerdings sorgfältig abgewogen werden. So wissen wir, vor allem aus Lehrerfortbildungsveranstaltungen, dass es für Schüler oft sehr wichtig ist, mit gleichaltrigen Jugendlichen in der Zielsprache angemessen kommunizieren zu können. Auch dies muss zwar nicht bedeuten, eine deutsche Jugendsprache, selbst in einer vereinfachten und verallgemeinerten Form, im Unterricht zu vermitteln; es legitimiert aber doch den Erwerb einiger jugendtypischer Ausdrucksweisen in der Fremdsprache kontrastiv zur eigenen Sprache. Auch dazu kann das Internet genutzt werden, so mit der Einsendeaufgabe „Jugendsprache international" von „Jetzt Deutsch lernen" des Goethe-Instituts[22] oder mit von Jugendlichen selbst erstellten online-Wörterbücher, z.B. von Pons (2008)[23].

Vorrangig geht es also im DaF-Unterricht um die Förderung *rezeptiver* Kompetenzen im Umgang mit Ausdrucksweisen Jugendlicher. Der Rückgriff auf die intrakulturellen Differenzen in der eigenen Sprache kann gerade im Bereich der Jugendsprache und Jugendkultur als eine wichtige Brücke für die Förderung von Spracherwerb und Kommunikationskom-

---

[22] http://www.goethe.de/z/jetzt
[23] Vgl. dazu auch www.pons.de.

petenz genutzt werden, da sich hier oft vergleichbare globale jugendkulturelle Entwicklungen erkennen lassen.

Neben den produktiven und rezeptiven Kompetenzen sollte aber auch für den DaF-Unterricht die Förderung *analytischer* Kompetenzen hervorgehoben werden: An den variierenden Ausdrucksweisen Jugendlicher kann viel über die Entwicklung der deutschen Sprache und ihre sich wandelnden Gebrauchsnormen gelernt werden. Dies gilt vor allem für den Bereich der Wortbildung, gerade auch im Hinblick auf die Integration von Anglizismen.

3.2.2 Jugendsprache und Jugendkultur in DaF-Lehrwerken

DaF-Lehrwerke für jugendliche Lerner bemühen sich seit der kommunikativen Wende um den Einbezug von Perspektiven und Erfahrungsräumen Jugendlicher.[24] So findet sich in *Deutsch mit Erfolg* (1984) eine Einheit „In der Diskothek", in der sich zwei junge Mädchen über die Atmosphäre und die männlichen Besucher der Diskothek unterhalten. Aber sowohl die Situationsschilderung als auch die Unterhaltung der beiden Mädchen wirken außerordentlich künstlich:

> [...] *Halbdunkler Raum. Bunte Lichter zucken auf. Rauchige Atmosphäre. Schwitzende Körper schwingen im Rhythmus. Viele tanzen wie in Trance. Der Discjockey hat gerade eine neue LP aufgelegt* [...]
>
> „Du, Helga, guck mal, wer da hinten steht! Ist das nicht Traudel, die Verlobte von Peter? Allein?! Nein, doch nicht. Wen hat denn die bei sich? Den habe ich hier noch nie gesehen. Ist denn Peter nicht da?"
> „Die sind doch längst wieder auseinander", erklärt Helga.
> „Tatsächlich? Warum?" fragt Petra erstaunt.
> „Weiß ich nicht. Nur so. Vielleicht ist der daran schuld. Was weiß ich."
> „Wollen wir tanzen?" fragt Petra.
> „Ja, können wir, aber dann möchte ich gehen."
> „Schon?" bedauert Petra. „Mir gefällt's heute. Hier sind doch ein paar nette Jungens. Guck doch mal, der Blonde mit den weißen Jeans! Ist der nicht süß?"
> „Nicht mein Typ. Eher der andere. Der Lange dort."
> „Auch nicht schlecht", meint Petra. „Aber der sieht ziemlich vergammelt aus."
> [...]
>
> Beispiel aus: Deutsch mit Erfolg. Ein Lehrprogramm für Erwachsene. Bd. 2: Lehrbuch für Fortgeschrittene. Berlin/München: Langenscheidt 1984, S. 40 f.

Die Arbeitsfragen beziehen sich ausschließlich auf das lokale Textverstehen, während die Merkmale der gesprochenen Sprache (u. a. Ellipsen,

---

[24] Vgl. dazu die Analysen von Klose und Maijala 2007.

deiktische Ausdrücke, Assimilationen und Kontraktionen) sowie einige jugendtypische Wertungsausdrücke (*süß, vergammelt*) nicht weiter thematisiert werden. Die soeben genannten Kritikpunkte der Künstlichkeit der Textbeispiele sowie das ungeklärte Verhältnis von Merkmalen der Mündlichkeit, der Umgangssprache und der Jugendsprache lassen sich auch hier formulieren; hinzu tritt die Überalterung der Beispieltexte. Diese könnte man 20 Jahre später eher dazu nutzen, den raschen Wandel der jugendsprachlichen Register in solchen auch heute noch jugendtypischen Sprechsituationen und Sprechhandlungsmustern (kritisches Kommentieren und Lästern über andere) zu demonstrieren.

Eine solche kleine Unterrichtseinheit findet sich in „Sage und schreibe" (2002)[25]:

In dieser Einheit wird speziell auf Verkürzungen in der Umgangssprache und auf jugendtypische Bewertungsausdrücke hingewiesen. Zugleich wird auch darauf aufmerksam gemacht, dass sich die Jugendsprache ständig ändert und regional oft unterschiedlich geprägt ist. Eine solche eher neutral beschreibende Thematisierung, die den Lernern selbst die Wahl ihres Sprachstils überlässt, hebt sich ab von dem präskriptiven Hinweis in einer kleinen Einheit über *Jugendsprache – Sprache der Erwachsenen* im Lehrwerk „Sprachbrücke 1", in der die Mutter Gerda Klinger der Deutsch lernenden Freundin ihrer Tochter empfiehlt: „Am besten lernen Sie ein neutrales Deutsch, das von Jungen und Alten verstanden wird."[26]

Auf eine besondere Chance, das Thema Jugendsprache in DaF-Lehrwerken einzubeziehen, sei abschließend verwiesen: und zwar können jugendsprachliche Ausdrücke als Indikatoren für die Sprach- und Kulturgeschichte des Deutschen in den Abschnitten über Landeskunde genutzt

---

[25] Sage und schreibe. Übungswortschatz Grundstufe Deutsch in 99 Kapiteln. Ernst Klett Sprachen GmbH, Stuttgart 2002, S. 140 f.
[26] Sprachbrücke 1. Ernst Klett Sprachen GmbH, Stuttgart 1987, S. 216.

3 Jugendsprachen als Unterrichtsthema

werden.[27] Eine Übersicht über neuere DaF-Lehrwerke, die in Finnland genutzt werden, zeigt, dass solche Einheiten oft mit Zeitschienen, z.B. der Nachkriegsdekaden, operieren, in denen gesellschaftspolitische Daten (z.B. 1961: Mauerbau in Berlin) und kulturpolitische Geschehnisse (1968: Jahr der Studentenunruhen) angeführt werden.

Zur zeitgeschichtlichen Charakterisierung werden, wie im Lehrwerk „Neue Adresse"[28] oft Jugendbewegungen, Jugendszenen und Musikstile angeführt (z.B. Peter Kraus für die 50er Jahre, Udo Lindenberg für die 70er und Nina Hagen und Nena für die 80er). Dies ließe sich aber auch ohne weiteres mit je aktuellen jugendsprachlichen Ausdrucksweisen, auch aus zeitgenössischen Songtexten, verbinden, z.B. mit Beispielen für positive und negative Wertungsausdrücke, Bezeichnungen für beliebte und unbeliebte Jugendliche, zeitgenössische Kleidungsstücke, Hobbies, etc.

Es bleibt zu wünschen, dass die momentane „Hochkonjunktur" des Themas Jugendsprache gerade auch im Sprachunterricht genutzt wird, um das Sprachwissen und Sprachkönnen von Jugendlichen zu fördern.

---

[27] Vgl. dazu bereits die frühen Beiträge von Pankau 1984 sowie Döring 1986.
[28] Neue Adresse 7 bis 8. Helsinki 2001.

Literaturverzeichnis

Adorno, Theodor W. 1971: Kritik – kleine Schriften zur Gesellschaft. Frankfurt a. M.
Ammon, Ulrich/Dittmar, Norbert/Mattheier, Klaus J. (Hrsg.) 2004/2005: Soziolinguistik: Ein internationales Handbuch zur Wissenschaft von Sprache und Gesellschaft. 2. überarb. u. erw. Aufl., 2 Bde. Berlin. (1987/1988)
Anderson, Bo Dan/Hansen, Søren 1969: Das kleine rote Schülerbuch. Frankfurt a. M. (Deutsche Übersetzung von Peter Jacobi und Lutz Maier 1970)
Andersson, Sven-Gunnar 1985: Jugendsprache und sprachliche Normen der Erwachsenenwelt. In: Germanistische Linguistik 82–83/1985, 261–274.
Androutsopoulos, Jannis 1997: Mode, Medien und Musik. Jugendliche als Sprachexperten. In: Der Deutschunterricht 6/1997, 10–21.
Androutsopoulos, Jannis 1998: Deutsche Jugendsprache: Untersuchungen zu ihren Strukturen und Funktionen. Frankfurt a. M.
Androutsopoulos, Jannis 2001: Von *fett* zu *fabelhaft*: Jugendsprache in der Sprachbiographie. In: Osnabrücker Beiträge zur Sprachtheorie 62, 55–78.
Androutsopoulos, Jannis 2003: Jetzt speak something abaout italiano. Sprachliche Kreuzungen im Alltagsleben. In: Osnabrücker Beiträge zur Sprachtheorie 65, 79–111.
Androutsopoulos, Jannis 2003: Jugendliche Schreibstile in der Netzkommunikation: Zwei Gästebücher im Vergleich. In: Neuland, Eva (Hrsg.) 2003b, 307–319.
Androutsopoulos, Jannis 2005: Research on Youth-Language/Jugendsprach-Forschung. In: Ammon, Ulrich/Dittmar, Norbert/Mattheier, Klaus J. (Hrsg.) Bd. 2, 1496–1505.
Androutsopoulos; Jannis/Scholz, Arno (Hrsg.) 1998: Jugendsprache – langue des jeunes – youth language. Linguistische und soziolinguistische Perspektiven. Frankfurt a. M. u. a.
Arbeitsgemeinschaft die Zentralschaffe 1960: Steiler Zahn und Zickendraht – das Wörterbuch der Teenager- und Twensprache. Schmiden bei Stuttgart.
Arendt, Birte 2006: „Dialekt rulZ ... klingt phatt ... – Hochdeutsch ruled, scheiß auf den Rest!" Niederdeutsch im Diskurs unter Jugendlichen. In: Dürscheid, Christa/Spitzmüller, Jürgen (Hrsg.) 2006, 141–161.
Ariès, Phillipe 1975: Geschichte der Kindheit. München.
Auer, Peter 1986: Konversationelle Standard/Dialekt-Kontinua (Code-Shifting). In: Deutsche Sprache 14/1986, 97–124.
Auer, Peter (Hrsg.) 1998: Code-Switching in Conversation. Language, interaction and identity. London/New York.
Auer, Peter/Dirim, Inci 2000: Das versteckte Prestige des Türkischen. Zur Verwendung des Türkischen in gemischt ethnischen Jugendlichengruppen in Hamburg. In: Gogolin, Ingrid/Nauck, Bernhard (Hrsg.) 2000: Migration, gesellschaftliche Differenzierung und Bildung. Opladen, 97–113.

Auer, Peter 2003: ‚Türkenslang' – ein jugendsprachlicher Ethnolekt des Deutschen und seine Transformation. In: Häcki Buhofer, Annelies (Hrsg.) 2003: Spracherwerb und Lebensalter. Tübingen/Basel, 255–264.

Augenstein, Susanne 1998: Funktion von Jugendsprache. Studien zu verschiedenen Gesprächstypen des Dialogs Jugendlicher mit Erwachsenen. Tübingen.

Augustin, Christian Friedrich B. 1795: Idiotikon der Burschensprache, in: Bemerkungen eines Akademikers über Halle und dessen Bewohner, in Briefen. In: Henne, Helmut/ Objartel, Georg (Hrsg.) 1984, Bd. 2, 315–443.

Bakhtin, Mikhail 1979: Zur Ästhetik des Wortes. Frankfurt a. M.

Barbour, Stephen/Stevenson, Patrick 1998: Variation im Deutschen, Soziolinguistische Perspektiven. Berlin.

Bättig, Michael/Schleuning, Peter 1980: Der Zusammenhang von Sprache und Erfahrung am Beispiel der Sprache in der Alternativ-Scene. In: Osnabrücker Beiträge zur Sprachtheorie 16/1980, 45–70.

Bauer, Max 1926: Sittengeschichte des deutschen Studentums. Dresden.

Baurmann, Jürgen/Cherubim, Dieter/Rehbock, Helmut (Hrsg.) 1981: Neben-Kommunikationen. Beobachtungen und Analysen zum nichtoffiziellen Schülerverhalten innerhalb und außerhalb des Unterrichts. Braunschweig.

Baurmann, Jürgen (Hrsg.) 2003: Deutsch vernetzt: Themen & Sprache 9/10. Braunschweig.

Baurmann, Jürgen 2003: Jugendsprachen im Schulbuch. In: Neuland, Eva (Hrsg.) 2003b, 485–497.

Bausinger, Hermann 1972: Sprache als Gruppenabzeichen. In: Bausinger, Hermann: Deutsch für Deutsche. Dialekte, Sprachbarrieren, Sondersprachen. 2. Band zur Fernsehserie Deutsch für Deutsche. Frankfurt a. M., 118–131.

Bausinger, Hermann 1987: Jugendsprache. In: Neue Praxis 2/1987, 170–176.

Beck, Ulrich 1993: Risikogesellschaft – auf dem Weg in eine andere Moderne. Frankfurt a. M.

Becker-Mrotzek, Michael 2001: Gespräche in Ämtern und Behörden. In: Brinker, Klaus/ Antos, Gerd/Heinemann, Wolfgang/Sager, Sven F. (Hrsg.) 2000/2001: Text- und Gesprächslinguistik. Ein internationales Handbuch zeitgenössischer Forschung. 2. Bd. Berlin, New York, 1505–1525.

Becker-Mrotzek, Michael/Vogt, Rüdiger 2001: Unterrichtskommunikation. Linguistische Analysemethoden und Forschungsergebnisse. Tübingen.

Behrendt, Walter/Galonske, Elmar u. a. 1982: Zur Sprache der Spontis. In: Muttersprache 3/4/1982, 146–162.

Bekes, Peter/Neuland, Eva 2006: Norm und Variation in Lehrwerken und im muttersprachlichen Unterricht. In: Neuland, Eva (Hrsg.) 2006, 507–525.

Bellack, Arno u. a. 1974: Die Sprache im Klassenzimmer. Düsseldorf.

Beneke, Jürgen 1985: Die jugendspezifische Sprechweise – eine umstrittene Erscheinung unserer Gegenwartssprache. In: Sprachpflege 34/1985, 109–111.

Berns, Jan 2003: „Ich geb' dir gleich'n battle" – Sprachliche Initiation innerhalb deutscher Hip-Hop Kultur. In: Neuland, Eva (Hrsg.) 2003b, 323–335.

Bernstein, Basil 1972: Studien zur sprachlichen Sozialisation. Düsseldorf.

Berruto, Gaetano 2004: Sprachvarietät – Sprache (Gesamtsprache, historische Sprache) In: Ammon, Ulrich/Dittmar, Norbert/Mattheier, Klaus (Hrsg.) 2004, Bd. 1, 188–195.

Bierbach, Christine/Birken-Silverman, Gabriele 2007: Ethnizität und Essen. Kulinarische Sozialsymbolik und Identitätskonstruktion in der Kommunikation italienischer Migrantenjugendlicher in Mannheim. In: Neuland, Eva (Hrsg.) 2007, 135–153.

Böcker, Lisa u. a. 2001: Sprache im Gebrauch: Vielfalt und Normierung. Kursthemen Deutsch. Berlin: Cornelsen.

Bondy, Curt/Braden, Jan (Hrsg.) 1957: Jugendliche stören die Ordnung. München.

Bopp, Jörg 1985: Jugend. Umworben und doch unverstanden. Frankfurt a. M.

Branner, Rebecca 2003: Scherzkommunikation unter Mädchen. Eine ethnographisch-gesprächsanalytische Untersuchung. Frankfurt a. M.

Braun, Peter 1998: Tendenzen der deutschen Gegenwartssprache. Sprachvarietäten. 4. Aufl., Stuttgart. (1979).

Brenner, Gerd 1983: Eigene Wörter. Sondersprachliche Tendenzen Jugendlicher als Unterrichtsgegenstand. In: Der Deutschunterricht 2/1983, 37–55.

Breyvogel, Wilfried 2003: Provokation und Aufbruch: Jugendbewegungen in den 50er und 60er Jahren der Bundesrepublik. In: Neuland, Eva (Hrsg.) 2003a, 49–63.

Brückner, Peter/Kraushaar, Wolfgang (Hrsg.) 1978: Autonomie oder Ghetto? Kontroversen über die Alternativbewegung. Frankfurt a. M.

Brumlik, Michael/Holtappels, Heinz Günther 1987: Mead und die Handlungsperspektive schulischer Akteure, Interaktionistische Beiträge zur Schultheorie In: Tillmann, Klaus-Jürgen (Hrsg.) 1987: Schultheorien. Hamburg, 89–105.

Brunotte, Barbara 1973: Rebellion im Wort. Eine zeitgeschichtliche Dokumentation. Flugblatt und Flugschrift als Ausdruck jüngster Studentenunruhen. Frankfurt a. M.

Bucher, Hans-Jürgen/Cailleux, Michel/Gloy, Klaus 1985: Die sprachlich-kulturelle Arbeit von Jugendlichen oder vom Wert der Veränderung. Zum Zusammenhang von sozialem Wandel und Sprachwandel. In: Ermert, Karl (Hrsg.) 1985, 115–120.

Bucher, Katja 2002: Wörterbuch der Jugendsprache. Deutsch, Englisch, Französisch, Spanisch. Barcelona (u. a.)

Bühler, Charlotte 1923: Seelenleben des Jugendlichen. Jena. (1922)

Bühler, Charlotte 1928: Kindheit und Jugend. Genese des Bewusstseins. Leipzig.

Bühler, Charlotte 1934: Drei Generationen im Jugendtagebuch. Jena.

Burdach, Konrad 1894: Vorwort, in: Studentensprache und Studentenlied in Halle vor hundert Jahren. Halle a. S. 1894, S. III–XXXIX. In: Henne, Helmut/Objartel, Georg (Hrsg.) 1984, Bd. 6, 269–307.

Busemann, Adolf 1925: Die Sprache der Jugend als Ausdruck der Entwicklungsrhythmik. Jena.

Casper-Hehne, Hiltraud 1989: Zur Sprache der bündischen Jugend. Am Beispiel der Deutschen Freischar. Tübingen.

Cherubim, Dieter 1981: Schülerbriefchen. In: Baurmann, Jürgen/Cherubim, Dieter/Rehbock, Helmut (Hrsg.) 1989, 107–168.

Cheshire, Jenny 2005: Age- and Generation-Specific Use of Language. In: Ammon, Ulrich/Dittmar, Norbert/Mattheier, Klaus J. (Hrsg.) u. a. 2005: Bd. 2, 1552–1563.

Chovan, Miloš (2006): Kommunikative Stile sozialen Abgrenzens. Zu den stilistischen Spezifika sozial-distinktiver Handlungen in der Interaktion Jugendlicher. In: Dürscheid, Christa/Spitzmüller, Jürgen (Hrsg.) 2006, 135–151.

Clarke, John u. a. 1979: Jugendkultur als Widerstand. Milieus, Rituale, Provokationen. Frankfurt a. M.

Deppermann, Arnulf 1998: Anglizismen in Skatermagazinen. Zur Behandlung jugendkultureller Medien im Deutschunterricht. In: Der Deutschunterricht 6/1998, 70–73.
Deppermann, Arnulf/Schmidt, Axel 2001: Hauptsache Spaß – Zur Eigenart der Unterhaltungskultur Jugendlicher. In: Der Deutschunterricht 6/2001, 27–38.
Dittmar, Norbert 1997: Grundlagen der Soziolinguistik. Tübingen.
Dolch, Oskar 1969: Geschichte des deutschen Studententums von den Gründungen der alten Universitäten bis zu den Freiheitskriegen. Ein historischer Versuch. Graz. (1858).
Döring, Andreas 1986: Jugend und Jugendsprache in der Bundesrepublik. Materialvorschlag für eine landeskundliche Einheit. In: Info DaF 13/1986, 203–210.
Drosdowski, Günther (Hrsg.) 1976: Duden, das große Wörterbuch der deutschen Sprache in 6 Bänden. Mannheim (u. a.)
Drosdowski, Günther/Henne, Helmut 1980: Tendenzen der deutschen Gegenwartssprache. In: Althaus, Hans Peter/Henne, Helmut/Wiegand, Herbert Ernst (Hrsg.) Lexikon der Germanistischen Linguistik. Bd. III. 2. Aufl. Tübingen, 619–632 (1973).
Durrell, Martin 2004: Sociolect. In: Ammon, Ulrich/Dittmar, Norbert/Mattheier, Klaus J. (Hrsg.) 2004: Bd. 1, 200–205.
Dürscheid, Christa 2006: Medienkommunikation und Jugendsprache. In: Dürscheid, Christa/Spitzmüller, Jürgen (Hrsg.) 2006, 117–135.
Dürscheid, Christa/Neuland, Eva 2006: Spricht die Jugend eine andere Sprache? Neue Antworten auf alte Fragen. In: Dürscheid, Christa/Spitzmüller, Jürgen (Hrsg.) 2006, 19–33.
Dürscheid, Christa/Spitzmüller, Jürgen (Hrsg.) 2006: Perspektiven der Jugendsprachforschung. Frankfurt a. M.
Eckert, Penelope 1997: Age as a sociolinguistic variable. In: Coulmas, Florian (Hrsg.) 1997: The Handbook of Sociolinguistics. Oxford, 151–167.
Ehlich, Konrad 1981: Schulischer Diskurs als Dialog? In: Schröder, Peter/Steger, Hugo (Hrsg.) 1981: Dialogforschung, Jahrbuch des Instituts für deutsche Sprache. Düsseldorf, 334–369
Ehlich, Konrad/Rehbein, Jochen (Hrsg.) 1983: Kommunikation in Schule und Hochschule. Linguistische und ethnomethodologische Analysen. Tübingen.
Ehmann, Hermann 1992: Jugendsprache und Dialekt. Regionalismen im Sprachgebrauch von Jugendlichen. Opladen.
Ehmann, Hermann 1992: Affengeil. Ein Lexikon der Jugendsprache. München.
Ehmann, Hermann 1996: Oberaffengeil. Neues Lexikon der Jugendsprache. München.
Ehmann, Hermann 2001: Voll konkret. Das neueste Lexikon der Jugendsprache. München.
Ehrhardt, Claus 2007: Himmlisch hip – teuflisch hot. Jugendsprache in der deutschen und italienischen Werbekommunikation. In: Neuland, Eva (Hrsg.) 2007, 251–267.
Eichhoff-Cyrus, Karin/Hoberg, Rudolf (Hrsg.): Die deutsche Sprache zur Jahrtausendwende – Sprachkultur oder Sprachverfall? Mannheim.
Eilenberger, Rudolf 1910: Pennälersprache. Entwicklung, Wortschatz und Wörterbuch. Straßburg. In: Henne, Helmut/Objartel, Georg (Hrsg.) 1984, Bd. 5, 345–417.
Elias, Norbert 1989: Studien über die Deutschen. Machtkämpfe und Habitusentwicklung im 19. und 20. Jahrhundert. Frankfurt a. M.

Ermert, Karl (Hrsg.) 1985: Sprüche – Sprachen – Sprachlosigkeit. Ursachen und Folgen subkultureller Formen der Kommunikation am Beispiel der Jugendsprache. Rehburg-Loccum.

Fandrych, Christian u. a. 2002: Sage und schreibe. Übungswortschatz Grundstufe Deutsch. Stuttgart.

Farin, Klaus 1998: Jugendkulturen zwischen Kommerz und Politik. Bad Tölz.

Farin, Klaus 2002: generation-kick.de. Subkulturen heute. München. (2001)

Farin, Klaus 2003: Jugend(sub)kulturen heute. In: Neuland, Eva (Hrsg.) 2003a, 63–81.

Fend, Helmut 2002: Neue Theorie der Schule. Einführung in das Verstehen von Bildungssystemen. Wiesbaden.

Ferchhoff, Wilfried 1999: Jugend an der Wende vom 20. zum 21. Jahrhundert. Lebensformen und Lebensstile. Opladen.

Fischer, Arthur 1982: Jugend '81. Lebensentwürfe, Alltagskulturen, Zukunftsbilder; Studie im Auftrag des Jugendwerks der Deutschen Shell. Frankfurt. Opladen.

Fischer, Arthur (Hrsg.) 1997: Jugend '97. Opladen.

Fischer, Arthur (Hrsg.) 2000: Jugend 2000. 13. Shell Jugendstudie. Opladen.

Fischer-Kowalski, Marina 1983: Halbstarke 1958, Studenten 1968: Eine Generation und zwei Rebellionen. In: Preuss-Lausitz, Ulf (Hrsg.) 1983: Kriegskinder, Konsumkinder, Krisenkinder. Zur Sozialisationsgeschichte seit dem Zweiten Weltkrieg. Weinheim, 53–70.

Freimane, Laure 2003: Vergleich der deutschen und lettischen Jugendsprache. In: Neuland, Eva (Hrsg.) 2003b, 211–221.

Freud, Siegmund 1930: Das Unbehagen in der Kultur o. Vorlesungen zur Einführung in die Psychoanalyse. Wien.

Funke, Wolfgang 1982: Charakteristika des Generationssoziolekts der Jugendlichen in der DDR. In: Kwartalnik Neafilogiczny 29/1982, 79–91.

Gamber, Hans (Hrsg.) 1983: Was an deutschen Wänden steht. München.

Gamber, Hans u. a. 1984: Do you speak Sponti – das Letzte aus der Scene. München.

Gerdes, Joachim 2007: Wörterbücher der deutschen Jugendsprache 1980–2005: Bestandsaufnahme und kritische Analysen. In: Neuland, Eva (Hrsg.) 2007, 235–251.

Gillis, John R. 1980: Geschichte der Jugend, Tradition und Wandel der Altersgruppen und Generationen in Europa von der zweiten Hälfte des 18. Jahrhunderts bis zur Gegenwart. Weinheim.

Glaser, Hermann 1986: Kulturgeschichte der Bundesrepublik Deutschland, 2. Bd., München 1986.

Glück, Helmut/Sauer, Wolfgang Werner 1997: Gegenwartsdeutsch. Stuttgart.

Goethe, Johann Wolfgang 1955: Goethes Werke, Bd. IX: Autobiographische Schriften I. Hamburg.

Göttingen 1813: Gebräuchlichste Ausdrücke und Redensarten der Studenten. In: Der Göttinger Student. Oder Bemerkungen, Rathschläge und Belehrungen über Göttingen und das Studenten-Leben auf der Georgia Augusta, S.140–181 (Verf.: Daniel Ludwig Wallis). In: Henne, Helmut/Objartel, Georg (Hrsg.) 1984, 46–97.

Götze, Alfred 1928: Deutsche Studentensprache. Berlin.

Gohlke, Klaus 1981: Nebenkommunikation als Problem der Institution Schule. In: Baurmann, Jürgen/Cherubim, Dieter/Rehbock, Helmut (Hrsg.) 1981, 247–267.

Griesbach, Heinz 1984: Deutsch mit Erfolg. Ein Lehrprogramm für Erwachsene. Bd. 2: Lehrbuch für Fortgeschrittene. Berlin/München, 40f.

Griese, Hartmut M. 1985: Zur Situation der Jugend (und der Jugendforschung). Ein sozialwissenschaftlicher Beitrag zum Zusammenhang von sozialem Wandel, Wertwandel und „Jugendprotest". In: Ermert, Karl (Hrsg.) 1985, 47.

Grimm, Jacob/Wilhelm, Grimm 1897: Deutsches Wörterbuch. Leipzig. (1854)

Grunow, Cordula/Schurf, Bernd 1998: Deutschbuch 8. Sprach- und Lesebuch. Berlin.

Günthner, Susanne 1996: Zwischen Scherz und Schmerz. Frotzelaktivitäten in der Alltagsinteraktion. In: Kotthoff, Helga (Hrsg.) 1996: Scherzkommunikation. Opladen, 81–108.

Günthner, Susanne 2000: Vorwurfsaktivitäten in Alltagsinteraktion – grammatische, prosodische, rhetorisch-stilistische und interaktive Verfahren bei der Konstitution kommunikativer Muster und Gattungen. Tübingen.

Häcki Buhofer, Annelies (Hrsg.) 2000: Vom Umgang mit sprachlicher Variation. Soziolinguistik, Dialektologie, Methoden und Wissenschaftsgeschichte. Tübingen und Basel.

Häcki Buhofer, Annelies (Hrsg.) 2003: Spracherwerb und Lebensalter. Tübingen.

Hahn, Silke 1995: Halbstarke, Hippies und Hausbesetzer. Die Sprache und das Bild der Jugend in der öffentlichen Berichterstattung. In: Stötzel, Georg/Wengeler, Martin (Hrsg.)1995: Kontroverse Begriffe. Berlin, 211–244.

Haller, Michael (Hrsg.) 1981: Aussteigen oder rebellierten – Jugendliche gegen Staat und Gesellschaft. Hamburg.

Hartmann, Dietrich 1990: Standardsprache und regionale Umgangssprachen als Varietäten des Deutschen. Kriterien zu ihrer Bestimmung aus grammatischer und soziolinguistischer Sicht. In: International Journal of the Sociology of Language 83/1990, 39–58.

Hartung, Martin 2003: Beobachtungen zur Peer Group-Kommunikation unter Jugendlichen. In: Neuland, Eva (Hrsg.) 2003b, 335–346.

Heinemann, Margot 1983: Zur Signalfunktion der Jugendsprache. In: Fleischer, Wolfgang (Hrsg.): Entwicklungen in Wortbildung und Wortschatz der deutschen Gegenwartssprache (= Linguistische Studien, Reihe A, Arbeitsberichte 105). Berlin, 122–138.

Heinemann, Margot 1987: Zur jugendsprachlichen Variation. In: Deutsch als Fremdsprache 3/1987, 142–148.

Heinemann, Margot 1989: Kleines Wörterbuch der Jugendsprache. Leipzig.

Heinemann, Margot 1990: Varietäten und Textsorten – eine Annäherung. In: Mackeldey, Roger (Hrsg.) 1990: Textsorten/Textmuster in der Sprech- und Schriftkommunikation. Leipzig, 54–60.

Heinemann, Margot/Neuland, Eva 1997: „Tussis": hüben wie drüben? Vergleichende Beobachtungen zur Entwicklung von Jugendsprachen in Ost- und West. In: Der Deutschunterricht. 1/1997, 70–77.

Heinze, Thomas 1976: Unterricht als soziale Situation. Zur Interaktion zwischen Lehrern und Schülern. München.

Henne, Helmut 1981: Jugendsprache und Jugendgespräche. In: Schröder, Peter/Steger, Hugo (Hrsg.) 1981: Dialogforschung. Jahrbuch des Instituts für deutsche Sprache. Düsseldorf, 370–385.

Henne, Helmut 1981: Zur Sprache der Jugend im Wandervogel. Ein unbekanntes Kapitel deutscher Sprachgeschichte. In: Zeitschrift für germanistische Linguistik 9/1981, 20–33.

Henne, Helmut 1984: Historische Studenten- und Schülersprache – heute. In: Henne, Helmut/Objartel, Georg (Hrsg.) 1984, Bd. 1, 1–32.

Henne, Helmut 1986: Jugend und ihre Sprache. Darstellung, Materialien, Kritik. Berlin/New York.

Henne, Helmut/Objartel, Georg (Hrsg.) 1984: Bibliothek zur historischen deutschen Studenten- und Schülersprache. Berlin.

Henn-Memmesheimer, Beate/Hofer, Manfred 2006: Variantenwahl und Lernmotivation. In: Neuland, Eva (Hrsg.) 2006,193–209.

Heringer, Hans Jürgen (Hrsg.) 1982: Holzfeuer in hölzernen Ofen. Zur politischen Sprachkritik. Tübingen.

Hess-Lüttich, Ernest W.B.(Hrsg.) 1983: Textproduktion und Textrezeption. Tübingen.

Hess-Lüttich, Ernest W.B. 2003: Sprachwandel im Spiegel der Alternativpresse von Jugend-Subkulturen in Österreich und der Schweiz. In: Neuland, Eva (Hrsg.) 2003b, 285–307.

Hetzer, Hildegard/Flakowski, Herbert (1954/1974): Die entwicklungsbedingten Stilformen von kindlichen und jugendlichen Schreibern. München.

Hewitt, Roger 1994: Sprache, Adoleszenz und die Destabilisierung von Ethnizität. In: Deutsch lernen 4/1994, 362–376.

Hewitt, Roger 1998: Ethnizität in der Jugendkultur. In Gogolin, Ingrid u.a. (Hrsg.) 1998: Pluralität und Bildung. Opladen, 13–24.

Hinnenkamp, Volker 2000: „Gemischt sprechen" von Migrantenjugendlichen als Ausdruck ihrer Identität. In: Der Deutschunterricht 2000, 96–107.

Hinnenkamp, Volker 2003: Sprachalternieren – ein virtuoses Spiel? Zur Alltagssprache von Migrantenjugendlichen. In: Neuland, Eva (Hrsg.) 2003b, 395–417.

Hirt, Hermann 1921: Etymologie der Neuhochdeutschen Sprache: Darstellung des deutschen Wortschatzes in seiner geschichtlichen Entwicklung. 2. Auflage München. (Nachdruck 1968) (1909)

Holtus, Günter/Radtke, Edgar (Hrsg.) 1986: Sprachlicher Substandard. Tübingen.

Holtus, Günter/Radtke, Edgar (Hrsg.) 1990: Sprachlicher Substandard III. Standard, Substandard und Varietätenlinguistik. Tübingen.

Holzkamp, Klaus 1980: Forum kritische Psychologie. Berlin.

Hoppe, Ulrich 1984: Von Anmache bis Zoff. Ein Wörterbuch der Szene-Sprache. München.

Hoppe, Almut/Romeikat, Katharina/Schütz, Susanne 2003: Jugendsprache: Anregungen für den Deutschunterricht. In: Neuland, Eva (Hrsg.) 2003b, 436–485.

Hurrelmann, Klaus/Ulich, Dieter (Hrsg.) 1998: Handbuch der Sozialisationsforschung. 5. Aufl. Weinheim, Basel. (1980)

Hurrelmann, Klaus (Hrsg.) 2002: Jugend 2002. Zwischen pragmatischem Idealismus und robustem Materialismus. Frankfurt a.M.

Hurrelmann, Klaus (Hrsg.) 2006: Jugend 2006. Eine pragmatische Generation unter Druck. Frankfurt a.M.

Jäger, Siegfried 1970: Linke Wörter. Einige Bemerkungen zur Sprache der APO. In: Muttersprache 80/1970, 85–106.

Jakob, Karlheinz 1988: Jugendkultur und Jugendsprache. In: Deutsche Sprache 16/1988, 320–350.

Janke, Klaus/Niehues, Stefan 1995: Echt abgedreht – die Jugend der 90er Jahre. München.

Jansen, Peter 1980: Gruppensprache und Verständigungsprobleme. In: Schober, Otto (Hrsg.) 1980: Sprachbetrachtung und Kommunikationsanalyse. Beispiele für den Deutschunterricht. Königstein, 179–199.

Januschek, Franz 1986: Redensarten und Sprüche der Jugendsprache: Was besagen sie wirklich? In: Brekle, Herbert/Maas, Utz (Hrsg.) 1986: Sprachwissenschaft und Volkskunde: Perspektiven einer kulturanalytischen Sprachbetrachtung, Opladen, 90–103.

Januschek, Franz 1989: Die Erfindung der Jugendsprache. In: Osnabrücker Beiträge zur Sprachtheorie 41/1989, 125–147.

Januschek, Franz 1991: Jugendliche Erwachsene – erwachsene Jugendliche: Jugendsprache. In: Neuland, Eva/Bleckwenn, Helga (Hrsg.) 1991: Stil – Stilistik – Stilisierung: linguistische, literaturwissenschaftliche und didaktische Beiträge zur Stilforschung. Frankfurt a. M., 117–130.

Jochimsen, Reimut 1953: Gammeln, Hotten, Stenzen. Aus dem Wörterbuch der Jugend von heute. In: Muttersprache 63/1953, 296–299.

Jørgensen, Normann 2007: Languaging on the Walls of Europe. In: Neuland, Eva (Hrsg.) 2007, 165–179.

Kallmeyer, Werner (Hrsg.) 1994: Exemplarische Analysen des Sprachverhaltens in Mannheim. Berlin.

Kallmeyer, Werner 2000: Sprachvariation und Soziostilistik, in: Häcki Buhofer, Annelies (Hrsg.) 2000, 261–279.

Kann, Hans-Joachim 1985: Zu den Quellen von Spontisprüchen. In: Sprachdienst 5/6/1985, 75–80.

Keim, Inken/Cindark, Ibrahim 2003: Deutsch-türkischer Mischcode in einer Migrantengruppe: Form von „Jugendsprache" oder soziolektales Charakteristikum? In: Neuland, Eva (Hrsg.) 2003b, 377–395.

Kelle, Bernhard 2000: Regionale Varietäten im Internet-Chat als Wegbereiter einer regionalen Schriftlichkeit. In: Deutsche Sprache 4/2000, 357–371.

Keller, Rudi/Kirschbaum, Ilja 2000: Bedeutungswandel. In: Der Deutschunterricht. 3/2000, 41–54.

Kindleben, Christian Wilhelm 1781: Studenten-Lexicon. Aus den hinterlassenen Papieren eines unglücklichen Philosophen Florido genannt, ans Tageslicht gestellt v. Chr. W. Kindleben, der Weltweisheit Doktor und der freyen Künste Magister. Halle. In: Henne, Helmut/Objartel, Georg (Hrsg.) 1984, Bd. 2, 27–313.

Klein, Wolfgang 1986: Der Wahn vom Sprachverfall und anderen Mythen. In: Zeitschrift für Linguistik und Literaturwissenschaften 62/1986, 11–28.

Kleinberger Günther, Ulla/Spiegel, Carmen 2006: Jugendliche schreiben im Internet: Grammatische und orthographische Phänomene in normungebundenen Kontexten. In: Dürscheid, Christa/Spitzmüller, Jürgen (Hrsg.) 2006, 101–117.

Klimke, Martin/Scharloth, Joachim 2007: 1968, Handbuch zur Kultur- und Mediengeschichte der Studentenbewegung. Stuttgart.

Kloß, Georg Franz B. 1931: Das Idiotikon der Burschensprache des Georg Franz Burghard Kloß (von 1808). Hrsg. von Carl Manfred Frommel. Frankfurt a. M.

Klose, Henriette 2007: Beobachtungen zur Jugendsprache in DaF-Lehrwerken der Grundstufe. In: Neuland, Eva (Hrsg.) 2007, 267–283.

Kluge, Friedrich 1895: Deutsche Studentensprache. Straßburg. In: Henne, Helmut/Objartel, Georg (Hrsg.) 1984, Bd. 5, 93–237.

Kluge 1902: Kneipe. In: Zeitschrift für deutsche Wortforschung 3/1902, 144–121. In: Henne, Helmut/Objartel, Georg (Hrsg.) 1984, Bd. 6, 27–35.

Kluge, Friedrich 1907: Unser Deutsch. Einführung in die Muttersprache. Vorträge und Aufsätze. Leipzig.

Kluge, Friedrich 1912: Burschikos. In: Wortforschung und Wortgeschichte, Aufsätze zum deutschen Sprachschatz. Leipzig, 1–19.

Kopperschmidt, Josef 1987: „Lieber theorielos als leblos". Anmerkungen zur Sprüchekultur. In: Muttersprache 3/4/1987, 129–144.

Kopperschmidt, Josef 2000: 1968 oder „die Lust am Reden". Über die revolutionären Folgen einer Scheinrevolution. In: Muttersprache 110/2000, 1–12.

Kortum, Carl Arnold 1986 (1784): Die Jobsiade. Ein komisches Heldengedicht in drei Teilen. Mülheim.

Kotthoff, Helga 1998: Spaß verstehen. Zur Pragmatik von konversationellem Humor. Tübingen.

Kotsinas, Ulla-Britt 1998: Language contact in Rinkeby, an immigrant suburb. In: Androutsopoulos, Jannis/Scholz, Arno (Hrsg.) 1998, 125–149.

Krause, Peter 1979: O alte Burschenherrlichkeit. Die Studenten und ihr Brauchtum. Graz.

Kraushaar, Wolfgang 1996: Die Protest-Chronik 1949–1959. Eine illustrierte Geschichte von Bewegung, Widerstand und Utopie. 4 Bde., Hamburg.

Kraushaar, Wolfgang 1998: Frankfurter Schule und Studentenbewegung. Von der Flaschenpost zum Molotowcocktail 1946–1995. 3 Bde., Hamburg.

Krumm, Hans-Jürgen 1997: Welches Deutsch lehren wir? In: Jahrbuch Deutsch als Fremdsprache, Bd. 23, 133–141.

Kunkel-Razum, Kathrin/Osterwinter, Ralf 2007: Duden – Deutsches Universalwörterbuch A–Z, 6., überarbeitete Auflage. Mannheim (u. a.). Elektronische Ressource.

Kuhn, Fritz 1983: Überlegungen zur politischen Sprache der Alternativbewegung. In: Sprache und Literatur in Wissenschaft und Unterricht 52/1983, 61–80.

Küpper, Heinz 1961: Zur Sprache der Jugend. In: Der Sprachwart 11/1961, 185–188.

Küpper, Heinz 1970: Wörterbuch der deutschen Umgangssprache. Hamburg.

Küpper, Heinz 1977: Die deutsche Schülersprache 1973/1974, in: Wirkendes Wort 27/1977, 318–330.

Küpper, Marianne/Küpper, Heinz 1972: Schülerdeutsch. Hamburg.

Labov, William 1976/1978: Sprache im sozialen Kontext. Beschreibung und Erklärung struktureller und sozialer Bedeutung von Sprachvariation. 2. Bde. Kronberg. Hrsg. v. Dittmar, Norbert/Rieck, Bert-Olaf.

Lacarescu, Ioan 2003: Schwierigkeiten bei der Erstellung eines deutsch-rumänischen Wörterbuchs der Jugendsprache. In: Neuland, Eva (Hrsg.) 2003b, 239–245.

Lalova, Veronika 2008: „Du flowst voll krass auf den Beat." Verstehen Jugendliche TV-Jugendsprache? In: Der Deutschunterricht 4/2008, 88–91.

Lapp, Edgar 1989: „Jugendsprache": Sprechart und Sprachgeschichte seit 1945. Ein Literaturbericht. In: Sprache und Literatur in Wissenschaft und Unterricht 63/1989, 53–75.

Laukhard, Friedrich Christian 1908: Leben und Schicksale. Von ihm selbst geschrieben. Deutsche und französische Kultur- und Sittenbilder aus dem 18. Jahrhundert, bearb. v. Viktor Petersen. 2. Aufl. Stuttgart. (1792)

Lévi-Strauss, Claude 1966: Mythologica II. Vom Honig zur Asche. Frankfurt a. M.
Linke, Angelika 1998: Backfischsprache. Kultursemiotische Überlegungen zum Sprachgebrauch jugendlicher Bürgerinnen der Jahrhundertwende. In: Androutsopoulos, Jannis/Scholz, Arno (Hrsg.) 1998, 211–232.
Linke, Angelika 2000: Informalisierung? Ent-Distanzierung? Familialisierung? Sprach-(gebrauchs)wandel als Indikator soziokultureller Entwicklungen. In: Der Deutschunterricht. Sprachwandel – Vom Sprechen zur Sprache 3/2000, 66–78.
Löffler, Heinrich 2005: Germanistische Soziolinguistik. 3. Auflage, Berlin. (1985)
Maijala, Minna 2007: Jugendsprache und Jugendkultur in finnischen und schwedischen DaF-Lehrwerken – „Voll die Liebe": „Boys" und „Girls". In: Neuland, Eva (Hrsg.) 2007, 283–299.
Marcus, Hans 1962: Zum Twen-Deutsch. In: Zeitschrift für deutsche Wortforschung 18/1962, 151–159.
Marcuse, Herbert 1967: Der eindimensionale Mensch. Studien zur Ideologie der fortgeschrittenen Industriegesellschaft. Neuwied (u. a.)
Martin, Stephan/Schubert, Daniel/Watzlawik, Sonja 2003: „Das soll jetzt keine Lästerstunde werden" Lästern über Mitschüler – ein jugendsprachliches Phänomen. In: Neuland, Eva 2003a, Frankfurt a. M., 113–131.
Mattheier, Klaus J. (Hrsg.) 1996: Standardisierung und Destandardisierung europäischer Nationalsprachen. Frankfurt a. M.
Mebus, Gudula 1987: Sprachbrücke 1. Stuttgart.
Meier, John 1894: Hallische Studentensprache. In: Henne, Helmut/Objartel, Georg (Hrsg.) 1984, Band 5, 1–93.
Melzer, Friso 1928: Die Breslauer Schülersprache. In: Henne, Helmut/Objartel, Georg (Hrsg.) 1984, Bd. 5, 435–582.
Menge, Heinz H. 1980: Was ist Umgangssprache? Vorschläge zur Behandlung einer lästigen Frage, in: Zeitschrift für Dialektologie und Linguistik 49, 52–63.
Miermeister, Jürgen/Staadt, Jochen (Hrsg.): Provokationen. Die Studenten- und Jugendrevolte in ihren Flugblättern, 1965–1971. Darmstadt, Neuwied.
Mühlbauer, Karl-Reinhold 1980: Sozialisation. Eine Einführung in Theorien und Modelle, München.
Müller-Münch, Ingrid u. a. 1981: Besetzung – weil das Wünschen nicht geholfen hat. Köln, Freiburg, Gorleben, Zürich und Berlin.
Müller-Thurau, Claus Peter 1983: Laß uns mal 'ne Schnecke angraben. Sprache und Sprüche der Jugendszene. Düsseldorf.
Müller-Thurau, Claus Peter 1985: Lexikon der Jugendsprache. Düsseldorf.
Nabrings, Kirsten 1981: Sprachliche Varietäten. Tübingen.
Neuland, Eva 1987: Spiegelungen und Gegenspiegelungen. Anregungen für eine zukünftige Jugendsprachforschung. In: Zeitschrift für Germanistische Linguistik 15/1987, 58–82.
Neuland, Eva 1993: Sprachbewusstsein und Sprachvariation. Zur Entwicklung eines Sprachdifferenzbewusstseins. In: Klotz, Peter/Sieber, Peter (Hrsg.) 1993: Vielerlei Deutsch. Stuttgart, 173–192.
Neuland, Eva 1994: Jugendsprache und Standardsprache. Zum Wechselverhältnis von Stilwandel und Sprachwandel. In: Zeitschrift für Germanistik 1/1994, 78–98.

Neuland, Eva 1996: Sprachkritiker sind wir doch alle! Formen öffentlichen Sprachbewußtseins. Perspektiven kritischer Deutung und einigen Folgerungen. In: Böke, Karin/Jung, Matthias/Wengeler, Martin (Hrsg.) 1996: Öffentlicher Sprachgebrauch. Praktische, theoretische und historische Perspektiven. Opladen, 110–121.

Neuland, Eva 1997: Jugendsprache – Bedrohung oder Bereicherung der Standardsprache? In: Schmirber, Gisela (Hrsg.) 1997: Sprache im Gespräch. Zu Normen, Gebrauch und Wandel der deutschen Sprache. München, 149–163.

Neuland, Eva 1998: Vergleichende Beobachtungen zum Sprachgebrauch Jugendlicher verschiedener regionaler Herkunft. In: Androutsopoulos, Jannis/Scholz, Arno (Hrsg.) 1998, 71–91.

Neuland, Eva 2000: Jugendsprache in der Diskussion: Meinungen, Ergebnisse, Folgerungen. In: Eichhoff-Cyrus, Karin/Hoberg, Rudolf (Hrsg.) 2000: Die deutsche Sprache zur Jahrtausendwende – Sprachkultur oder Sprachverfall. Mannheim, 107–123.

Neuland, Eva/Watzlawik, Sonja/Martin, Stephan 2002: Soziolinguistik und Didaktik von Jugendsprachen. Vorstellung eines Forschungsprojekts und seiner didaktischen Perspektiven. In: Hug, Michael/Richter, Sigrun (Hrsg.) 2002: Ergebnisse aus soziologischer und psychologischer Forschung. Hohengehren, 78–94.

Neuland, Eva (Hrsg.) 2003a: Jugendsprache – Jugendliteratur – Jugendkultur. Interdisziplinäre Beiträge zu sprachkulturellen Ausdrucksformen Jugendlicher. Frankfurt a. M. (3. Auflage 2008)

Neuland, Eva 2003: Jugendsprachen im gesellschaftlich-historischen Wandel. Ein Beitrag zur Geschichte der Jugendsprache. In: dies. (Hrsg.) 2003a, 91–113.

Neuland, Eva 2003: Subkulturelle Sprachstile Jugendlicher heute. Tendenzen der Substandardisierung in der deutschen Gegenwartssprache. In: dies. (Hrsg.) 2003a, 131–148.

Neuland, Eva 2003: Doing Youth. Zur medialen Konstruktion von Jugend und Jugendsprache. In: dies. (Hrsg.) 2003a, 261–273.

Neuland, Eva (Hrsg.) 2003b: Jugendsprachen – Spiegel der Zeit. Internationale Fachkonferenz 2001 an der Bergischen Universität Wuppertal. Frankfurt a. M.

Neuland, Eva 2003: Jugendsprachen – Perspektiven für den Unterricht – Deutsch als Muttersprache und Deutsch als Fremdsprache. In: dies. (Hrsg.) 2003b, 447–463.

Neuland, Eva/Martin, Stephan/Watzlawik, Sonja 2003: Sprachgebrauch und Spracheinstellungen Jugendlicher in Deutschland: Forschungskonzept – Datengrundlage – Auswertungsperspektiven. In: Neuland, Eva (Hrsg.) 2003b, 43–61.

Neuland, Eva/Schubert, Daniel 2005: Spricht die Jugend eine andere Sprache? In: Fusco, Fabiana/Marcato, Carla (Hrsg.) 2005: Forme della communicazione giovanile. Roma, 223–251.

Neuland, Eva 2006: Deutsche Schülersprache heute: total normal? In: Dürscheid, Christa/Spitzmüller, Jürgen (Hrsg.) 2006, 51–73.

Neuland, Eva (Hrsg) 2006: Variation im heutigen Deutsch: Perspektiven für den Sprachunterricht. Frankfurt a. M.

Neuland, Eva 2006: Jugendsprachen – Was man über sie und was man an ihnen lernen kann In: dies. (Hrsg.) 2006, 223–245.

Neuland, Eva (Hrsg.) 2007: Jugendsprachen: mehrsprachig – kontrastiv – interkulturell. Frankfurt a. M.

Neuland, Eva/Lie, Kwang-Sook/Watanabe, Manabu/Zhu, Jianhua 2007: Jugendsprachen zwischen Universalität und Kulturspezifik: Kontrastive Studien zu Japanisch, Koreanisch und Chinesisch. In: Neuland, Eva (Hrsg.) 2007, 211–235.

Neuland, Eva/Schubert, Daniel/Steffin, Hanne 2007: Ciao, salut, hadi und bye. Internationalismen im Sprachgebrauch Jugendlicher? In: Neuland, Eva (Hrsg.) 2007, 117–135.

Neuland, Eva 2008: Jugendsprache und Mediensprache: Verbale Grenz- und Generationsüberschreitungen? In: TV-Diskurs 45. Tatort Sprache. Verbale Grenzüberschreitungen in den Medien und ihre Wirkung. 3/2008, 36–41.

Neuland, Eva/Balsliemke, Petra/Sadat, Anka 2009 (i.E.): Schülersprache, Schulsprache, Unterrichtssprache. In: Becker-Mrotzek, Michael (Hrsg.) 2009 (i.E.): Mündliche Kommunikation und Gesprächsdidaktik. Baltmannweiler.

Neuland, Eva/Schubert, Daniel 2009 (i.E.): Deutsche Schülersprache – Sprachgebrauch und Spracheinstellungen Jugendlicher in Deutschland. Frankfurt a.M.

Nothdurft, Werner/Schwitalla, Johannes 1995: Gemeinsam musizieren. Plädoyer für ein neues Leitbild für die Betrachtung mündlicher Kommunikation. In: Der Deutschunterricht 1/1995, 30–42.

Nüssler, Otto/Stave, Joachim: Der Sprachdienst 10.–11. Jg. (1966–1967), 12.–13. Jg. (1968–1969), 14.–15. Jg. (1970–1971). 3 Bde. Wiesbaden.

Objartel, Georg 1984: Die Kunst des Beleidigens. Materialien und Überlegungen zu einem historischen Interaktionsmuster. In: Cherubim, Dieter/Henne, Helmut/Rehbock, Helmut (Hrsg.) 1984: Gespräche zwischen Alltag und Literatur. Tübingen, 94–122.

Objartel, Georg 1985: Gruppensprache und Sprachgeschichte. Zur Rekonstruktion studentischer Lebensformen (1770–1820). In: Stötzel, Georg (Hrsg.) 1985: Germanistik. Forschungsstand und Perspektiven. Berlin, 91–106.

Ohms, Hans Herbert 1957: Wenn ich rede, hast du Sendepause ... Zur „Geheimsprache" unserer Jugend. In: Westermanns pädagogische Beiträge 9/1957, 134–139.

Oltmanns, Reimar 1980: Du hast keine Chance, aber nutze sie. Eine Jugend steigt aus. Hamburg.

Pankau, Johannes G. 1984: Jugendsprache als Gegenstand des Deutschunterrichts für Ausländer: Möglichkeiten der Arbeit mit Rocktexten im Bereich Deutsch als Fremdsprache. In: Info DaF 4/1984, 3–15.

Pape, Sabine 1970: Bemerkungen zur sogenannten Teenager- und Twensprache. In: Muttersprache 80/1970, 368–377.

Peyer, Ann 2003: Sprachwelt Deutsch. Bern.

Plenzdorf, Ulrich 1974: Die neuen Leiden des jungen W. Frankfurt a.M.

Pörksen, Uwe/Weber, Heinz 1984: Spricht die Jugend eine andere Sprache? Antworten auf die Preisfrage der deutschen Akademie für Sprache und Dichtung vom Jahr 1982. Heidelberg (Deutsche Akademie für Sprache und Dichtung; Preisschriften).

Polenz, Peter von 1983: Deutsch in der Bundesrepublik Deutschland. In: Reiffenstein, Ingo (Hrsg.) 1983: Tendenzen, Formen und Strukturen der deutschen Standardsprache nach 1945. Marburg, 41–61.

Polenz, Peter von 1999: Deutsche Sprachgeschichte vom Spätmittelalter bis zur Gegenwart. Band III: 19. und 20. Jahrhundert. Berlin. (1993)

Pregel, Dietrich 1970: Zum Sprachstil des Grundschulkindes. Studien zum Gebrauch des Adjektivs und zur Typologie der Stilalter. Düsseldorf.

Radkte, Ingulf 1973: Die Umgangssprache. In: Muttersprache 83/1973, 161–171.
Ragotzky, von Carl Albert Constantin 1831: Der flotte Bursche. In: Henne, Helmut/Objartel, Georg (Hrsg.) 1984, Bd. 3, 191–305.
Rampton, Ben 1995: Crossing: language and ethnicity among adolescents. London.
Rehbock, Helmut 1981: Nebenkommunikation im Unterricht: Funktionen, Wirkungen, Wertungen. In: Baurmann, Jürgen/Cherubim, Dieter/Rehbock, Helmut (Hrsg.) 1981, 35–89.
Reinert, Gerd-Bodo/Zinnecker, Jürgen (1978): Schüler im Schulbetrieb: Berichte und Bilder vom Lernalltag, von Lernpausen und vom Lernen in den Pausen. Reinbek.
Reinke, Malies 2003: Jugendliche als Internet-Nutzer. In: Neuland, Eva (Hrsg.) 2003b, 417–431.
Riegel, Paul 1979: Lernziel: Verständigung – Lerninhalt: Sprache der Generationen. Überlegungen und Materialien zu einer Unterrichtseinheit auf der Sekundarstufe II. In: Der Deutschunterricht 3/1979, 25–38.
Rittendorf, Michael u.a. 1984: Angesagt: Scene-Deutsch. Ein Wörterbuch. Frankfurt a.M.
Rötzer, Hans Gerd (Hrsg) u.a. 1998: Wortlaut. 9. Klasse. Bamberg.
Rogge, Klaus I. 1985: Lernen vor Ort. Soest.
Roos, Peter 1982: Kaputte Gespräche. Wem nützt der Jugend-Dialog? Weinheim; Basel.
Russ, Charles V.J. 1992: Variation im Deutschen: Die Perspektive der Auslandsgermanistik. In: Der Deutschunterricht 6/1992, 5–16.
Saari, Mirja 2003: Anfang einer gemischten Sprache? Beobachtungen über den Sprachgebrauch der schwedischsprachigen Jugendlichen in Helsinki. In: Neuland, Eva (Hrsg.) 2003b, 135–149.
Saari, Mirja 2007: Code-switching im Kontext von Zweisprachigkeit am Beispiel von Jugendlichen in Helsinki. In: Neuland, Eva (Hrsg.) 2007, 179–195.
Salmasius, Robert 1749: Kompendiöses Handlexikon der unter den Herren Purschen auf Universitäten gebräuchlichsten Kunstwörter. Zum Nuzzen der abgehenden Herren Studenten, und aller kuriösen Liebhaber nach alphabetischer Ordnung verfertigt v. R.S., sowie Beitrag zu des Herren Robert Salmasius Wörterbuch der akademischen Kunstwörter, in: Vergnügte Abendstunden, in stiller Betrachtung über die Vorfälle in dem Reiche der Natur, Künste und Wissenschaften zugebracht. Teil 2. Erfurt, 65–79, 353–357, 361–365. In: Henne, Helmut/Objartel, Georg (Hrsg.) 1984, Bd. 2, 1–16.
Sandig, Barbara 1986: Stilistik und Textstilistik der deutschen Sprache. Berlin.
Sandig, Barbara 2006: Textstilistik des Deutschen. Berlin.
Sasse, Ines 1998: Spracheinstellungen und -bewertungen von Jugendlichen. In: Schlobinski, Peter/Heins, Niels-Christian (Hrsg.) 1998, 209–235.
Schäfer, Sven 1998: Techno-Lexikon. Berlin.
Schank, Gerd/Schwitalla, Johannes 2000: Ansätze neuer Gruppen- und Sondersprachen seit der Mitte des 20. Jahrhunderts. In: Besch, Werner u.a. (Hrsg.) 2000: Sprachgeschichte. Ein Handbuch zur Geschichte der deutschen Sprache und ihrer Erforschung, Berlin, 1999–2008.
Schilling, Helmut 1972: „antiautoritär" – Analyse eines Schlagwortes. In: Muttersprache 1972, 143–149.
Schirmer, Alfred 1931: Die Erforschung der deutschen Sondersprachen. In: Germanische-romanische Monatsschrift 5/1931, 1–12.

Schleuning, Peter 1980: Scene-Sprache. In: Osnabrücker Beiträge zur Sprachtheorie 16/1980, 9–44.
Schlobinski, Peter 1989: „Frau Meier hat AIDS, Herr Tropfmann hat Herpes, was wollen Sie einsetzen?" Exemplarische Analyse eines Sprechstils. In: Osnabrücker Beiträge zur Sprachtheorie 41/1989, 1–35.
Schlobinski, Peter/Kohl, Gaby/Ludewigt, Irmgard 1993: Jugendsprache. Fiktion und Wirklichkeit. Opladen.
Schlobinski, Peter/Schmid, Katja A. 1996: Alles eine Frage des Stils. Zur sprachlichen Kommunikation in Jugendcliquen und -szenen. In: Muttersprache 3/1996, 211–225.
Schlobinski, Peter/Heins, Niels-Christian (Hrsg.) 1998: Jugendliche und ihre Sprache. Opladen.
Schlobinski, Peter 2003: Lexikographie und Lexikologie in der Jugendsprachforschung. In: Neuland, Eva (Hrsg.) 2003b, 233–239.
Schlobinski, Peter/Watanabe, Manabu 2006: Mündlichkeit und Schriftlichkeit in der SMS-Kommunikation. Deutsch-Japanisch kontrastiv. In: Neuland, Eva (Hrsg.) 2006, 403–416.
Scholze-Stubenrecht, Werner/Alsleben, Brigitte 1999: Duden, das große Wörterbuch der deutschen Sprache in 10 Bänden. 3., völlig neu bearb. u. erw. Aufl., Mannheim.
Schubert, Daniel 2008 (i.E.): Lästern – Erscheinungsweisen und Funktionen einer kommunikativen Gattung des Alltags. Frankfurt.
Schuchardt 1825: Studentikoses Conversationslexicon oder Leben, Sitten, Einrichtungen, Verhältnisse und Redensarten der Studenten, beschrieben, erklärt und alphabetisch geordnet. In: Henne, Helmut/Objartel, Georg (Hrsg.) 1984, Bd. 3, 121–191.
Schütte, Johannes 1980: Revolte und Verweigerung: zur Politik und Sozialpsychologie der Spontibewegung. Giessen.
Schulze, Gerhardt 1993: Die Erlebnisgesellschaft. Kultursoziologie der Gegenwart. Frankfurt a. M., New York.
Schulze, Friedrich/Ssymank, Paul 1910: Das deutsche Studententum von den ältesten Zeiten bis zur Gegenwart. 2. Aufl. Leipzig.
Schwitalla, Johannes 1986: Jugendliche „hetzen" über Passanten. Drei Thesen zur ethnographischen Gesprächsanalyse. In: Hartung, Wolfdieter (Hrsg.) 1986: Untersuchungen zur Kommunikation – Ergebnisse und Perspektiven, Linguistische Studien Reihe A, Arbeitsberichte Nr. 149. Berlin-Ost, 248–261.
Schwitalla, Johannes 1988: Die vielen Sprachen der Jugendlichen. In: Geissner, Helmut/Gutenberg, Norbert (Hrsg.) 1988: Kann man Kommunikation lehren? Frankfurt a. M., 167–176.
Sedlaczek, Robert 2006: Leet & leiwand: das Lexikon der Jugendsprache: Mehr als 250 Ausdrücke und Redensarten – was sie bedeuten, woher sie stammen. Wien.
Siebenhaar, Beat 2006: Gibt es eine jugendspezifische Varietätenwahl in Schweizer Chaträumen? In: Dürscheid, Christa/Spitzmüller, Jürgen 2006 (Hrsg.), 227–241.
Sieber, Peter/Sitta, Horst 1992: Sprachreflexion in der Öffentlichkeit. In: Der Deutschunterricht 4/1992, 63–84.
Siepmann, Eckhardt 1983: Bikini die fünfziger Jahre. Kalter Krieg und Capri-Sonne. Hamburg.

Siepmann, Eckhardt (Hrsg.) 1986: Heiss & Kalt. Die Jahre 1945–69. Berlin.

Sitta, Horst 1990: Defizit oder Entwicklung. Zum Sprachstand von Gymnasialabsolventen und Studenten. In: Stickel, Gerhard (Hrsg.) 1990: Deutsche Gegenwartssprache. Tendenzen und Perspektiven. Berlin, 233–254.

Spiegel, Carmen 2003: Jugendliche diskutieren im Unterricht. Jugendsprachliche Elemente bei der Argumentationseinübung im Deutschunterricht. In: Neuland, Eva (Hrsg.) 2003b, 431–447.

Spitzmüller, Jürgen 2006: Der mediale Diskurs zu „Jugendsprache': Kontinuität und Wandel. In: Neuland, Eva (Hrsg.) 2003b, 33–51.

Spreckels, Janet 2006: Britneys, Fritten, Gangschta und wir: Identitätskonstitution in einer Mädchengruppe: eine ethnographisch-gesprächsanalytische Untersuchung. Frankfurt a. M.

Stave, Joachim 1960: Jugend und Sprache. In: Muttersprache 1960, 11–14.

Stave, Joachim 1964: Jugend und Sprache In: ders. 1964: Wie die Leute reden: Betrachtungen über 15 Jahre in der Bundesrepublik. Lüneburg, 176–227.

Steger, Hugo 1989: Sprache im Wandel. In: Sprache und Literatur in Wissenschaft und Unterricht 63/1989, 3–32.

Steinhäuser, Karl 1906: Die Muttersprache im Munde des Breslauer höheren Schülers und ihre Läuterung im deutschen Unterricht. Breslau In: Henne, Helmut/Objartel, Georg (Hrsg.) 1984, Bd. 5, 237–261.

Stern, Clara u. William 1975: Die Kindersprache – eine psychologische und sprachtheoretische Untersuchung. Darmstadt. (1908)

Stickel, Gerhard/Volz, Norbert 1999: Meinungen und Einstellungen zur deutschen Sprache. Ergebnisse einer Repräsentativenbefragung, Mannheim.

Streeck, Jürgen 1983: Lehrerwelten – Kinderwelten. Zur vergleichenden Ethnographie von Lernkommunikation innerhalb und außerhalb der Schule. In: Ehlich, Konrad/ Rehbein, Jochen (Hrsg.) 1983, 203–213.

Stubenrauch, Herbert 1978: „Scheiße, irgendwie blick ich da halt nicht mehr so durch …". In: päd. extra 3/1978, 44–47.

Thomasius, Christian 1970: Deutsche Schriften, ausgewählt und eingeleitet von P. von Düftel. Stuttgart. (1687)

Tidrike, Laura 2007: Politischer und sprachlicher Wandel am Beispiel von Entlehnungsprozessen in der lettischen Jugendsprache. In: Neuland, Eva (Hrsg.) 2007, 195–211.

Tillmann, Klaus-Jürgen 1989: Sozialisationstheorien. Eine Einführung in den Zusammenhang von Gesellschaft, Institution und Subjektwerdung, Reinbek.

Treeck, Bernhard van 1998: Graffiti-Lexikon – legale und illegale Malerei im Stadtbild. Berlin.

Trudgill, Peter 1972: Sex, Covert Prestige and Linguistic Change in the Urban British English of Norwich. In: Language in Society 1/1972, 179–197.

Twellmann, Walter 1981: Handbuch Schule und Unterricht: Band 2: Die Schule als Institution und Organisation. Düsseldorf.

Ulich, Dieter 1998: Schulische Sozialisation. In: Hurrelmann, Klaus/Ulich, Dieter (Hrsg.) 1998, 377–396.

Vollmann, J. 1846: Burschikoses Wörterbuch aller im Studentenleben vorkommenden Sitten, Ausdrücke, Wörter, Redensarten und den Comments, nebst Angabe aller auf den Universitäten bestehenden Corps, ihrer Farben und Kneipen. Ragaz 1846. In: Henne, Helmut/Objartel, Georg (Hrsg.) 1984, Bd. 4.

Volmert, Johannes 2004: Jugendsprache – Szenesprachen. In: Moraldo, Sandro M./Soffritti, Marcello 2004: Deutsch aktuell. Einführung in die Tendenzen der deutschen Gegenwartssprache. Roma, 134–158.

Volmert, Johannes 2005: Jugendsprache – Jugendkultur – und ihre Erforschung. In: Der Deutschunterricht, Heft 3, 85–91.

Volmert, Johannes 2006: Jugendsprachliche Stile und Register. Einfluss auf und Stellenwert für mündliche und schriftliche Kommunikation im Unterricht. In: Dürscheid, Christa/Spitzmüller, Jürgen (Hrsg.) 2006, 87–101.

Volmert, Johannes 2007: Jugendsprachen – Kaleidoskope von Sprachregistern und Verhaltensstilen. In: Neuland, Eva (Hrsg.) 2007, 47–65.

Wachau, Susanne 1989: „... nicht so verschlüsselt und verschleimt!" Über Einstellungen gegenüber Jugendsprache. In: Osnabrücker Beiträge zur Sprachtheorie 41/1989, 69–97.

Wallis, Daniel Ludwig 1813: Gebräuchliste Ausdrücke und Redensarten der Studenten. In: Der Göttinger Student oder Bemerkungen, Ratschläge und Belehrungen über Göttingen und das Studentenleben auf der Georgia Augusta. Göttingen 1813, S. 140–181. In: Henne, Helmut/Objartel, Georg (Hrsg.) 1984, Bd. 3, 46–97.

Watzlawik, Sonja 2000: Sprechen Rapper anders als Raver? Sprachstile in Musikszenen. In: Der Deutschunterricht 3/2000, 78–84.

Watzlawik, Sonja 2006: Jugendbiografien und Sprachgebrauch im Wandel der Zeit. In: Dürscheid, Christa/Spitzmüller, Jürgen (Hrsg.) 2006, 281–295.

Weber, Heinz 1984: Du hast keine Chance, aber nutze sie! Sprachfindung als Identitätsproblem. In: Pörksen, Uwe/Weber, Heinz 1984, 55–125.

Weigt, Peter 1968: Revolutions-Lexikon. Taschenbuch der außerparlamentarischen Aktion. Frankfurt a. M.

Welsch, Wolfgang 1995: Trankulturalität. Zur veränderten Verfasstheit heutiger Kulturen. In: Zeitschrift für Kulturaustausch 1995, 39–44.

Welter, Günther 1962: Die Sprache der Teenager und Twens. Frankfurt a. M.

Wendel, Petra 1985: Eine Unterrichtseinheit über den Sprachgebrauch Jugendlicher der achtziger Jahre. In: Diskussion Deutsch 16/1985, 502–522.

Wengeler, Martin 1995: „1968" als sprachgeschichtliche Zäsur. In: Stötzel, Georg/Wengeler, Martin (Hrsg.) 1995, 383–404.

Werlen, Erika 2006: Perspektiven der Jugendsprachforschung in der Deutschschweiz. In: Dürscheid, Christa/Spitzmüller, Jürgen (Hrsg.) 2006, 365–385.

Wiese, Heike 2006: „Ich mach dich Messer": Grammatische Produktivität in Kiez-Sprache („Kanak-Sprak"). In: Linguistische Berichte 207/2006, 245–275.

Wippermann, Peter/Trendbüro (Hrsg.) 2000: Duden-Wörterbuch der Szenesprachen. Mannheim.

Wocke, Helmut 1918: Schülergeheimsprachen. In: Mitteilungen der Schlesischen Gesellschaft für Volkskunde 20/1918, S. 215–218. In: Henne, Helmut/Objartel, Georg (Hrsg.) 1984, Bd. 6, 149–153.

Wolf, Siegmund A. 1959: Die Ische, die Brumme und der steile Zahn. In: Der Sprachwart 9/1959, 165–180.

Wolff, Frank/Windaus, Eberhard (Hrsg.) 1977: Studentenbewegung 1967–69: Protokolle und Materialien. Frankfurt a. M.

Zachariä, Just Friedrich W. 1974 (1744): Der Renommiste. Das Schnupftuch, hgg. v. A. Maler. Stuttgart.

Ziegler, Evelyn 2006: Identitätskonstruktion und Beziehungsarbeit in bayerischen Schülerzetteln. In: Dürscheid, Christa/Spitzmüller, Jürgen (Hrsg.) 2006, 165–183.

Ziehe, Thomas 1977: Pubertät und Narzissmus. Köln.

Ziehe, Thomas 1985: Jugendkulturen – angesichts der Entzauberung der Welt. In: Mitteilungen des deutschen Germanistenverbandes 4/1985, 1–10.

Zifonun, Gisela 2000: Grammatische Integration jugendsprachlicher Anglizismen. In: Der Deutschunterricht 4/2000, 69–79.

Zimmermann, Klaus 1993: Einige Gemeinsamkeiten und Differenzen der spanischen, französischen und deutschen jugendsprachlichen Varietäten. In: Wotjak, Gerd/Rovere, Giovanni (Hrsg.) 1993: Studien zum romanisch-deutschen Sprachvergleich, Tübingen, 121–130.

Zimmermann, Klaus 2003: Kontrastive Analyse der spanischen, französischen, portugiesischen und deutschen Jugendsprachen. In: Neuland, Eva (Hrsg.) 2003a, 169–182.

Zinnecker, Jürgen 1978: Die Schule als Hinterbühne oder Nachrichten aus dem Unterleben der Schüler. In: Reinert, Gerd-Bodo/Zinnecker, Jürgen (Hrsg.) 1978: Schüler im Schulbetrieb. Reinbek, 29–121.

Zinnecker, Jürgen 1981: Jugendliche Subkulturen. Ansichten einer künftigen Jugendforschung. In: Zeitschrift für Pädagogik 27/1981, 421–440.

Zinnecker, Jürgen 2002: null Zoff & voll busy. Die erste Jugendgeneration des neuen Jahrhunderts. Ein Selbstbild. Opladen.

Sachwortregister

A
Abgrenzungsstrategien 33
Abkürzungen 17, 42, 44, 127, 152
Abschiedsformeln 49
Akronyme 37
Aktionsquotient 29
Alter 51, 56, 61f., 69, 109, 136f., 143
altersexklusiv 55
Alterskulturen 133
alterspräferentiell 55ff.
Altersrollen 105, 121
Altersstilforschung 29f., 38
Anglizismus/Anglizismen 17f., 30, 76, 88, 119, 123, 134, 139, 146, 154, 155, 160, 175, 177
Anredeformen 32, 36, 47, 67, 72, 82, 110, 134
Anspielung 38, 40f., 50, 67, 72, 102, 150, 160, 163, 164
antiautoritäre Studentenbewegung 120, 125, 130
APO-Sprache 120f., 124
Auftretensfrequenz 50, 56

B
Backfischsprache 110
Bedeutungswandel 77
Begrüßungsformeln 22, 81, 155
Beobachterparadoxon 32, 49
Betroffenheits-Jargon 125
Bildungsgang 44, 51, 61f., 65, 69f., 109, 136, 146
Bildungspolitik 6
bildungssprachlich 148
Bricolage 34, 72, 80, 139ff., 146, 149, 150, 163

Burschensprache 89f.

C
Chat-Kommunikation 17, 42, 152
Code-Fluktuation 74
Code-Shifting 74, 151
Code-Switching 62, 73, 151, 156
Comicsprache 3, 17
Crossing 158

D
DaF-Unterricht 176f.
Dekontextualisierung 149
„Denglisch" 17
Destandardisierung 77f., 80
diachron 60
Dialekt 66, 147, 150, 153
Dialogizität 127
Dialogverweigerung 5
Diglossie 66
Direktheit 134
Disko-Deutsch 10
Disko-Jugendliche 121, 130
Dislozierung 81
Dissen 12, 64f., 141
Doing Youth 19
Domäne 62f., 68f., 162, 164
doppelte Artikulation 59
doppelte Halbsprachigkeit 43

E
elizitieren 49
Emoticons 37, 152
Emotionalität 126f.
empirische Sozialforschung 49f.

Entlehnungen 17, 35, 42, 140, 148, 154f., 160
Erlebnisgesellschaft 133, 136
Ethnizität 159
Ethnographie (von Jugendsprache) 33
Ethnolekt, ethnolektal 83, 87, 158f.
etymologisch 26f.
Eventkultur 136
Expressivität 134

F
Fachsprache, fachsprachlich 19, 129
Fachwortschatz 152
Fäkalsprache 3, 17
Fanzines 36, 47, 134, 151, 175
Forschungsdesiderate 51, 65, 109f., 112, 142
Fragebogenmethoden 48f.
Freizeitkommunikation 65, 168
Freizeitkulturen 133
Fremdverstehen 23, 40
Freskostil 30
Friktionen 161, 165
Frotzelei, frotzeln 47, 64f., 139, 141ff.
Funktionalstile, funktionalstilistisch 58f., 61f.

G
Gastarbeiterdeutsch 158
Gaunersprache 27, 38, 76, 107, 148
Gebersprache 43, 155
Gebrauchspräferenz 71, 80f.
Gemeinsprache 22, 26f., 31, 75, 108, 116, 124
gemischtes Sprechen 43, 156f.
Gender 144
Generation E 42
Generationendifferenz 9, 15, 138
Generationskonflikt 3, 121
generischer Sprachgebrauch 70
Gerontolekte 75
Geschlechterrollen 128
Gesprächsleitfaden 49
Gesprächslinguistik 47
Gesprächspartikel 22, 32, 47, 50, 127, 152

Gesprächstaktik 141
gesprochene Sprache 45, 57, 66, 127, 173, 177
Globalisierung 52, 155
Gnote 98f.
graphostilistische Mittel 37, 152
Gruppenkommunikation 40, 45, 47, 56, 65
Gruppensprache 39, 40, 45, 51, 57f., 61, 129f., 164, 173
Gruppenstile 71, 133
Grußformeln 49, 156
Gütekriterien 49

H
Habitus 52, 113
Halbstarke 112ff., 120f., 130, 138
Halbstarken-Chinesisch 112, 115
Handlungsmuster 34, 47, 56, 65, 72, 108, 139, 141, 148f., 163, 165
Haupt- und Nebenkommunikation 63, 166
Heterogenität 26, 47, 50f., 59, 60, 67, 69, 91f., 106, 108f., 136, 147, 158f.
homilëischer Diskurs 165
Homogenität 25, 29, 32, 68, 75, 108
Hybridformen 146
hybridolektal 157
Hyperbolik, hyperbolisch 47, 64, 76, 164

I
Identifikationsstrategien 33
Identität 43, 46, 83
– personale 165, 167
– soziale 39, 74, 164f., 168
Identitätsbalance 165ff.
Identitätserwerb 24
Impulsfragen 49
Inflektiv-Konstruktionen 37
Informalisierung 81f., 130
institutioneller Rahmen 61f., 161
Intensivierer 47
Interaktionsforschung 47
Interjektionen 33, 47, 67, 72, 76, 151, 152
interkulturell 158

Sachwortregister

Internationalismen 140
Intragruppen-Kommunikation 72
In- und Out-Listen 16, 19, 53
Ironie 38, 63, 138
Item 48
Iteration 37, 152

J
Jobsiade 89, 99, 102
Jugendbewegung 112, 114, 121, 179
Jugenddeutsch 30f., 70, 107
Jugendkultur 46, 52, 80f., 91, 114, 135, 155, 176f.
Jugendlichkeit 15, 136, 143
Jugendrevolte 1, 3, 121, 125
Jugendton 57
Juvenilisierung 15
Juventolekte 75

K
Kanaksprache, Kanak-Sprak 18, 83, 158
Kiez-Sprache 158f.
Kindersprache 29, 55, 106
Komment 94, 98, 100
Kommerzialisierung 19, 84, 86, 88, 116
Kompetenz/Kompetenzen 52, 83, 156, 169, 172, 176f.
Konstruktionsprinzip 13
Kontaktsprachen 155
Kontextstile 71
Kontextualisierung 74, 160
kontrastiv 35f., 42, 46, 50, 60, 66, 175f.
Korpusanalysen 35, 49f., 137, 139
korrelative Studien 50
Kreativität 123, 127, 138, 156, 172, 174
Kurzformen 17, 78
Kurzwörter 3

L
Lallwörter 17
Languaging 56, 156
Lästern 35, 40, 47, 56, 65, 139, 141, 162f., 178
Lautmalerei 67
Lautwörter 3, 32, 76

Lehrpläne 171
Lehrwerke 171ff., 178f.
lexikalische Semantik 48
Lexikographie (der Jugendsprache) 32, 48
lexikographisch 22, 46
lexikologisch 22, 46
linguistischer Code 168
„linker Jargon" 125

M
makkaronisches Latein 38, 76, 101, 155
makrosoziologischer Kontext 60
mediale Konstruktion 10, 173
Medienkommunikation 51, 65
Mediennutzung 70, 109
Mehrsprachigkeit 156, 159
– äußere 156, 169
– innere 57ff., 147f., 151, 156, 169
Migrantensprachen 140, 153, 155f., 158
Migration 51, 61, 69f.
Musterhaftigkeit 50

N
Nebenkommunikation 63, 65, 166ff., 170
Neue Medien 17, 36, 42, 45, 47, 82, 134, 147, 152, 170
„neuer" Sozialisationstyp 125, 127
nonverbale Kommunikation 71f.
„Normalo" 136
Null Bock-Generation 2

O
öffentliche Gruppenstile 133, 136
öffentlicher Sprachgebrauch 81f., 128, 130, 158

P
paralinguistische Merkmale 71f.
Partnervokabular 32
Peergroup 68, 72, 163f.
Pennälersprache 27f., 30, 106
petits maîtres, Petitmäterei 93, 95f.
Philister 38, 98f.
Phraseologie 22, 78, 142

politischer Sprachgebrauch 9, 125
Postadoleszenz 62, 121, 146
Pragmatik 32, 81, 142
Pragmatik (der Jugendsprache) 32
Projektionsprozess 9
Protestgeneration 121, 130
Provokation 83, 105, 130, 146, 148
„Psychojargon" 129

Q
Quasi-Zitate 33, 150

R
Reflexion über Sprache 169, 171 f., 174
Reformvokabular 125
regionale Herkunft 51, 61, 107, 109, 136, 138, 147
Regionalsprachen 82, 147, 153
Register 71 f., 99, 151 f., 160 f., 169, 178
Rekontextualisierung 149
Reliefstil 30
Renommist 89, 95
Restandardisierung 79 ff.
Richtlinien 171
Rinkeby-Schwedisch 158
„rote Semantik" 125
Rotwelsch 38, 70, 76, 103, 148

S
schriftbasierte Kommunikation 45
Schriftsprache 45, 66, 127
Schülergeheimsprache 107
Schülersprache 8, 13, 26, 28, 30, 61 f., 91 f., 106 ff., 136, 146, 161 f., 164, 167
Schülertaktiken 166
Schulfremdsprache 140
Schulsprache 161 f., 167
Shell-Studie 3, 74, 133
SMS-Sprache 17
Sondersprache 26 f., 106
soziale Distinktion 71
soziale Herkunft 61, 69 f., 99, 107, 109, 146
Sozialisationsphase 39, 56, 143, 161
sozialisatorische Interaktion 162, 165
Soziolekt, soziolektal 68, 87

Soziolinguistik 22, 49, 146, 168
soziolinguistische Stile 71, 73
soziolinguistische Variablen 136
„Spaß- und Freizeitgeneration" 130
Spiel mit fremden Stimmen 150, 156
Sponti-Bewegung 125
Sprachalternieren 156
Sprachbarrieren-These 168
Sprachbewusstsein 20, 44, 53, 62, 125, 169
Sprachbiographie 30, 39
Sprachdifferenzbewusstsein 83
Sprache der Nähe 168
Spracheinstellungen 44, 70, 82, 137, 138
Sprachgefühl 3, 5, 30
Sprachkontakt 43
Sprachkreuzung 158 f.
Sprachkritik 3, 5, 9, 16, 18, 22, 31, 57, 115, 122, 124 f., 172
Sprachlosigkeit 3, 23
Sprachmischung 17 f., 38, 43, 73, 101, 155, 156
Sprachnorm 19
sprachpädagogische Interessen 22
Sprachpflege 3, 22, 31
Sprachprofilierung 24, 57
Sprachpurismus 18, 76
Sprachsozialisation 20
Sprachspiele 34, 38, 40, 42, 47, 123, 139, 160, 163, 167, 174
Sprachstil-Bastelei 34, 162
Sprachvariation 19, 160, 171
Sprachvarietät 67
Sprachverfall 3 f., 6 ff., 17, 22, 169
Sprachwandel 6, 19, 46, 55, 75, 80 f., 171
Sprechstile 34, 39 f.
Sprüchekultur 78
Standardsprache 17, 30, 35, 42, 51 f., 55, 57 ff., 60, 65 ff., 71, 75 ff., 83 f., 97 f., 100, 129 f., 147, 153, 161, 172
Stereotypisierung 19
Stil-Bastelei 40, 72
stilistische Kennzeichen 72
Stilkompetenz 169

Stilmerkmal 22, 47, 72f., 76, 81, 123, 148, 164
Stilmischung 148f., 151, 154
Stilwechsel 62
Studentenbewegung 120f., 123ff., 130
Studentensprache 8, 26ff., 37f., 43, 61f., 75f., 89ff., 94, 100f., 103, 105ff., 123, 125, 148, 154
Subkultur 36, 68, 69, 73, 109, 151, 159
subkulturelle Zugehörigkeit 70
Substandard 67, 76, 81ff.
substandardsprachliches Kontinuum 67
Suffigierung 35
synchron 62, 66

T
Tabubruch 77
„Teenager-Jargon" 31, 116
teilnehmende Beobachtung 33, 49
Tendenzen der Sprachentwicklung 15
textlinguistisch 47
Textmuster 149
Textsorten 65, 82, 108, 132, 134, 148, 154, 174ff.
Themenpräferenz 72
Transkript 141
transkulturell 158
„Türkendeutsch" 83, 86, 88, 158
Twendeutsch 70

U
Umgangssprache 18, 30f., 66f., 107, 116, 161, 172f., 178
Unterrichtssprache 61, 150, 161f., 167

V
Vaganten 103
Variation 58, 68, 73, 75, 151f.
Variationskompetenz 169
Variationsspektrum 69
Varietät 58, 66ff., 71, 151, 176
Varietätenlinguistik 67, 71
Verabschiedungsformeln 81, 156
Verbalinjurien 100
Verfremdungseffekt 150
Verlan 43
Versalien 152
Verständigungsprobleme 11, 13
Verstärkungswörter 32, 76
Vulgarismen 146, 148, 152, 160, 163
„Vulgärjargon" 5

W
Wandervogel 110
Wandsprüche 13, 78, 156
We-Code 157
Wissenschaftsjargon 124
Wortbildung 22, 37, 66, 76, 98, 101, 122, 129, 142, 177
Wörterbücher 12ff., 26, 32, 36f., 75, 77, 79, 81, 84f., 90ff., 101, 105, 117f., 154, 176
Wuppertaler DFG-Studie 44, 48, 49, 62, 70, 78f., 85, 136, 142, 147, 149, 153

Z
Zitation 141
– mimetische 34, 146
– verfremdete 34, 146, 150

Personenregister

A

Andersson, Sven-Gunnar 131, 181
Androutsopoulos, Jannis 36, 39, 47, 50, 68, 87, 134, 151, 181
Androutsopoulos, Jannis/Scholz, Arnim 35, 181
Arendt, Birte 153
Ariès, Philippe 105, 112, 181
Auer, Peter 74, 83, 87, 151, 159, 181
Auer, Peter/Dirim, Inci 159, 181
Augustin, Christian Friedrich B. 90, 101, 103, 182

B

Bättig, Michael 21, 23, 182
Bakthin, Mikhail 151, 182
Barbour, Stephen/Stevenson, Patrick 66, 182
Bauer, Max 105, 182
Baurmann, Jürgen 172, 182
Baurmann, Jürgen/Cherubim, Dieter/Rehbock, Helmut 166, 182
Behrendt, Walter u. a. 166, 182
Bekes, Peter/Neuland, Eva 171, 181
Beneke, Jürgen 132, 182
Bernstein, Basil 168, 182
Berns, Jan 36, 47, 182
Berruto, Gaetano 67f., 182
Bierbach, Christine/Birken-Silverman, Gabriele 47, 183
Bondy, Curt 113, 183
Branner, Rebecca 145, 183
Braun, Peter 81, 183
Brenner, Gerd 171, 183
Breyvogel, Wilfried 121
Brumlik, Michael/Holtappels, Heinz Günther 166, 183
Brunotte, Barbara 122, 183
Bröckers, Walter 128f., 183
Brückner, Peter 2, 183
Bühler, Charlotte 29, 109, 183
Burdach, Konrad 103, 183
Busemann, Adolf 29, 183

C

Casper-Hehne, Hiltraud 110, 183
Cherubim, Dieter 39, 166f., 183
Chovan, Miloš 72, 145, 162, 164, 183
Clarke, Jim 59, 72, 80, 149, 184

D

Deppermann, Arnulf 151, 184
Deppermann, Arnulf/Schmidt, Axel 40, 64, 141, 163, 184
Deutsche Akademie für Sprache und Dichtung 22
Dittmar, Norbert 71, 75, 184
Drosdowski, Günther/Henne, Helmut 81, 184
Dürscheid, Christa 46, 152, 184
Dürscheid, Christa/Neuland, Eva 37
Dürscheid, Christa/Spitzmüller, Jürgen 35, 184

E

Ehlich, Konrad 165, 184
Ehmann, Hermann 14, 84f., 147, 153, 184
Ehrhardt, Claus 36, 86, 184
Eilenberger, Rudolf 106, 184
Elias, Norbert 82, 184
Ermert, Karl 23, 185

F

Farin, Klaus 133, 185
Fend, Helmut 165, 185
Ferchhoff, Wolfried 133, 185
Fischer-Kowalski, Marina 112, 121
Funke, Wolfgang 131, 185

G

Gerdes, Joachim 84, 185
Gillis, John R. 105, 110, 112, 121, 185
Glaser, Hermann 116, 185
Gloy, Klaus 24f., 185
Glück, Helmut/Sauer, Wolfgang Werner 82, 185
Goethe, Johann Wolfgang von 89, 97, 186
Götze, Alfred 28, 91, 106, 186
Gohlke, Klaus 165, 186
Griese, Hartmut 3, 186
Grimm, Jacob und Wilhelm 77, 186
Grube, Frank/Richter, Gerhard 116
Günthner, Susanne 141, 186

H

Häcki Buhofer, Annelies 39, 73, 186
Hahn, Silke 119, 186
Haller, Michael 2, 186
Hartmann, Dietrich 66, 186
Hartung, Martin 47, 186
Heine, Heinrich 89, 99
Heinemann, Margot 21, 33, 45, 131, 186f.
Heinemann, Margot/Neuland, Eva 133, 147, 187
Heinze, Thomas 166, 187
Henne, Helmut 21, 24, 31f., 47, 57ff., 110, 187
Henne, Helmut/Objartel, Georg 26, 37, 90, 110, 187
Henn-Memmersheimer, Beate/Hofer, Manfred 42, 147, 152, 187
Heringer, Hans Jürgen 125, 187
Hess-Lüttich, Ernest W. B. 36, 187
Hetzer, Hildegard/Flakowski, Herbert 29, 187
Hewitt, Roger 159, 187

Hinnenkamp, Volker 44f., 157f., 187
Hirt, Ferdinand 26f., 187
Holtus, Günter/Radtke, Edgar 67, 187
Holzkamp, Klaus 9, 15, 187
Hoppe, Almut u.a. 14, 171, 187f.

J

Jäger, Siegfried 121, 188
Jakob, Karlheinz 188
Janke, Klaus/Niehues, Stefan 133, 188
Jansen, Peter 171, 188
Januschek, Franz 25, 32, 188
Jochimsen, Reimut 114, 188
Jørgensen, Normann 46, 56, 156, 188

K

Kallmeyer, Werner 33, 71, 188
Kann, Hans-Joachim 127
Keim, Inken/Cindark, Ibrahim 43, 188
Kelle, Bernhard 153, 188
Keller, Rudi/Kirschbaum, Ilja 77, 188
Kindleben, Christian Wilhelm 90, 95, 103, 188
Klein, Wolfgang 6, 188
Kleinberger Günther, Ulla/Spiegel, Carmen 37, 47, 152, 169, 189
Klimke, Martin/Scharloth, Joachim 121, 189
Kloß, Georg Franz B. 99, 189
Klose, Henriette 177, 189
Kluge, Friedrich 27f., 91, 101, 155, 189
Kopperschmidt, Josef 32, 78, 122, 189
Kortum, Carl Arnold 89, 99, 102, 189
Kotsinas, Ulla-Britt 158, 189
Kotthoff, Helga 141, 189
Krause, Peter 98, 189
Kraushaar, Wolfgang 116, 189
Kuhn, Fritz 128, 189
Küpper, Heinz 30, 70, 107f., 115, 189

L

Labov, William 49, 71, 80, 189
Lacarescu, Ioan 36, 190
Lapp, Edgar 89, 190
Laukhard, Friedrich Christian 89, 94f., 101, 104f., 148, 190

Lévi-Strauss, Claude 149, 190
Linke, Angelika 81, 110, 190
Löffler, Heinrich 58, 67, 75, 190

M
Maijala, Minna 177, 190
Marcus, Hans 70, 118f., 190
Marcuse, Herbert 122, 190
Martin, Stephan/Schubert, Daniel/ Watzlawik 35, 141, 190
Meier, John 27, 75, 91, 96, 103, 190
Melzer, Friso 106f., 190
Miermeister, Jürgen/Staadt, Jochen 122, 190
Müller-Münch, Ingrid 1, 190
Müller- Thurau, Claus Peter 12f., 190f.

N
Nabrings, Kirsten 66f., 191
Neuland, Eva 6, 8, 12, 17, 35, 38, 46, 51, 59ff., 69, 80, 84, 145, 147, 162, 171, 191
Neuland, Eva/Balsliemke, Petra/Sadat, Anka 161, 191
Neuland, Eva/Lie, Kwang-Sook/Watanabe, Manabu/Zhu, Jianhua 36, 191
Neuland, Eva//Martin, Stephan/Watzlawik, Sonja 35, 48, 191
Neuland, Eva/Schubert, Daniel 35, 44f., 62, 78, 136, 139ff., 149, 191
Neuland, Eva/Schubert, Daniel/Steffin, Hanne 154, 156, 191
Nothdurft, Werner/Schwitalla, Johannes 33, 150, 163, 192

O
Objartel, Georg 26, 37, 90, 192
Ohms, Hans Herbert 107, 114, 192
Oltmanns, Reimar 2, 192

P
Pape, Sabine 119, 192
Pregel, Dietrich 30, 193
Polenz, Peter von 76, 81, 100, 193
Pörksen, Uwe/Weber, Heinz 22, 31, 192
Plenzdorf, Ulrich 130f., 192

R
Radtke, Ingulf 66, 193
Rampton, Ben 158, 193
Rehbock, Helmut 166, 193
Reinke, Marlies 37, 193
Riegel, Paul 171, 193
Rogge, Klaus I. 36, 193
Roos, Peter 3ff., 7, 193

S
Salmasius, Robert 90-95., 193
Sandig, Barbara 71, 193
Sasse, Ines 44, 49, 193
Schank, Gerd/Schwitalla, Johannes 129, 194
Schleuning, Peter 21, 23f., 126, 194
Schlobinski, Peter 25, 34, 46, 48, 50, 72, 150, 194
Schlobinski, Peter/Heins, Niels-Christian 46
Schlobinski, Peter/Kohl, Gaby/Ludewigt, Irmgard 18, 25, 34, 36, 39, 41, 163, 194
Schlobinski, Peter/Schmid, Katja A. 194
Schlobinski, Peter/Watanabe, Manabu 152, 194
Schubert, Daniel 141, 194
Schuchardt 92, 100, 194
Schütte, Johannes 125, 194
Schulze, Friedrich/Ssymank, Paul 94, 194
Schulze, Gerhardt 133, 194
Schwitalla, Johannes 33, 40, 47, 150, 194
Siebenhaar, Beat 147, 153, 195
Sieber, Peter/Sitta, Horst 6, 195
Sitta, Horst 168, 195
Spitzmüller, Jürgen 16, 195
Spreckels, Janet 145, 195
Stave, Joachim 30f., 116f., 195
Steger, Hugo 129, 195
Steinhäuser, Karl 106, 195
Stern, Clara u. William 29, 195
Stickel, Gerhard/Volz, Norbert 6, 195
Streeck, Jürgen 165, 195
Stubenrauch, Herbert 126, 195

T
Tidrike, Laura 43, 155, 196
Trudgill, Peter 83, 196

V
Volmert, Johannes 169, 196

W
Wachau, Susanne 41, 44, 49, 163, 196
Wallis, Daniel Ludwig 103, 105, 196
Watzlawik, Sonja 47, 49, 134, 136, 196
Weber, Heinz 24, 196
Weigt, Peter 123, 196
Welsch, Wolfgang 158, 196

Welter, Günther 117f., 196
Wengeler, Martin 125, 197
Werlen, Erika 147, 153f., 197
Wiese, Heike 159, 197
Wocke, Helmut 107, 197
Wolff, Frank/Windaus, Eberhard 122, 197

Z
Ziehe, Thomas 125, 197
Zachariä, Just Friedrich W. 89, 97, 197
Zimmermann, Klaus 35f., 42, 197
Ziegler, Evelyn 47, 167, 197
Zinnecker, Jürgen 56, 133, 166, 197

Abbildungsverzeichnis

Abb. I.1.1 Titelblatt zu Michael Haller *Aussteigen oder rebellieren*, Rowohlt Verlag Reinbek 1981
Abb. I.1.2 Titelblatt zu Peter Roos *Kaputte Gespräche*, Edition Monat, Beltz Verlag Weinheim und Basel 1982
Abb. I.1.3 Titelblatt DER SPIEGEL Nr. 28, 38. Jahrgang 1984, SPIEGEL-Verlag Rudolf Augstein GmbH & Co. Hamburg
Abb. I.2.1 Marie Marcks, Heidelberg
Abb. III.2.2 Doris Hofer/Archiv der Jugendkulturen e.V., Berlin
Abb. III.2.3 Titelbild der Shell-Jugendstudie „Jugend vom Umtausch ausgeschlossen", 1983. Shell Deutschland Oil GmbH, Hamburg
Abb. III.3.4 Alfred Ritter GmbH & Co. KG, Waldenbuch
Abb. III.3.5 didi46/www.wikipedia.de (Gnu Free Documentation License)
Abb. IV.1.1 The Yorck Project: *10.000 Meisterwerke der Malerei*. DVD-ROM, 2002. Distributed by DIRECTMEDIA Publishing GmbH, unter: www.wikipedia.de
Abb. IV.1.2 Johann Georg Puschner, „Der Rauffende Student", Kupferstich von 1725
Abb. IV.1.3 Johann Georg Puschner, „Der Fleissige Student", Kupferstich von 1725
Abb. IV.1.4 Carl Arnold Kortum *Jobsiade*, 1784, Titelseite der Erstausgabe
Abb. IV.1.5 www.bildpostkarten.uni-osnabrueck.de
Abb. IV.1.6 Archiv des Österreichischen Wandervogels
Abb. IV.1.7 ullstein bild – Bildarchiv
Abb. IV.2.1 ullstein bild – ullstein bild
Abb. IV.2.2 Süddeutsche Zeitung Photo
Abb. IV.2.3 Titelblatt *twen*, 8. Jg, Heft 4. Köln/München, April 1966
Abb. IV.2.4 Titelblatt zu Ernst Günther Welter *Die Sprache der Teenager und Twens*, Dipa Verlag Frankfurt/M. 1962
Abb. IV.2.5 AKG-images
Abb. IV.2.6 Süddeutsche Zeitung Photo/dpa
Abb. IV.2.7 Titelblatt Peter Weigt *Revolutionslexikon*, Bärmeier & Nikel 1968
Abb. IV.2.8 ullstein bild – dpa
Abb. IV.2.9 ullstein bild – Stark-Otto
Abb. IV.2.10 Titelblatt Hans Gamber *Do you speak sponti*, Droemer Knaur Verlagsgruppe München 1984
Abb. IV.2.11 ullstein bild – Rieth
Abb. IV.2.12 ullstein bild – Teich/Caro

Abb. IV. 3.1 Collage:
links oben: Titelbild Klaus Janke/Stefan Niehues *Echt abgedreht. Die Jugend der 90er Jahre*, Beck'sche Reihe, Verlag C. H. Beck 1995;
rechts oben: ullstein bild – Eckel;
Mitte: ullstein bild – Konzept und Bild;
links mitte unten: Breakdancer: Sandro Schachtner/www.wikipedia.de (Creative Commons Attribution ShareAlike 2.5);
Mitte unten rechts: Titelbild Klaus Farin *Generation kick.de*, Beck'sche Reihe, Verlag C. H. Beck 2002 (2. Auflage);
unten links: ullstein bild – JOKER/Bugnaski;
unten rechts: ullstein bild – Eckel
Abb. IV.3.1 und IV.3.2 Fotografien von Toby Binder für das Süddeutsche Zeitung Magazin Nr. 26/2007

(Leider konnten wir trotz intensiver Recherche nicht zu allen Bildern die Rechteinhaber ermitteln. Rechtmäßige Ansprüche können beim Verlag geltend gemacht werden.)

Gabriele Graefen /
Martina Liedke

Germanistische Sprachwissenschaft

Deutsch als Erst-, Zweit- oder Fremdsprache

UTB L
2008, 313 Seiten, mit CD-ROM
€[D] 24,90/Sfr 44,00
ISBN 978-3-8252-8381-0

Das Lehrbuch vermittelt Grundlagenwissen zur sprachsystematischen Stellung des Deutschen, zur Sprachgeschichte und Ansätzen der Sprachbeschreibung, zur Lexik, Morphologie, Syntax, Phonetik und Phonologie sowie zur Pragmatik, Diskurs- und Textanalyse. Verfahren der linguistischen Empirie werden erläutert und verschiedene Anwendungsfelder der Linguistik praxisbezogen vorgestellt. Dabei ist das Deutsche als Fremd- und Zweitsprache besonders im Blick.
Die beigefügte Volltext-CD-Rom mit zahlreichen Tonbeispielen, Aufgaben, Musterlösungen und Glossaren erleichtert die Präsentation, Vertiefung und Überprüfung des vermittelten Wissens.

Narr Francke Attempto Verlag GmbH + Co. KG
Postfach 25 60 · D-72015 Tübingen · Fax (0 7071) 97 97-11
Internet: www.francke.de · E-Mail: info@francke.de